图书在版编目（CIP）数据

图书馆保障弱势群体公共信息获取权益的对策研究 /洪伟达, 王政著. — 北京：知识产权出版社, 2016.12

ISBN 978-7-5130-4540-7

Ⅰ.①图… Ⅱ.①洪… ②王… Ⅲ.①公共图书馆－弱势群体－读者服务－研究 Ⅳ.①G252

中国版本图书馆CIP数据核字（2016）第260254号

内容提要

本书从对国内外弱势群体研究现状和概念梳理出发，指出公共信息获取权益及其对弱势群体的影响，论证图书馆保障弱势群体公共信息获取权益的重要意义，总结和研究国外图书馆保障弱势群体公共信息获取权益的先进经验和优秀做法，调查分析我国弱势群体接受图书馆公共信息服务现状，找出图书馆公共信息服务存在的不足和欠缺，提出图书馆保障弱势群体公共信息获取权益的实施对策。本书共分为七章。第一章，绪论。本部分着重对国内外研究现状和弱势群体的概念进行梳理。第二章，明晰弱势群体作为研究对象的内涵、成因、类型和主要特征。第三章，剖析公共信息获取权益及其对弱势群体的影响。第四章，论证图书馆保障弱势群体公共信息获取权益的理论基础。第五章，黑龙江省公众信息获取行为及对图书馆利用情况调查，即调研图书馆为弱势群体提供公共信息服务的现状。第六章，结合具体案例提出我国图书馆保障弱势群体公共信息获取权益实施对策。第七章，对本书研究的创新以及不足之处进行总结，并对后续研究着力点加以探析。本书可作为图书馆学教师、学生及图书馆相关工作人员参考用书。

责任编辑：许波　　　　　　　责任出版：刘译文

图书馆保障弱势群体公共信息获取权益的对策研究

TUSHUGUAN BAOZHANG RUOSHIQUNTI GONGGONG XINXI HUOQU QUANYI DE DUICE YANJIU

洪伟达　王政　著

出版发行：知识产权出版社有限责任公司	网　址：http://www.ipph.cn
	http://www.laichushu.com
电　话：010—82004826	
社　址：北京市海淀区西外太平庄55号	邮　编：100081
责编电话：010-82000860转8380	责编邮箱：xbsun@163.com
发行电话：010-82000860转8101 / 8539	发行传真：010-82000893 / 82003279
印　刷：三河市国英印务有限公司	经　销：各大网上书店、新华书店及相关专业书店
开　本：720mm×1000mm　1/16	印　张：14
版　次：2016年12月第1版	印　次：2016年12月第1次印刷
字　数：222千字	定　价：42.00元

ISBN 978-7-5130-4540-7

目　录

1　绪　论……………………………………………………………………1

　　1.1　国内外研究现状 ………………………………………………3

　　1.2　研究意义 ………………………………………………………11

　　1.3　研究目标和内容设计 …………………………………………13

2　弱势群体的相关概念梳理 ………………………………………………15

　　2.1　弱势群体的界定 ………………………………………………15

　　2.2　弱势群体的构成类型及致因 …………………………………19

　　2.3　弱势群体的主要特征 …………………………………………26

3　公共信息获取权益及其对弱势群体的影响 ……………………………31

　　3.1　公共信息获取权益的基本概念 ………………………………31

　　3.2　公共信息获取权益的衡量标准 ………………………………51

　　3.3　弱势群体公共信息获取权益缺失的成因 ……………………57

　　3.4　公共信息获取权益缺失对弱势群体的影响 …………………61

4　图书馆与弱势群体公共信息获取权益的保障 …………………………67

　　4.1　图书馆的公共目标 ……………………………………………67

　　4.2　图书馆具有满足公众公共信息获取的责任 …………………75

　　4.3　图书馆保障弱势群体公共信息获取

　　　　权益能够体现社会包容与人文关怀 …………………………81

　　4.4　图书馆具有保障弱势群体公共信息获取权益的社会优势 …87

图书馆保障弱势群体公共信息获取权益的对策研究

4.5 IFLA 等国际组织为促进弱势群体公共信息获取而做出的努力 ········ 90
4.6 图书馆界保障弱势群体公共信息获取权益的实践 ·········· 94
5 黑龙江省公众信息获取行为及对图书馆利用情况调查·············100
5.1 调查背景与目的 ························100
5.2 调查对象、内容和方法 ····················101
5.3 调查结果分析 ························103
5.4 调查结论 ························160
6 图书馆保障弱势群体公共信息获取权益的实施对策·············164
6.1 弱势群体公共信息获取权益制度供给策略 ···········164
6.2 弱势群体公共信息获取权益的组织实施策略 ··········174
6.3 弱势群体公共信息获取权益的服务保障策略 ··········187
7 结 语·····································198
参考文献 ·································200
附表 图书馆服务情况调查表 ····················213

1　绪　论

目前，中国改革开放已经进行了三十多年，改革开放以来中国取得了举世瞩目的成就，政治、经济、文化、科技等各个领都发生了翻天覆地的变化，综合国力和国际地位显著提升。但是，我们仍然需要清醒地看到，我国还处于并将长期处于社会主义初级阶段，仍有数量庞大的社会弱势群体存在，人们生活水平还有待进一步提高，贫富差距、城乡差距、区域差距不断拉大，并有进一步扩大的趋势，对弱势群体正当、合法、基本的权益保障还需要进一步加强。随着改革进入深水区和攻坚期，如何避免"拉美陷阱"，使每个公民尤其是弱势群体共享社会发展的成果将决定着改革开放的成败。随着我国社会进入转型期和变革期，社会各界对弱势群体问题高度关注，针对弱势群体的相关研究不断增多，研究范围和深度不断扩大，研究内容和方法涉及社会学、法学、经济学、政治学、管理学、哲学等多个学科和领域。不可否认，人类社会进入信息时代后，信息资源与物质资源、人力资源共同成为"三大资源"，其在社会生产生活中的作用越发重要。正如美国学者阿尔文·托夫勒（Alvin Toffler）在《第三次浪潮》中指出的："如果说前工业社会的财富是土地，工业社会的财富是资本，那么后工业社会（信息社会）的财富就是信息。谁掌握了先进的信息技术，谁就能获得更多的信息，也就能得到更多的财富。反之亦然。"❶然而，我们还应看到，信息和通信技术

---

❶ [美]阿尔文·托夫勒. 第三次浪潮[M]. 黄明坚，译. 北京：中信出版社，2006：39.

（information communication technology，ICT）的飞速发展是一柄"双刃剑"：一方面，人们可以打破时空的阻碍尽情地享受方便、快捷、海量的信息；另一方面，信息技能、设备设施、经济能力等也为人们获取信息带来一定的困扰。互联网的高技术性使得获取信息和处理信息的能力成为网络时代划分弱势群体和强势群体的重要标准之一，信息弱势群体与信息强势群体之间因获取信息能力的不同而存在严重的信息不对称和信息落差，甚至导致二者在实际社会生活中处于不平等地位，并导致"信息（数字）鸿沟"的出现。信息公平的"垂直理论"认为，在客观因素（如经济、政治、文化、教育、技术等方面）上处于优势地位的群体比那些处于劣势地位的群体享有更好的获取和利用信息的机会和条件❶。人们，尤其是强势群体获取公共信息资源的途径和渠道拓宽的同时，弱势群体因公共信息自由获取受限导致被边缘化的趋势不断加剧。公共信息资源拥有量和利用能力不仅深刻地影响着个体精神生活的富有程度，而且在很大程度上决定着其财富拥有量、社会地位、社会参与程度、教育资源获得程度等诸多方面。弱势群体在公共信息获取权益方面的缺失很可能加重其经济贫困程度，使其丧失发展机会，造成民主权利的缺失，导致公共信息的获取与利用等环节出现"强者更强、弱者更弱"的"马太效应"❷。保障公共信息获取权益对于保障弱势群体的生存权和发展权具有重要影响，所以充分而有效的保障机制有利于弱势群体获取知识、满足心灵需求、改变经济劣势地位、实现民主权利，有利于维护社会正义、促进社会和谐健康发展。图书馆（本书所指图书馆主要是公共图书馆，下文不再特殊强调）作为公益性的社会公共文化服务机构，为公众尤其是弱势群体提供公共信息服务是其"天然"职责，其固有的公共物品（public goods）属性及公共发展目标决定了图书馆必将肩负起保障弱势群体公共信息获取权益的基本职责和神圣使命。

---

❶ Cutrona C E, Russel l D. Type of social support and specific stress: Toward a theory of optimal matching [C]. Social Support An Interactional View. New York: Wiley, 1990.

❷ 马太效应(Matthew effect)，是指"好的越好，坏的越坏，多的越多，少的越少"的一种现象，广泛应用于会心理学、教育、金融以及科学等众多领域。《圣经·新约》"马太福音"第二十五章中说道："凡有的，还要加给他叫他多余；没有的，连他所有的也要夺过来。"社会学家从中引申出了"马太效应"这一概念，用以描述社会生活领域中普遍存在的两极分化现象。

1.1 国内外研究现状❶

1.1.1 国内研究现状

国内图书馆保障弱势群体公共信息获取权益的相关研究大致可归纳为以下 5 个方面。

（1）图书馆保障弱势群体公共信息获取权益的基础理论研究，如从理论上论述弱势群体与信息弱势群体的概念、类型、特点、关系以及图书馆保障弱势群体公共信息获取权益的意义。谢俊贵等人认为，信息弱势群体是指在当代社会信息化发展过程中由于信息分化的作用而在社会中凸显出来的一种在信息拥有与利用方面处于明显劣势地位的信息贫困人群，并从人口学的角度分析了信息弱势群体的人口特征，即残老人口典型化、女性人口偏高化、农村人口普遍化、低文化人口突出化、差就业人口多数化、低身份人口显著化、低收入人口集中化❷。张俊玲分析了信息弱势群体的内涵及信息贫困对弱势群体的影响，论述了公共图书馆赋予信息弱势群体人文关怀的社会意义和价值实现❸。常文英等人论述了网络环境中信息弱势群体的基本内涵，并分析了其形成的主要影响因素❹。崇敬论证了信息弱势群体的内涵及其相应变迁❺。何靖怡等人通过分析《南方周末》关于社会弱势群体公共信息服务的相关报道，描述了我国不同时代社会弱势群体公共信息服务权益观念的发展变化过程，并对其中的社会原因进行了分析❻。

（2）对不同特征的弱势群体的信息需求和行为开展具有针对性的调查研究，

❶ 洪伟达.图书馆保障弱势群体公共信息获取权益研究[J].情报资料工作,2014(1):36-40.

❷ 谢俊贵,周启瑞.我国信息弱势群体的人口特征分析——基于湖南信息分化调查及相关资料[J].怀化学院学报,2007(4):9-13.

❸ 张俊玲.面向"信息弱势群体"的公共图书馆人文关怀[J].图书馆,2007(6):68-69.

❹ 常文英,刘冰.网络环境中信息弱势群体信息援助模式与策略研究[J].情报杂志,2011(5):123,152-155.

❺ 崇敬.论"信息弱势群体"内涵的变迁所带来的信息咨询服务的变革[J].图书与情报,2003(5):36-38.

❻ 何靖怡,吴慧轩,刘仲茵,等.从《南方周末》看我国社会弱势群体公共信息服务权益观念及其发展[J].图书馆论坛,2014(8):12-16.

通过访谈和调查数据等方式呈现和分析我国图书馆保障弱势群体公共信息获取权益（即为弱势群体提供公共信息服务）的现状。石德万以柳州市信息弱势群体为研究样本，采用问卷调查和随机访谈的方法获取信息弱势群体信息行为的相关数据，并利用定性和定量的方法对信息弱势群体的信息查询、信息交流、信息利用、学习行为等信息行为进行分析研究❶。李桂华等人利用访谈法分别对农民工和残疾人的信息需求与信息行为进行了调查和分析❷❸。文娟等人基于对农民工、下岗工人、空巢老人、少年儿童和残疾人等弱势群体的信息需求调查，分析了弱势群体信息获取保障范围和内容以及信息获取保障的意义和影响因素，并针对各类弱势群体的信息需求，全面、系统地提出了相应的信息获取保障范围和内容❹。周嘉冰等人通过对张家界市5个村落村民的研究发现，农村弱势群体在公共信息获取方面正在被边缘化❺。

（3）保障弱势群体公共信息获取权益的具体责任和措施，包括宏观和微观两个层面。宏观层面的论证包括政府和社会从法律、法规、制度、机制等方面保障弱势群体获取信息的权利，如曹凌认为，公共信息服务机制的基本制度基础是以公众权利为中心，政府应承担起保障公共信息服务供给的职责❻。詹晓阳提出，政府作为公共权力的拥有者和人民的公共信托者，为信息弱势群体提供优质的公共服务是政府的职责；他还在分析信息弱势群体产生原因的基础上，详细探讨了我国基层政府向信息弱势群体提供公共服务过程中存在的问题❼。微观层面的论证是指图书馆等公共信息服务机构应通过加强基础设施建设、丰富服务内容、提高服务质量、提供各种教育和培训服务、提高弱势群体的综合素质、加强信息资

---

❶ 石德万.信息技术的发展对信息弱势群体信息行为的影响[J].图书情报工作,2008(11):21,75-78.

❷ 樊戈,李桂华.残疾用户信息需求调查与服务对策思考[J].图书馆,2009(1):60-62.

❸ 杨雅,李桂华.基于"意义构建"理论的农民工信息需求调查研究[J].图书馆,2009(4):7-9.

❹ 文娟,赵媛,王远均.弱势群体信息获取保障范围和内容研究[J].情报理论与实践,2013(4):39-42.

❺ 周嘉冰,梁阿妹,陈建平.农村弱势群体公共信息获取的边缘化问题：一项实地研究[J].贵阳学院学报（社会科学版）,2013(5):30-35.

❻ 曹凌.公共信息服务机制的制度分析[J].电子政务,2008(10):49-53.

❼ 詹晓阳.基层政府面向信息弱势群体的公共服务研究[D].武汉:武汉大学博士学位论文,2010.

源建设等措施来保障弱势群体的公共信息获取权益❶。郭慧霞在界定信息弱势群体及分析其产生根源的基础上，分析了信息弱势群体存在的信息障碍，论述了开展信息无障碍运动的社会意义以及图书馆开展信息无障碍服务的必要性与可行性，探讨了图书馆信息无障碍服务应遵循的原则和采取的措施❷。

（4）公共图书馆对弱势群体开展信息/知识援助。石德万等人认为，信息弱势群体问题已经成为重要的社会问题，而知识援助是改变其弱势处境与状态的有效方法和途径❸。王晓芳认为，知识贫困对弱势群体产生了多方面的影响，图书馆对弱势群体提供知识援助非常必要，在实施知识援助的过程中，应遵循积极主动、政策倾斜、多元协助、注重时效和坚持持久等原则❹。肖雪等人认为，对弱势群体实施知识援助是社会公平、正义的现实要求，也是公共图书馆应尽的义务，图书馆应进行制度创新以保障知识援助有效开展❺。此角度最具代表性的研究是北京大学王子舟教授的国家社科基金重点项目"弱势群体知识援助的图书馆新制度建设"的系列研究成果，尤其是2010年出版的专著《弱势群体知识援助的图书馆新制度建设》。

（5）对国外图书馆为弱势群体提供公共信息服务相关经验和研究的介绍、评论和借鉴。王素芳介绍和分析了国外图书馆弱势群体服务研究经历的数次话语体系更迭，包括：19世纪末20世纪前期的公共图书馆为劳工阶级服务阶段，20世纪60至80年代的以弱势群体服务为核心的社区图书馆运动和图书馆社会责任大讨论阶段，20世纪90年代的信息贫穷或数字鸿沟与管理主义话语体系下的图书馆服务阶段，20世纪90年代末至今的反社会排斥和社会包容话语体系下图书馆弱势群体服务阶段❻。严贝妮介绍了美国亚利桑那大学信息资源与图书馆学学院发起的"知识河流"弱势群体援助项目的缘起、任务、目标与实质以及该项目引

❶ 文娟,赵媛,王远均.弱势群体信息获取保障范围和内容研究[J].情报理论与实践,2013(4):39-42.
❷ 郭慧霞.面向信息弱势群体的图书馆信息无障碍服务研究[D].郑州:郑州大学硕士学位论文,2010.
❸ 石德万,李军,贺梅萍.论信息弱势群体知识援助的职业化[J].图书馆建设,2010(2):97-100.
❹ 王晓芳.知识援助:高校图书馆社会功能的有效支撑[J].湘潭师范学院学报(社会科学版),2009(11):228-229.
❺ 肖雪,王子舟.弱势群体知识援助的图书馆新制度建设[J].图书情报知识,2005(1):5-11,97.
❻ 王素芳.国外公共图书馆弱势群体服务研究述评[J].中国图书馆学报,2010(3):95-107.

发的启示；该项目是2003年发起的，旨在通过私人和政府合作改变西班牙裔和印第安裔美国人的信息弱势状况及面临的数字鸿沟问题，致力于获取信息弱势群体所需的特定知识，反映信息技术的发展水平与创新性教育方法❶。肖雪等人以"1850年至'第一次世界大战'期间：对弱势群体知识开放的起步""'一战'后到'二战'：对弱势群体服务空间的拓展""'二战'后至80年代：对弱势群体全面的知识援助""20世纪80年代至今：重点关注知识鸿沟"为脉络梳理了国外图书馆对弱势群体知识援助的历史与现状❷。秦齐对中美公共图书馆为弱势群体提供服务的情况进行了比较❸。

1.1.2　国外研究现状

国外图书馆保障弱势群体公共信息获取权益的相关研究覆盖范围较广，从相关基础理论、实践案例等多个角度出发，大致可归纳为以下4个方面。

（1）关于信息公平、数字鸿沟、信息贫穷、信息分化的研究。美国商务部国家远程通信和信息管理局从1995年起陆续发表了4份名为《在网络中落伍》的系列报告，分别为：《在网络中落伍：一项对美国城市和乡村中的"信息匮乏者"的调查》（1995）、《在网络中落伍：数字鸿沟中的新数据》（1998）、《在网络中落伍：定义数字鸿沟》（1999）和《在网络中落伍：走向数字化》（2000）❹，开启了国际学术界对信息公平问题的研究。随后，2000年出台的《全球信息社会冲绳宪章》作为共识性文件提出："缩小数字鸿沟的关键在于使世界上所有的人能够接触和应用新的信息技术，并能够负担得起所需费用，要特别关心社会弱势群体、残疾人和老年人在这方面的需求与困难，积极协助他们使用通信技术服务"❺。在信息社会，那些数量庞大的弱势群体往往就是信息贫困者，正如伦敦

❶ 严贝妮. 扶助信息弱势群体 跨越信息鸿沟——美国亚利桑那大学"知识河流"项目的思考[J]. 图书馆杂志,2008(12):58-61.

❷ 肖雪,王子舟. 国外图书馆对弱势群体知识援助的历史与现状[J]. 图书情报知识,2006(3):21-29.

❸ 秦齐. 中美公共图书馆为弱势群体服务比较研究[D]. 哈尔滨:黑龙江大学硕士学位论文,2014.

❹ 李惠斌. 全球化与公民社会[M]. 桂林:广西师范大学出版社,2003.

❺ 美国等八国全球信息社会冲绳宪章. [EB/OL]. [2013-06-28]. http://www. chinaeclaw. comPreadArticle. asp? id=2458.

巴努斯研究所发表的一份报告中指出的："信息贫困者是真正的弱者，是新世纪的受害者"❶。同样，国外一些著名学者也对倡导信息公平、维护社会正义、保护信息弱势群体的权益等相关问题展开了丰富的研究，如赫伯特·席勒（Herbert I. Schiller）著有《信息不平等：美国日益深化的社会危机》（1996），威廉·乌利希（William Wresch）著有《分裂：信息时代的有者和无者》（1996），皮帕·诺里斯（Pippa Norris）著有《数字鸿沟：公民参与、信息贫困与互联网络》（2001），等等。其中，对于图书馆服务较有指导意义的研究要属麦库克（Kathleen de la Pena McCook）的《漩涡中的磐石：美国图书馆协会和公平》一文，他在研究中反映了美国图书馆协会（American Library Association，ALA）为维护社会信息公平及为弱势群体争取权益的做法，即图书馆既要在日常工作中关注弱势群体服务和信息获取问题，同时也要积极参与国家信息基础设施建设和信息政策制定，从而影响政府和社会的资源分配❷。

（2）关于图书馆弱势群体服务的研究，主要指图书馆弱势群体服务提供方式和内容的研究。威廉·马丁（William J Martin）在《图书馆弱势群体服务情况》论文集中确定了图书馆为弱势群体服务的价值，即"为弱势群体服务代表了图书馆职业对于自己社会使命和职责的思考"❸。谢里尔（Sherrill Laurence L）编撰的论文集《图书馆服务于未服务到的人群》论述了20世纪60年代中期美国图书馆界如何服务于"未服务到"的人群，反映了运动初期图书馆领域的认识和行动❹。1971年，埃利诺·弗朗西丝·布朗（Eleanor Francis Brown）的《图书馆弱势群体服务》对美国20世纪60至70年代图书馆弱势群体服务实践和研究进行了系统描述，完整呈现了当时的服务状况和问题❺。1975年，约翰·科尔森（John Carlson）的《美国：历史性批判》对1976年之前美国公共图书馆弱势群体服务

❶ 蒋永福,刘鑫. 论信息公平[J]. 图书与情报,2005(6):2-5.

❷ Kathleen de la Pena McCook. Rocks in the Whirlpool[R/OL]. [2013-06-28]. http://www.ala.org/ala/aboutala/missionhistory/keyactionareas/equityaction/rockswhirlpoo.lcfm#tca.

❸ Martin W. Library Service to the Disadvantaged[M]. Chicago: Linnet Books & Clive Bingley,1975.

❹ Sherrill L L. Library Service to the Unserved[M]. New York：Bowker,1970.

❺ Brown E F. Library Service to the Disadvantaged[M]. Metuchen,N J: The Scarecrow Press,Inc.,1971.

历史和相关学者研究进行了梳理总结，并对20世纪60至70年代美国图书馆弱势群体服务存在的困境和问题进行了批判❶。1983年，怀布尔·凯瑟琳（Weible Kathleen）在其博士学位论文《1960—1975年图书馆延伸服务革命及其对读者服务的影响：一些考虑因素》中详细论述了美国图书馆界在全国"向贫困宣战"运动背景下开展的弱势群体服务❷。

（3）关于反社会排斥和促进社会包容的研究。最早的关于社会包容的政策性文件是英国文化传媒体育部（Department for Culture，Media and Sport，DCMS）于1999年发布的以公共图书馆为对象的《所有人的图书馆：公共图书馆社会包容政策》（ Libraries for all：Social inclusion in public libraries ）❸。随后，DCMS对社会包容政策方针展开进一步研讨与扩展，如2000年推出《广泛而有效率：现代公共图书馆标准》（ Comprehensive and efficient：Standards for modern public libraries ）❹，2001年推出《广泛、效率与现代公共图书馆：图书馆评估与标准》（ Comprehensive，efficient and modern public libraries：Standards and assessment ）❺。上述文件都强调了公共图书馆要贯彻社会包容理念，列举了英国图书馆界为达到此目的而进行的实践。此后，世界各国纷纷开展图书馆社会包容相关研究，取得了丰硕成果，如布里奥妮·波迪（Briony Birdi）、克里·威尔逊（Kerry Wilson）和乔安妮·考克（Joanne Cocker）在《公共图书馆，排斥和同理：一个文献综述》（ The public library，exclusion and empathy：A literature review ）❻（2008）中对

---

❶ 王素芳. 国外公共图书馆弱势群体服务研究述评[J]. 中国图书馆学报, 2010(3)：95-107.

❷ Weibel K. The evolution of library outreach 1960-1975 and its effect on reader services：Some considerations[D]. The University of Illinois, 1983.

❸ Department for Culture, Media and Sport. Libraries for all：Social inclusion in public libraries [R]. London：DCMS, 1999.

❹ Department for Culture, Media and Sport. Comprehensive and efficient：Standards for modern public libraries：A consultation paper[R]. London：DCMS, 2000.

❺ Department for Culture, Media and Sport. Comprehensive, efficient and modern public libraries：Standards and assessment[R]. London：DCMS, 2001.

❻ Birdi , Wilson K, Cocker J. The public library, exclusion and empathy：A literature review[J]. Library Review, 2008, (8)：576-592.

公共图书馆引入社会包容理念的形成与发展历史进行了梳理；南非比勒陀利亚大学的艾纳·傅立叶（Ina Fourie）在《公共图书馆解决社会包容：我们怎么认为……》（*Public libraries addressing social inclusion：How we may think…*）[1]（2007）中论证了社会包容理念的重要价值及公共图书馆如何将社会包容理念渗透到具体的服务实践中；Vibeke Kallar 和 Mícheál Ó hAodha 在《对"非传统"图书馆用户社会包容的倡议》（*Initiatives for the social inclusion of"non-traditional" library users*）[2]（2005）中探讨了爱尔兰利默里克大学（University of Limerick）基于社会包容理念的图书馆服务创新。然而，在现有的国外图书馆社会包容研究成果中，最著名的研究莫过于英国利兹城市大学（Leeds Metropolitan University）信息管理学院穆德曼（Dave Muddiman）等人的"向所有人开放吗？公共图书馆与社会排斥"（*Open to All? The Public Library and Social Exclusion*）课题项目研究[3]。该项目的系列研究成果从不同角度论证了公共图书馆社会包容理念的必要性以及针对不同用户群体（如老年人、未成年人、妇女、性工作者）开展图书馆服务的措施，其研究方法与系列研究成果对我国图书馆领域探讨公共图书馆社会包容、社会排斥等理论以及图书馆服务实践具有重要的学术价值与实践指导意义。

（4）基于管理学视角的研究，如基于新公共管理理论、公共选择理论等视角研究图书馆弱势群体服务效率、管理和评估问题。早在1972年，美国学者利普斯曼（Claire K. Lipsman）出版了《弱势群体和图书馆效率》一书，这可能是最早对弱势群体服务进行的评估研究[4]。1975年，英国谢菲尔德大学（The University of Sheffield）信息学系编写的《图书馆弱势群体延伸服务》论及了延伸服务的

---

[1] Fourie I. Public libraries addressing social inclusion：How we may think…[EB/OL]. [2011-10-26]. http://repository. up. ac. za/bitstream/handle/2263/3542/fourie_theoretical（2007）. pdf?sequence=1.

[2] Kallar V，Mícheál Ó hAodha. Initiatives for the social inclusion of "non-traditional" library users[EB/OL]. [2011-10-26]. http://www. ifla. org/files/assets/lsn/newsletters/61. pdf.

[3] 蒋永福. 社会包容：现代公共图书馆的使命[J]. 中国图书馆学报，2009（6）：4-9，55.

[4] Lipsman C K. The Disadvantaged and Library Effectiveness[M]. Chicago: American Library Association，1972.

管理（包括部门之间的整合和合作、规划、评估问题），提出测量弱势群体服务产出相当困难❶。美国学者劳伦斯·怀特（Laurens White）在《1980年的公共图书馆》一书中基于公共选择理论，在分析大量前人统计数据的基础上，论述了弱势群体服务在一定程度上导致图书馆服务效率下降问题❷。1999年，穆德曼等人《向所有人开放吗？公共图书馆与社会排斥》的研究报告提出："公共图书馆不能再返回到过去过于消耗资源的延伸服务和社区图书馆服务中去"，并表明了弱势群体服务的高消耗性❸。里查德·普罗科特（Richard Procter）和巴图·奎格（Bartle Quigley）调查了公共图书馆对弱势群体接受教育过程的影响，建议公共图书馆提供更多基础性的教育资料，为具体用户提供符合其需求的课程，尤其是与信息技术相关的课程❹。伊夫琳·克斯莱克（Evelyn Kerslake）和金内尔·玛格丽特（KinAlice Margaret）从对社区、个人技能和经济的影响三个角度论证了公共图书馆对社会的影响❺。

目前，国内关于图书馆保障弱势群体公共信息获取权益的研究尚处于起步阶段，缺乏系统性、整体性和可操作性。因此，结合国内图书馆的实际情况以及为弱势群体提供公共信息服务的现状和不足，以知识自由、信息公平、社会包容和社会责任等理论为基础，从民主权利、文化权利和受教育权等角度开展研究，为图书馆保障弱势群体公共信息获取权益提出有针对性的对策和建议，提升社会的和谐和包容程度，不仅具有较高的学术价值，而且具有较强的实践意义。

---

❶ 王素芳. 国外公共图书馆弱势群体服务研究述评[J]. 中国图书馆学报, 2010(3): 95-107.

❷ White L. The Public Library in the 1980 [M]. Lexington: Lexington Books, 1983: 94.

❸ Muddiman D. Open to all? The Public Library and Social Exclusion[M]. London: Resource, 2000.

❹ Proctor R, Quigley B C. Low achievers lifelong learners. An investigation into the impact of the public library on educational disadvantage[R/OL]. LIC Research Report117. Resources: the Council for Musuems Archives and Libraries, 2002. [2013- 06- 24]. http://www. she. fac. uk/content/1/c6/07/01/24/CPLIS% 20-% 20Low% 20Achievers. pdf.

❺ Kerslake E, Kinnell M. The social impact of public libraries: a literature review[R]. BLRIC report85, the Community Services Group of the Library Association, 1997.

1.2 研究意义

1.2.1 理论指导意义

从宏观角度出发，公共信息一般是指政府为了维护公共利益和社会公平而向公众提供的信息。公共信息资源是以公共利益为价值取向的资源类型，具有共享性和外部性特征❶。国外的研究一般情况下是通过信息公平问题将信息和弱势群体两者相联系，从最初关注信息传播不平等现象到关注"数字鸿沟""信息分化""信息权利""信息自由""社会责任""社会包容"等社会问题，进而提出构建"信息公平"的研究实践诉求❷。同样，在公共信息的获取、传播、利用的各个环节，原本在政治、经济、文化、教育、社会等领域处于劣势地位的弱势群体在公共信息资源的获取上也正在被边缘化。公共信息获取权益的缺失将导致弱势群体的民主权利、文化权利与受教育权利的部分缺失，使弱势群体通过教育来改变命运的"上升通道"越发狭窄。因此，研究图书馆保障弱势群体公共信息获取权益问题，将有助于明晰公共信息权益缺失对弱势群体文化权利和受教育权利的影响，为保障弱势群体平等无障碍地获取公共信息、缩小数字鸿沟、改善弱势群体的不利地位、促进社会和谐发展提供理论指导。

1.2.2 实践指导意义

保障公共信息获取权益是确保公众获得平等的信息服务、增长知识、参与社会活动、实现民主权利的基本手段和重要途径。公共信息资源的贫乏与公共信息获取权益的缺失都将对弱势群体的公共信息资源获取数量、质量、渠道以及利用能力带来负面影响，如降低社会竞争能力，减少公共话语权，降低社会活动参与程度，民主权利与文化权益无法得到有效保障，处于社会边缘化状态，被社会主流文化排斥，甚至有可能加剧经济上的窘迫与社会竞争中的劣势，加深其社会弱势处境。图

---

❶ 蒋永福.论公共信息资源管理——概念、配置效率及政府规制[J].图书情报知识,2006(3):11-15.

❷ 周嘉冰,梁阿妹,陈建平.农村弱势群体公共信息获取的边缘化问题:一项实地研究[J].贵阳学院学报(社会科学版),2013(5):30-35.

书馆作为国家和政府为保障公民自由、平等地获取信息和知识而进行的一种制度安排，对于保障社会弱势群体的基本公共信息获取权益具有极为重要的现实意义。本课题研究通过对图书馆为弱势群体提供公共信息服务情况的实证调查，以实际数据描述我国图书馆保障弱势群体公共信息获取的现状、弱势群体的公共信息需求与差异，提出具有针对性的图书馆服务改进建议，具有实践指导意义。

1.2.3 决策参考意义

文化权利是公民的基本权利，包括享受文化成果、参与文化活动、开展文化创造及文化创作成果得到保护等权利❶。从公民文化权利视角出发，弱势群体公共信息获取权益很大程度上将影响到公众文化权利的实现。2006 年 9 月 13 日，《国家"十一五"时期文化发展规划纲要》公布，弱势群体文化权利保障首次进入国家战略视野，这为我们进一步认识弱势群体与图书馆服务问题提供了新的视角和政策根据❷。目前，我国弱势群体文化权利保障研究已从单纯的文化援助模式发展到公共服务模式和建立长效机制等方面内容。《中共中央关于构建社会主义和谐社会若干重大问题的决定》提出："加强公益性文化设施建设，鼓励社会力量捐助和兴办公益性文化事业，加快建立覆盖全社会的公共文化服务体系。"❸作为公共文化服务体系中的重要组成部分，图书馆是保障弱势群体基本文化权益的重要力量。然而，目前图书馆经费的持续投入、行政体制的改革、社会资源的配置、可持续发展机制的建立等问题都影响和制约着图书馆事业的发展，还需要在这些方面加大研究力度，开展全面、深入、细致的研讨。本书在借鉴与引进国外图书馆为弱势群体提供公共信息服务的先进理念与模式的基础上，提出优化弱势群体公共信息服务的政策框架和制度保障方案，这对保障弱势群体公共信息获取权益具有决策参考意义。

---

❶ 陈威. 公共文化服务体系研究[M]. 深圳: 深圳报业集团出版社, 2006: 23-25.

❷ 王素芳. 弱势群体文化权利保障的国家战略视野——基于《国家"十一五"时期文化发展规划纲要》的解读[J]. 图书与情报, 2007(5): 20-22.

❸ 中共中央关于构建社会主义和谐社会若干重大问题的决定. [EB/OL]. [2014-05-20]. http://cpc. people. com. cn/GB/64093/64094/4932424. html.

1.3 研究目标和内容设计

1.3.1 研究目标

本书旨在通过分析公共信息获取权益的影响因素、弱势群体公共信息获取权益缺失的致因及影响，指明图书馆在保障弱势群体公共信息获取权益中的重要作用和意义；通过对弱势群体接受图书馆公共信息服务现状的调查，找出目前国内图书馆保障弱势群体公共信息获取权益方面存在的不足，提出弱势群体公共信息获取权益保障机制的设计方案与实施对策，最终达到缩小社会公共信息上的差距、改善弱势群体的不利地位、提升社会包容程度、促进社会和谐发展的目的。

1.3.2 研究内容设计

本书从对国内外弱势群体研究现状和概念梳理出发，指出公共信息获取权益及其对弱势群体的影响，论证图书馆保障弱势群体公共信息获取权益的重要性，总结和研究国外图书馆保障弱势群体公共信息获取权益的相关经验和做法，调查分析我国弱势群体接受图书馆公共信息服务现状，分析存在的不足和欠缺，提出图书馆弱势群体公共信息获取权益保障机制以及公共信息服务改进策略与模式。具体的研究思路是：概念梳理→理论基础研究→国外对比研究→国内现状调查→不足分析→提出优化策略。

（1）对国内外研究现状和弱势群体概念的梳理。一是对国内外研究现状进行梳理和对比研究，找出我国现有研究中存在的不足以及国外相关研究中值得借鉴之处，为本书找到切入的角度；二是明确研究意义、研究目标与内容设计；三是明确弱势群体作为研究对象的内涵、成因、类型和主要特征。

（2）剖析公共信息获取权益及其对弱势群体的影响。一是明确公共信息的界定、范畴及特征，信息权益的相关概念，公共信息获取权益及其影响因素；二是指明公共信息获取权益的衡量标准；三是分析弱势群体公共信息获取权益缺失的成因；四是总结公共信息获取权益缺失对弱势群体的影响。

（3）提出图书馆保障弱势群体公共信息获取权益理论。一是从图书馆的公共目标、社会责任、社会包容、社会优势等方面论证图书馆保障弱势群体公共信息获取权益的应然责任；二是总结国际图书馆协会和机构联合会（简称国际图联，International Federation of Library Associations and Institutions，IFLA）、美国、英国以及其他国家和地区保障弱势群体公共信息获取权益的相关经验。

（4）进行图书馆为弱势群体提供公共信息服务的调查研究。一是选取不同特征（如类型、地域、职业、性别等）的弱势群体为调查研究对象，重点针对老年人、未成年人、城市低收入者等弱势群体进行图书馆公共信息服务提供和获取情况的调查；二是通过数据的统计和分析，了解弱势群体公共信息获取状况（包括方式方法、成本、满足需求程度等）及其通过图书馆获取公共信息服务的状况（包括获取效果、满意程度、效率等），找出并分析弱势群体公共信息获取权益缺失的成因。

（5）提出我国图书馆保障弱势群体公共信息获取权益的实施对策。一是基于调研所得数据及与国外相关研究的对比分析，提出构建以制度保障为基础（完善相关法律法规的制度、加强政策引导、加强制度顶层设计），行政保障为主体（由政府推动，由图书馆等公共信息服务机构实施），社会保障为辅助（鼓励第三部门、企业和社会广泛参与）的弱势群体公共信息获取权益保障机制；二是提出适合不同类型弱势群体的公共信息服务模式和图书馆服务改进策略（包括法律制度规范，设施建设，资源整合，人才队伍建设，服务理念、方式、内容等）。

2 弱势群体的相关概念梳理

我国的弱势群体不同于以往任何时代和其他国家的弱势群体，大多数是由社会转型与分化造成的社会排斥性弱势群体。知识贫乏、信息素养缺失是其沦为弱势群体的根本原因之一，物质与精神的双重贫困是其最大的特征❶。据统计，目前我国弱势群体规模在3.5亿人左右，约占全国总人口的27%❷，其比例之高、分布范围之广、涉及群体类型之多等特点值得政府、社会和学术界予以高度关注。

2.1 弱势群体的界定

改革开放以来，尤其是进入21世纪之后，随着我国经济转轨与社会转型的加速，弱势群体问题正成为一个社会问题逐渐凸显出来，受到各方的关注。自2002年朱镕基总理在第九届全国人大第五次会议的《政府工作报告》中首次将"弱势群体"（social vulnerable groups）一词列入政府文件以来，弱势群体越来越受到社会各界的关注。我国弱势群体不同于以往时代和其他国家的弱势群体，"他们大多数并不是由于主观方面的低下或缺陷造成的，而是由于来自各种客观条件（自身情况或社会环境）的限制，在权力和权利方面、发展机遇方面、生活

---

❶ 朱凤义. 社会弱势群体权利及其法律保护[D]. 长春:吉林大学硕士学位论文,2004.

❷ 王子舟. 弱势群体知识援助的图书馆新制度建设[M]. 北京:国家图书馆出版社,2010:8.

物质条件方面，不具有任何优势的人们，具体讲就是在改革中其经济收入、社会地位、权益维护、竞争能力等方面均处于劣势的人群共同体"❶，具体包括老年人、未成年人、残疾人、农民工、农村贫困人口、城市低收入者、失业者、长期病患者、不识字的妇女、灾难求助者以及无家可归者等。

2.1.1 弱势群体的内涵

弱势群体是社会政策研究的核心概念，相关研究多集中在社会学、经济学、政治学等领域，主要用来分析现代社会经济利益和社会权力分配不公平、社会结构不协调、不合理的现象。按照国际社会学界、社会工作和社会政策界达成的基本共识来表述，弱势群体是由于某些障碍以及缺乏经济、政治、文化和社会机会，而在社会上处于不利地位的社会成员的集合，是在社会性资源分配上具有经济利益的贫困性、生活质量的低层次性和承受力的脆弱性的特殊社会群体❷。

目前我国学术界对弱势群体的概念尚未形成共识，比较有代表性的表述大致包括以下几种："在社会中处于不利地位的群体，在现代社会学、人类学、法学和人权理论中，通常把他们称为弱势群体。"❸ "弱势群体是在社会的经济结构和权力结构中处于不利地位的群体，其主要表现为经济力量和政治力量的低下。"❹ "社会弱势群体是一个分析现代社会的经济利益分配和社会权力分配的不平等，以及社会结构不协调、不合理的概念……是由于某些障碍及缺乏经济、政治和社会机会而在社会上处于不利地位的人群。"❺ "弱势群体可以从是否丧失具有市场竞争力的人力资本，是否难以融入所处地域的社会生活，难以与其他群体享有平等的公民权利，是否远离社会权力中心和社会对社会群体的既定评价等角度来定义。"❻ "弱势群体就一般意义来讲，是指社会中的弱者，即需要人们给予特殊关

❶ 张敏杰.中国弱势群体研究[M].长春:长春出版社,2003:10.

❷ 万闻华.NGO社会支持的公共政策分析——以弱势群体为论域[J].中国行政管理,2004(3):28-31.

❸ 李林.法治社会与弱势群体的人权保障[J].前线,2001(5):23-24.

❹ 王思斌.社会工作导论[M].北京:北京大学出版社,1998:17.

❺ 王思斌.社会转型中的弱势群体[J].社会学月刊,2002(6):19-22.

❻ 杨团.弱势群体及其保护性社会政策[J].前线,2001(5):21-22.

爱和援助的人群共同体。"❶上述观点归纳起来，弱势群体包括三类人群：一是在社会中只占有少量或者基本没有经济、文化、政治资源的阶层，如工人、农业劳动、城乡无业、失业和半失业等群体❷；二是在社会地位和生存能力上处于弱势并需要社会帮助的群体❸；三是个人或家庭生活达不到基本标准而依靠自己本身力量又无法改变状况的困难群体❹。

2.1.2　弱势群体不同于劣势群体、少数人

首先，弱势群体不同于劣势群体。劣势群体（disadvantaged）是社会变迁和结构转变、主流文化和亚文化互动的产物，是社会各阶层人群相互比较的结果。劣势群体一般在生理上和心理上没有明显的缺陷、疾病或残疾，绝大部分属于普通的"正常人"，其"劣势"主要是在发展机会和社会保障等方面受到长期性和系统性的不公平待遇，造成其"劣势"处境的不是个人性因素（如年龄、残疾、文化素养等），而是结构性因素、社会性力量与社会环境之间多种因素互动的结果。从社会影响和社会后果来看，社会劣势状态的社会后果通常是遭到社会排斥和社会地位边缘化，而社会弱势状态的社会后果往往是个人及家庭生活状况处于绝对的经济贫困和物质匮乏。由此可见，政府和社会对弱势群体的服务理念和政策目标主要是满足个人和家庭的基本生活需求，而对于劣势群体来说则是保障个人权利、提升个人能力和改善社会环境。对于二者而言，从概念所涵盖的范围上看，弱势群体是一个含义相对更加丰富的概念，既可以包含劣势群体，因为弱势群体既包括那些因为自然或自身原因造成的弱势群体，又包括由于社会制度性原因造成的弱势群体，劣势群体可看作是弱势群体的一种类型。其次，弱势群体不同于少数人。少数人（minority）是指数量上具有一定规模，在肤色、宗教、语言、种族、文化等方面具有不同于他人的特征，由于受到偏见、歧视或权利被剥

❶ 赵宇霞,王成亮.试析入世对中国弱势群体的影响[J].社会学月刊,2002(6):59-63.

❷ 李昭醇.公共图书馆为弱势群体服务的思考[J].图书馆论坛,2002(5):56-60.

❸ 刘世文.关怀弱势群体——图书馆服务工作的新课题[J].河南图书馆学刊,2001(3):37-39.

❹ 严贝妮.扶助信息弱势群体 跨越信息鸿沟——美国亚利桑那大学"知识河流"项目的思考[J].图书馆杂志,2008(12):58-61.

图书馆保障弱势群体公共信息获取权益的对策研究

夺，在政治、社会和文化生活中长期居于从属地位的群体❶。由于弱势群体通常在社会中占相对少数，而国际法上所界定的"少数人"在国内又常常是弱势群体，所以弱势群体与少数人之间存在着意义上的关联；但需要明确指出的是：少数人成为弱势群体并不仅仅因为他们在数量上是少数，少数人并不必然成为弱势群体，成为弱势群体的少数人往往是因为受到了偏见和歧视❷。

2.1.3　弱势群体是一个相对概念

在图书馆学、情报学领域的相关研究中，北京大学的王子舟教授对弱势群体概念的界定较为精辟、独到，他基于阿玛蒂亚·森（Amartya Sen）的基本可行能力的概念提出"绝对弱势群体"和"相对弱势群体"的概念。按照阿玛蒂亚·森的观点，基本可行能力是指主体能够具有的自主选择避免各种困苦（如饥饿、营养不良、疾病、早逝、文盲等）以及受教育、就业、享受政治参与权利的基本能力。基本可行能力的核心是主体的实质自由，相应地，可从经济收入和社会排斥的双重角度划分绝对弱势群体与相对弱势群体。从经济收入角度看，绝对弱势群体是指那些基本可行能力被剥夺了的社会群体，即在社会发展中经济收入、竞争能力、社会地位、权益维护等均处于劣势的人群共同体，包括残疾人、农村贫困人口、农民工、城市失业者、灾难求助者、无家可归者等；从社会排斥角度看，相对弱势群体是指基本可行能力部分或某种程度被剥夺的社会群体，即由于社会地位低下，没有就业和参与政治竞争优势的老年人、未成年人和不识字的妇女等❸。综上所述，弱势群体是一个相对的概念，其"弱"在发展机会和社会分配上始终处于劣势，即由于某些障碍在政治、经济、文化、社会和个人发展等方面缺乏机会而处于不利社会地位的人群。弱势群体与强势群体相比，主要区别可归纳为三个方面：其一，经济上的贫困是本质区别。弱势群体由于收入低、生活贫困，在物质和精神上都要承担巨大压力，同时贫困的连锁反应使其在其他方面也处于劣势，其生存压力远远高于其他群体。其二，依据社会分层理论，弱势群体

---

❶ Sigler J A. Minority Rights: a Comparative Analysis[M]. New York: Green Wood Press, 1983:5.

❷ Sigler JA. Minority Right: a Compartive Analysis[M]. New York: Green Wood Press, 1983:5.

❸ 王子舟. 弱势群体知识援助的图书馆新制度建设[M]. 北京:国家图书馆出版社,2010:2.

往往处于社会分层体系中的底层，容易造成权利缺失；弱势群体由于政治参与机会少，话语权微弱，往往难以依靠自身能力改变弱势的社会地位，最终导致其对强势群体的依附性越来越强。其三，缺乏可利用的资源是最重要的区别。弱势群体因为自身经济、文化、政治或者身体条件的限制，无法获得和利用充足、丰富的各类资源，进而导致遭受社会分配不公平的待遇。

2.2 弱势群体的构成类型及致因

2.2.1 弱势群体的构成类型

基于上述对弱势群体的概念界定，我国现阶段弱势群体的构成主要有：残疾人、老年人、未成年人、城市和农村贫困者、农民工、失业者、下岗职工、长期病患者、受自然灾害影响者、贫困拆迁户、部分贫困大学生、非正规就业者以及在劳动关系中处于弱势地位的人等。从形成原因来看，这些弱势群体大体可分为三大类：①个人生理性弱势群体，如老年人、未成年人、残疾人、长期病患者、艾滋病病毒感染者等；②自然环境性弱势群体，如环境恶劣山区的人口、受自然灾害的灾民等；③社会排斥性弱势群体，如下岗职工、失业人员、城乡贫困人员、农民工、高校贫困生等[1]。目前，我国弱势群体规模在3.5亿人左右，约占全国人口的27%[2]，其中社会转型与分化造成的社会性弱势群体占大多数。

2.2.1.1 残疾人

《中华人民共和国残疾人保障法》将残疾人定义为："在心理、生理、人体结构上某种组织、功能丧失或者不正常，全部或者部分功能丧失但仍以正常方式从事某种活动能力的人。"[3]残疾人的问题不仅是其自身的问题，也是非残疾人甚至

---

❶ 蒋永福. 图书馆学通论[M]. 哈尔滨：黑龙江大学出版社，2009：143-144.

❷ 王子舟. 弱势群体知识援助的图书馆新制度建设[M]. 北京：国家图书馆出版社，2010：8.

❸ 中华人民共和国残疾人保障法 [EB/OL]. [2014-05-20]. http://www.gov.cn/banshi/2005-08/04/content_20235.htm.

每个社会成员的问题。可以说，一个国家和社会对待残疾人的态度，体现了这个国家和社会的文明程度。世界卫生组织（World Health Organization，WHO）的统计数据表明，全世界约有5亿残疾人；根据我国第二次全国残疾人抽样调查结果显示，2006年我国残疾人总数约为8296万人，占全国总人口比例的6.34%，全国有残疾人的家庭共有7050万户❶，其中3000万残疾人属于低收入阶层，979万残疾人存在温饱问题。据分析，我国残疾人中视力残疾1263万人，听力残疾2054万人，言语残疾130万人，肢体残疾2472万人，智力残疾568万人，精神残疾629万人，多重残疾1386万人❷。可见，我国残疾人群体数量和种类众多，与健康人相比，他们在学习工作生活的各个方面无疑处于不利或者弱势的地位。此外，残疾人是最容易被社会主流文化和社会公共服务排斥在外的群体，虽然相关法律对此作出了严格规定，但是社会不可避免地会存在歧视残疾人的现象，因此帮助残疾人参与和融入社会是推动整个社会文明进步的必然要求。

2.2.1.2 老年人

目前，我国正处在快速进入老龄化社会阶段，老龄人口具有总量世界第一、老龄化速度世界第一、养老问题形势严峻等特点，老年人群体问题具有相当的复杂性。根据国家统计局2012年公布的数据显示，2011年中国大陆总人口数约为13.5亿人，其中60岁以上人口为1.85亿人，占全国人口总数的13.7%❸。国际上关于老龄化社会的人口学通用统计标准为：60岁以上老年人口占比超过10%，或者是65岁以上老年人口占比超过7%。根据此标准，我国已经迈入了老龄化社会，并且随着计划生育政策的执行，经济、社会的进步和发展，医疗保健水平的持续提高，我国老年人口的绝对数量和相对比例将继续增多。预计到"十二五"

---

❶ 中国发布第二次全国残疾人抽样调查主要数据公报[EB/OL]. [2014-05-28]. http://wenku. baidu. com/view/9e2b627a168884868762d633. html.

❷ 中国残疾人联合会网. 2010年末全国残疾人总数及各类、不同残疾等级人数[EB/OL]. [2014-01-28]. http://wenku. baidu. com/link?url=8_MmeeYSKWsU53ojv91b6sq20O__GT0j5cmBJqlARW7HknvqOstIq29GN-NWLMnM6HB9nvFAvUCUV3H2cHnXanBksxQvXndSsd57SWIzmcL7.

❸ 中国老年人口占总人口13. 7% 社会养老难题待破[EB/OL]. [2014-07-11]. http://news. cntv. cn/20120304/104858. shtml.

末，我国老年人口将增加4300多万人，达到2.21亿人，届时80岁及以上的高龄老人将达到2400万人，65岁以上的空巢老人将超过5100万人❶。老龄人口比重的不断增加，社会养老的低水平、低覆盖率以及社会福利服务体系建设缓慢等问题都将导致老龄人口的贫困率升高、收入水平降低，成为当前社会弱势群体的一部分。目前，一部分老年人由于退休金较少甚至没有退休金或者患有大病、重病，经济生活日益困难；还有相当一部分老年人与子女长期分离，成为"空巢老人"，精神上非常寂寞，孤独感强，急需心理上的救助❷。

2.2.1.3 未成年人

联合国《儿童权利公约》和我国《未成年人保护法》均规定：凡年龄在18周岁以下的人都为未成年人❸。未成年人由于年龄尚小、生理和心理还没有完全发育成熟、人生观世界观价值观尚未完全确立、不能够很好地明辨是非、缺乏足够的自我保护能力、容易受到外界的影响和侵害，需要社会的特别关爱和保护。未成年人往往没有社会经验，缺乏辨别和判断能力，缺少话语权，尚未具有完全的经济能力与社会参与能力，极容易遭受以"保护"为名义的权利侵犯，成为被社会排斥的弱势群体。虽然我国于1992年出台了《中华人民共和国妇女儿童权益保护法》，2006年修订了《中华人民共和国未成年人保护法》，但是如何对未成年人的各方面权利进行全面保护，给未成年人提供一个相对安全、舒适的成长环境，特别是要给予留守儿童、流浪儿童、残疾儿童、特困儿童、单亲家庭儿童、女童等特别的关怀和救助等问题被当今社会热切关注。随着我国未成年人数量的减少，社会对未成年人日趋重视，保护未成年人的生存权、发展权、受保护权、参与权等权益日趋重要而且必要。

---

❶ 预计"十二五"期末全国老年人口将达2.21亿[EB/OL]. [2014-07-11]. http://roll. sohu. com/20121024/n355561927. shtml.

❷ 全国老龄工作委员会网站. 2010年度中国老龄事业发展统计公报[EB/OL]. [2014-01-28]. http://www. cncaprc. gov. cn/jianghua/12147. jhtml.

❸ 新华网. 儿童权利公约. [EB/OL]. [2014-05-20]. http://news. xinhuanet. com/ziliao/2005-09/21/content_3522096_1. htm.

2.2.1.4 失业人群

失业人员是指在劳动年龄内具有劳动能力，但目前没有工作，并以某种方式正在寻找工作的人员❶。在我国，失业群体包含的范围较广：第一类是传统意义上的下岗职工，因为原单位改制或者其他原因被要求下岗自谋生路，目前国家已对此类人员给予了一定的下岗补贴，并纳入了社会保障体系；第二类是个体劳动者，当他们不能从事个体劳动时也就成为失业者；第三类是从学校毕业但一时找不到工作的学生，他们往往暂时待在家里，如果其家庭条件较好倒也还可以，如果家庭经济条件原本很困难，就会使家庭生活雪上加霜。一般而言，在市场经济条件下失业人员并不一定构成弱势群体，但随着我国经济结构转型和社会结构调整，出现了大量下岗职工和失业人员，他们往往年龄较大、知识技能偏低、家庭经济情况不好、就业竞争能力较弱，整体上处于就业竞争和社会生活的不利地位，客观上已沦为社会弱势群体。西南财经大学中国家庭金融调查与研究中心通过对8000户家庭的调查显示，2011年我国城镇失业率达到8.0%❷，几乎是官方公布的登记失业率4.1%的2倍，并且从近五年的情况来看一直处于增长状态。失业人员数量的增多及其在经济、政治、文化、个人发展机会等方面受到的不公平待遇将激化这部分群体的社会不满情绪，增加社会不稳定因素，所以理应将其纳入弱势群体的救助范畴，加大救助帮扶力度。

2.2.1.5 农民工

随着改革开放后我国经济的快速发展及城乡一体化进程的加快，农村富余劳动力为了寻求更好的就业机会、赚取更高的经济收入、获得更多的社会资源不断向城市转移，进城务工人员数量逐年增加，农民工群体已遍布社会的各个领域、各个角落。根据国家统计局抽样调查结果显示，2012年全国农民工总数达到26261万人，其中外出农民工16 336万人，举家外出农民工3375万人。从年龄构成看，农民工群体构成以青壮年为主，16~20岁占4.9%，21~30岁占31.9%，31~

❶ 王文婷. 我国城市弱势群体权利保护问题研究[D]. 西安:西安科技大学硕士学位论文,2012.

❷ 西南财经大学-中国家庭金融调查与研究中心.中国城镇失业报告[EB/OL]. [2014-05-50]. http://wenku. baidu. com/view/665c23e40975f46527d3e1d7. html.

40岁占22.5%，41~50岁占25.6%，50岁以上占15.1%；从文化程度看，农民工的受教育程度普遍偏低，文盲占1.5%，小学占14.3%，初中占60.5%，高中占13.3%，中专及以上占10.4%❶。由于城市生活比农村生活更为复杂，许多农民工面临工作环境恶劣、劳动收入不稳定、社会保障水平偏低的境遇。根据调查显示，截至2012年年末，农民工人均月收入水平为2290元，雇主或单位为农民工缴纳养老保险、工伤保险、医疗保险、失业保险和生育保险的比例分别为14.3%、24%、16.9%、8.4%和6.1%。农民工为我国城市发展和经济、社会建设作出了突出的贡献，却不能和城市户籍人口一样享受到城市发展的成果以及各种"福利"，他们居无定所、不能和城镇户籍人口同工同酬、劳动权益难以受到充分保护、游离于社会保障体系之外，难以真正被城市所"接纳"，容易成为城市的"边缘人"。造成农民工群体社会弱势地位的主要是受到制度、政策、经济、文化等多方面的限制，需要社会从经济保障、社会地位、身心健康等方面倾注更多的关怀。

2.2.1.6 长期患病者

长期患病者不仅要经受身体病痛的折磨，背负心理和精神上的沉重负担，而且还要在经济上承受长期的、数额巨大的看病费用和生活支出。尽管近年来我国不断加大社会医疗保险的参保范围和支付水平，但因病致贫、因病返贫的人员依然很多。有些长期患病者（如精神病患者、乙肝患者）被强制隔离、限制人身自由，公民基本权利受到侵害，往往受到社会排斥；还有些特殊长期患病者（如艾滋病患者）在就业、婚姻、学习、生活等方面受到种种歧视，隐私权、就业权、受教育权等无法得到充分保障，致使情绪低落，悲观厌世。如果这种情况长期无法得到有效改善，他们在个人挫败感和社会排斥的长期挤压下，可能会病情加重，产生对社会不满的情绪，甚至敌视和仇恨。对于这些长期患病者而言，经济收入无来源、家庭负担沉重、经常遭受社会歧视，无论是身体上还是心理上都承受着巨大的痛苦，需要政府、社会、医疗机构、社区等多方给予救助。

---

❶ 统计局:2012年全国农民工总量达26261万人[EB/OL]. [2014-01-28]. http://finance. people. com. cn/n/2013/0527/ c1004-21624982. html.

2.2.1.7　其他人员

以上六类人员被划分为社会弱势群体是能够在社会层面得到广泛认同的，但还有一些没有被划分进社会弱势群体的人群，他们同样属于弱势群体，同样应得到社会的广泛关注。一是从外地到城里闯荡的自由职业者，他们几乎没有任何保障可言，如果职业生涯不顺利，就可能遇到很大的生计困难；二是城市乞讨者，现在城市街头时常可以见到乞讨者的身影，那些衣衫褴褛的乞讨者和那些被犯罪组织利用迫害行乞的人员，都应该是社会救助关注的对象；三是外来上访人员，这种类型的弱势群体在社会中零星存在，他们已经经受过诸多打击，生活一般很难维持，对社会抱有较大的负面情绪；四是其他盲目流动及外来人口等，他们居无定所，日常生活没有保障，处于社会的底层。

2.2.2　弱势群体的成因

改革开放以来，我国在经济、社会发展上实现的是赶超战略，即以经济建设为中心、以GDP（国内生产总值，gross domestic product）为导向，这种单纯经济增长导向使我国各种社会资源高度向经济领域集中，加上长期的城乡二元结构及地区发展不平衡等因素的作用，经济增长与社会发展不协调问题凸显，具体表现为：贫富差距持续加大、社会腐败丛生、国富民穷格局形成等。在一个以经济发展为主要目标的国家，社会经济政策常常会以牺牲社会弱势群体的利益作为发展的代价❶。所以，正如马克思所言："我们应该结束牺牲一些人的利益满足另一些人的需要的状况，使所有人共同享受大家创造出来的福利，使社会成员的才能得到全面发展"❷。

就现阶段来看，除部分由自身生理障碍、心理障碍造成的个人生理性弱势群体外，经济和社会转型与分化造成的社会排斥性弱势群体占我国弱势群体的大多数。具体原因可以概括为如下3个方面。

---

❶ 董保华等.社会法原论[M].北京:中国政法大学出版社,2001:207.

❷《马克思恩格斯选集》第一卷[M].北京:人民出版社,1972:243.

2.2.2.1　社会排斥性体制

从理论上讲，"社会排斥"（social exclusion）涉及范围很广泛，在我国社会排斥往往直接表现为体制性排斥：如城乡二元结构体制造成贫困人口多数集中在农村；社会资源二元化再分配使各种资源更多地流向城市；社会保障和福利制度严重滞后于经济发展水平和广大人民群众的实际需要；正式就业市场的相对排他性和封闭性一定程度上堵塞了中下阶层人群向上流社会流动的渠道等。更为重要的是，前几年，权利的缺失加重了弱势群体的困境地位。例如，在农村，随着集体经济体制的解体，过去曾经依托集体经济形成的"五保"供养制度、合作医疗制度、社会救济制度运行起来困难重重在城市，尽管绝大多数城市居民享有一定的社会保障，保障房、经济适用房、廉租房正在快速建设，义务教育阶段实现了全免费，但由于住房、医疗（药）、教育、养老等支出快速上涨，部分企业职工退休金基数低且增长缓慢，失业保险及低保金不能满足实际需求等，造成了相当一部分城市居民的基本生存面临严重困难。可见，社会制度安排的变迁和社会保障制度的不健全，使主要社会群体弱势化的趋势难以得到有效遏制，是导致社会弱势群体形成的基本原因。

2.2.2.2　经济结构与社会结构调整

改革开放后，随着我国各领域改革的不断深入和社会主义市场经济体制的逐步建立，经济结构和社会结构都发生了巨大变化。然而，由于市场经济的高效率与高风险并存，不可避免地会使社会上一部分人处于利益优势，成为社会发展的胜利者和富裕者；同时也使一部分人的利益受到损害，成为竞争中的失败者和贫困者。上述原因导致一些社会问题普遍存在，如在人类进入信息社会的时代背景下，互联网等新技术的运用和劳动生产率的提高，使得就业机会相对减少，致使失业人口数量增加；国有企业进行结构性调整，必然要减少在计划经济下形成的大量富余人员，致使城市下岗职工增多；农村劳动力向城市转移，受教育程度低、技能水平差、收入不稳定等成为农民工群体性特征。经济结构与社会结构的调整加剧了社会贫富两极分化的"马太效应"，大部分社会排斥性弱势群体作为新的社会阶层出现。贫富分化的拉大使弱势群体的社会利益和公共利益无法得到实际保障，弱势群体的生存、发展等权利得不到有效保证，弱势群体的利益不能受到社会的关注和维护，致使社会不稳定因素增加。弱势群体所带有的受教育程度不高、职业技能低、再择业能力不强等特征，不可避免地造成了弱势群体在社会竞争中处于弱势地位，甚至形成了恶性循环❶。

2.2.2.3 社会资源分配不公

随着改革开放后社会主义市场经济体制的确立，收入分配制度不断发展，打破了原有计划经济体制下"大家干多干少一个样、干好干坏一个样"的收入分配模式，按劳分配、按资本要素或生产要素分配等新的收入分配机制带动经济高速增长，但同时也导致社会资源配置不均，促使财富向拥有较多资源的群体转移，社会各阶层之间收入差距不断拉大。弱势群体往往因没有能力获得生存和发展的机会而在人力、财力、物力、能力、权力、信息等社会资源配置方面存在匮缺的局面。人力资本论认为，社会个体经济生活贫困与社会地位低下的主要原因是人力资本投资不足，具体表现为医疗保健、职业培训、正规教育、技术推广、就业迁移等方面的社会资源匮乏。拥有丰厚人力资本的个体，其得到的收益也是丰厚的，并因此增加了避免贫困的可能❷。我国公共资源尤其是公共文化资源供给不足与分配不公是长期存在的问题，由于现行体制限制、社会发展不公、社会公共物品供给不足等原因，弱势群体与强势群体"机会不平等"问题严峻，严重阻碍了弱势群体的全面发展。由于弱势群体长期持续处于公共资源配置的劣势，难以获得正常的医疗保障、受教育机会与就业技能，甚至通过代际传播产生较大的负外部效应，致使弱势群体的社会离心倾向日益严重。

2.3 弱势群体的主要特征

由于经济变革、社会结构调整等多重原因，现阶段我国的弱势群体大多数是

---

❶ 孙成. 和谐社会建设背景下社区弱势群体救助模式探讨[D]. 成都：成都理工大学硕士学位论文，2013.

❷ 王子舟. 弱势群体知识援助的图书馆新制度建设[M]. 北京：国家图书馆出版社，2010：15.

社会转型与分化造成的社会排斥性弱势群体，经济贫困和权利贫困是其最大特征。相对于其他社会群体而言，其基本的社会特征是经济收入少、受教育程度低、就业率低、社会地位低、心理承受能力弱等。

2.3.1 经济收入少

就目前来看，经济贫困是弱势群体所面临的共同困境。弱势群体因自身生理因素、自然环境因素、社会环境因素的影响，大多收入来源有限，甚至很多人需要依靠政府的最低生活保障金生活，其家庭大部分消费用在食品、居住、医疗、教育等硬性支出方面，恩格尔系数（Engel's coefficient）❶较高。在城市，弱势群体多数存在年龄较大、文化程度偏低、生产技能单一、市场竞争能力弱、谋生渠道狭窄、择业观念陈旧等不利特征，加之目前食品价格的大幅度上涨，城镇低收入居民的生活压力增大，生活质量较差。在农村，农民长期受城乡二元结构体制的影响，个别地区权利和社会保障的缺失尤为严重。下列一组数据具体反映了弱势群体的经济收入微薄现象：2014年，上海最低工资标准为1820元，为全国最高；贵州省最低工资标准为1030元，为全国最低❷；北京城市低保标准为家庭月人均为650元，农村低保最低标准家庭月人均为560元；甘肃省城市低保标准为月人均345元，月人均补助水平为298元，农村低保一类对象月人均补助水平为205元，二类对象月人均补助水平为160元❸。对于弱势群体而言，其经济的脆弱性和贫困的严重性十分明显，"四低"（即低收入、低消费、低保障、低生活水平）是真实写照。弱势群体在经济收入上的明显差距使其普遍怀有经济上的剥夺感，长期的经济困境使其对摆脱弱势地位缺乏信心，容易悲观失望、精神压抑，产生政治上的失落感和对未来的惶恐感。

---

❶ 恩格尔系数是指食品支出总额占个人消费支出总额的比重。根据联合国的划分标准，一个国家平均家庭恩格尔系数大于60%为贫穷；50%~60%为温饱；40%~50%为小康；30%~40%属于相对富裕；20%~30%为富足；20%以下为极其富裕。目前我国的弱势群体绝大多数生活处于贫穷状态。

❷ 上海最低工资1820元全国最高 贵州1030元垫底[EB/OL]. [2014-05-26]. http://www. chinacourt. org/article/detail/2014/05/id/1303015. shtml.

❸ 2014年城市低保标准[EB/OL]. [2014-07-11]. http://shebao. yjbys. com/zhengce/87311. html.

2.3.2　受教育程度低

一般而言，受教育程度与就业率、经济收入水平呈正相关，即受教育程度高的人群更容易找到相对稳定的工作、获得较高的经济收入、具有较好的发展前景。而弱势群体长期面临社会教育资源与公共文化资源不足及分配不公等问题，致使他们受教育程度大多偏低，学习能力严重不足，缺乏足够的就业技能，无法进行自我提升、自我发展，一般只能从事城市人口不愿做的脏、苦、累和高危险性职业以及机械重复类、服务类的工作。这些工作往往技术含量低、可替代性强、经济收入较少、发展空间有限，更谈不上通过信息和知识来增加个人收入。此外，弱势群体不仅由于受教育程度低而使自身生活陷入困境而无法自拔，甚至会通过家庭关系影响到下一代，形成代际传递对下一代造成不利影响。例如，农民工子女往往因为户籍的限制不能在父母所在的城市就近入学，或者需要交纳高额的"借读费""赞助费""择校费"等名目的费用。这种不公待遇致使他们不能在城市享受优质的教育资源，同时由于与父母分离在老家上学成为"留守儿童"，对其成长造成诸多负面影响。相关研究发现，中国重点大学的农村学生比例自20世纪90年代起不断滑落，其中北京大学的农村学生所占比例从三成落至一成，清华大学2010级农村生源仅占17%❶。

2.3.3　就业率低

由于生活贫困、收入微薄致使弱势群体在物质和精神上要承受巨大压力，同时物质上的贫困会引起连锁反应，使其在其他方面也处于劣势。弱势群体的受教育程度大多偏低，缺乏某一方面的专业知识技能，一般只能从事机械重复类和比较脏苦累的体力劳动，这些工作可替代性强，在社会中缺乏竞争力，受经济形势和社会环境影响较大。正是由于这些自身经济、文化或身体条件的限制，他们缺乏可利用的资源（如人际关系、就职就业信息等），不仅失业率偏高，再次择业也比较难。尤其是原国有企业的下岗职工，他们年龄普遍偏大，学习和接受新事

---

❶ 北大清华农村生源仅一成 寒门学子都去了哪[EB/OL]. [2014-07-11]. http://edu.163.com/11/0805/12/7AMO42C200294JD0.html.

物的能力较弱，对计划经济体制下的劳动模式具有较强的依赖性，无法适应社会发展的节奏与步伐，存在极大的就业困难。对于弱势群体来说，就业率低既是这一群体的特征，也是造成这一群体生计困难的重要原因。

2.3.4 社会地位低

人的社会地位与经济基础密切相关，弱势群体的经济基础薄弱，其受到的教育、获得的社会资源、掌握的知识远远少于社会强势群体，在政治和社会层面也往往处于弱势的地位。依社会分层理论，弱势群体往往在社会分层体系中处于底层，容易面临权利缺失问题，主要表现为表达和追求自己利益的能力较弱。由于弱势群体较低的社会地位和处于社会边缘位置，较少有机会参与社会政治活动，其在政治上的发言权受到一定的限制，表达利益的途径有限，影响政策制定和立法的力量极其微弱，利益得不到充分保障。加之，他们掌握的资源很少，尽管人数众多，但表达权利的声音很微弱，对利益的诉求很难在社会中表达出来，因此他们的声音往往不能及时传递给政府和社会，也得不到政府和社会更为特殊的照顾和关怀。同时，由于政治参与程度较低，弱势群体的话语权微弱，无法依靠自身能力改变其弱势地位，致使对强势群体的依附性越来越强。长此以往，经济上的弱势导致政治上的弱势，政治上的弱势加重经济上的弱势，形成了恶性循环。

2.3.5 心理承受能力弱

弱势群体不仅在经济上承受着较大的压力，其心理压力也比较大，在社会生活中常常遭受歧视、缺乏自信，整体上心理敏感、精神苦闷，社会离心倾向日益严重。由于大多数弱势群体受到经济变革与社会结构调整的巨大冲击，不能有效得到社会制度的保障和社会福利的覆盖，长期处于经济困境，个人受挫情绪强烈，容易悲观失望，甚至产生思想观念上的异化和信仰上的迷茫❶。例如，许多社会弱势群体在为生计奔波忙碌时，由于各方面条件所限，很少能够参与文化活动，远离主流文化，无法有效地与外界进行知识、信息和精神等方面的交流，致

---

❶ 王子舟. 弱势群体知识援助的图书馆新制度建设[M]. 北京：国家图书馆出版社,2010:7-17.

使心灵荒芜，形成一个个与世隔绝的"孤岛"。还有一些弱势群体由于面临生存、机会、权利、知识和信念等方面的困境，内心焦虑和矛盾，容易产生自卑感和无助感，久而久之容易产生"社会对自己不公平"的心理，致使心理失衡，滋生出厌恶、对抗社会的心态，做出一些"破罐子破摔"式的偏激甚至极端行为来报复社会。近年来，由于弱势群体利益受到侵害以及利益诉求无法得到满足等原因造成的群体性事件和恶性事件的比例有逐年上升的趋势。

上述对国内外研究现状进行的梳理和对比研究，有助于找出我国现有研究中存在的不足以及国外相关研究中值得借鉴之处，为本书找到切入的角度；对于弱势群体概念的梳理，有助于明确弱势群体作为研究对象的内涵、成因、类型和主要特征，为下面深入研究公共信息获取权益及其对弱势群体的影响打下基础。

3 公共信息获取权益及其对弱势群体的影响

3.1 公共信息获取权益的基本概念

人类社会进入信息时代后，随着信息技术的飞速发展和信息资源的快速增加，一个人能够获得和支配信息资源的多少不仅决定了其精神生活的富有程度，而且在很大程度上决定着其拥有财富的多少，乃至社会地位的高低。公共信息是公众获得知识、满足信息需求、寻找心灵满足的最直接、最常用的渠道和手段。弱势群体信息获取权益的缺失很可能加重其经济贫困程度，阻碍其个人发展，影响其民主权利的实现，甚至形成与社会强势群体的"马太效应"。弱势群体公共信息获取权益缺失主要是由公共信息资源供给不足及配置不均衡、弱势群体的公共信息获取能力及处理能力低下等原因造成的，这一社会问题将影响到弱势群体的生命健康、经济利益、精神生活、社会权利等，应引起全社会的高度关注。

3.1.1 公共信息的概念界定、范畴及特征

3.1.1.1 公共信息的概念界定

公共信息主要是相对私人信息而衍生出的一种信息类型，其不仅是信息资源重要的组成部分，同时也是一种重要的社会资源。目前，国内外学术界对公共信

息尚未形成统一的概念界定，国外的相关研究起步相对较早，我们可以从其相关法律法规、政策文件以及学术研究中大致了解公共信息的概念。

在美国，美国国家图书馆和信息科学委员会（U.S. National Commission on Libraries and Information Science，NCLIS）1990 年制定的《公共信息准则》（*The Principle of the Public Information*）中将公共信息定义为："公众所拥有，委托给政府所持有，由联邦政府制作、维护或编辑的信息。对于公共信息，公众可以随时取用且不受法律限制其使用权。"❶《公共信息资源改革法案 2001》（*The Public Information Resources Reform Act of* 2001）中将公共信息资源等同于政府信息资源，是指那些为公共利用所生产或为政府内部所使用、不排除公共利用的信息资源❷。《田纳西州公共信息法案》（*Text of the Texas Public Information Act*）中对公共信息的界定如下："公共信息是在法律或法令以及与官方事务相联系下所收集、组织和保管的信息，包括政府部门产生的信息、为政府部门所生产以及政府部门所拥有的信息或有权获取的信息。"

在欧洲，欧盟委员会于 1999 年发布了关于公共部门信息的绿皮书《公共部门信息：欧洲的一个关键资源》（*Public Sector Information: A Key Resource for Europe*），该文件从统筹规划的角度将公共信息视为一种资源，强调了其对于欧洲各国的市场、产业等多方面的作用，提出了"信息过载"问题，认为目前最大的问题不是信息缺乏，而是公共信息统一有序的管理与使用问题❸。英国议会在 2000 年通过并于 2005 年正式实施了《信息自由法》（*Freedom of Information Act*），该法案明确规定了获取公共部门的信息是公民应有的权利，并指出：①信息公开应考虑到公众利益，即便在适合豁免的情况下同样适用；②广大公众在非明文规定的豁免

❶ NCLIS. The Principle of the Public Information[EB/OL]. [2014-05-21]. http://www. nclis. gov/info/pripu-bin. html.

❷ 夏义堃. 公共信息资源管理的多元化视角[J]. 图书情报知识, 2005(2): 20-24.

❸ EC. Public sector information: a key resource for Europe: green paper on public sector information in the information society[EB/OL]. [2014-05-21]. http://euroPa. eu. int. ISPO/docs/policy/does/COM (98) 585/gp-intro. html.

和限制条件下有获取公共信息的权利；③应设置信息官和异议审查会，加强信息公开；④积极公布公共信息是公共部门（包括政府部门）应尽的义务❶。

在联合国层面，2001年，联合国教育、科学及文化组织（简称联合国教科文组织，United Nations Educational, Scientific and Cultural Organization，UNESCO）召集专家经过研究得出，公共信息是指公众可自由获取或存储的信息，这些信息不侵犯他人知识产权、不对其他如本土的公共权力形成侵犯或违反保密规定，亦称为共享信息，如：①某些未署名、无利益相关人的作品；②公共图书馆提供的查阅目录；③公认的事实；④无知识产权限制或知识产权过期的信息；⑤在公共档案馆、博物馆等场馆的公共展示信息等；⑥公益的、具有公开性的信息；⑦公共组织的官方信息；⑧部分元数据；⑨为公共利益而创建的信息。UNESCO在《发展和促进公共领域信息的政策指导草案》（*Draft Policy Guidelines for the Development and Promotion of Public Domain Information*）中则把公共信息定义为：不受知识产权和其他法定制度限制使用的、公众能够有效利用而无需授权也不受制约的各种数据来源及信息类型。

丰富的国外研究为我国学者从多角度界定公共信息（资源）奠定了基础。姚西科认为，公共信息是基于信息共享性特征而言的，主要是指公益性的信息，即同一内容的信息可以为大于等于两个使用者使用而不需要附加任何条件❷。王欣认为，公共信息资源是为社会公众服务的事业单位所拥有的信息资源，其中很大一部分是政府信息资源❸。张欣毅认为，从狭义来看，公共信息资源不仅仅是文本或者其他载体类型的文献资源，而是基于公众需求认知和文献资源结合的产物；从广义来看，公共信息资源是"自我组织系统"，属于社会文本信息资源，是基于公共义务、公共权利、公共需求、公共认知多元动态交互构建之上的公共积累与公共利用（认知）的信息资源，是一个共知共识、共享共建、互为依托、互为中介、互为因果的"自为世界"，也是一个知行合一、不可分割、既是目标

---

❶ 肖永英. 英国《信息自由法》的主要内容及其影响初探[J]. 情报杂志,2003(9):93-97.

❷ 姚西科. 我国县级行政组织公开公共信息的义务[J]. 河北法学,1999(5):176-177.

❸ 王欣. 社会公共信息资源网络化建设的若干思考[J]. 情报资料工作,2002(增刊):198-199.

也是过程的"超大文本"❶。谢俊贵认为,公共信息是一种特定的实用型信息,是指所有产生并应用于社会公共领域、由公共事务管理机构依法进行管理、具有公共物品特性、能为全体社会公众共同拥有和利用的信息❷。莫力科等人认为,以政府为主体的一切负有公共事务管理职能的组织(包括行政机关,法律法规授权、委托的组织,来源于纳税人税款的政府财政拨款的社会团体、组织等公务事业法人和社会组织)在行政过程中产生、收集、整理、传输、发布、使用、储存和清理的所有信息,称为公共信息❸。谢清俊以图书馆学理论为主要理论基础,将公共信息定义为各个类别的资讯,主要指关系"生存""民生"等方面的必需资讯,公共信息如同食物、衣服、住所一样,是保证公众维持基本正常生活与尊严的必需品❹。黄健荣认为,公共信息的含义可以从三个方面界定。①狭义层面:公共信息是公共主体对公共领域中事物的运动方式和状态的新内容的感知和表述,是一种最新反映,对应着客观事物的运动方式和状态;②认识论层面:公共信息是公共主体表述和感知的运动状态和方式,是人类公共领域的关联事物;③本体论层面:公共信息是运动状态与状态的变化方式,反映了人类公共领域中事物、公共领域外部、相关联的事物的一个系统❺。李鹏认为,公共信息资源是指负有公共事务管理职能的社会组织在公共管理活动中所产生的各种信息资源的集合,其所有权属于社会公众。简单说来,可将公共信息资源理解为一定范围内社会公共信息的总和,任何反映和维护公共利益活动的信息都属于公共信息资源范畴❻。

综上所述,公共信息具有"公共利益"和"公共利用"两个属性维度,是指政府等公共部门为了保证社会的公共利益而用公共资金生产、收集并原则上公开

❶ 张欣毅.触摸那只无形的巨手——基于公共信息资源及其认识机制的认识论(下)[J].图书馆理论与实践,2003,(2):6-9.

❷ 谢俊贵.公共信息学[M].长沙:湖南师范大学出版社,2004:91-95.

❸ 莫力科,王沛民.公共信息转变为国家战略资产的途径[J].科学学研究,2004(3):262-266.

❹ 谢清俊.公共资讯系统概说[EB/OL].[2014-05-21].http://www.51niea.edu.tw/~edp/paper/1995/19950620_3.htm.

❺ 黄健荣等.公共管理新论[M].北京:社会科学文献出版社,2005:439.

❻ 李鹏.公共信息获取模式研究[D].湘潭:湘潭大学硕士学位论文,2013.

利用的信息❶。从狭义上说，公共信息约等于政府信息；从广义上说，公共信息资源不仅包括信息内容本身，还包括与信息内容相关的信息技术、信息设施、信息人员等。然而，需要指出的是，公共信息与政府信息是两个不同的概念，公共信息的外延要比政府信息的外延宽泛，即政府信息属于公共信息，公共信息包含政府信息。

3.1.1.2　公共信息的范畴

目前国内对于公共信息范畴的研究包括以下几种具有代表性的视角。

从形成来源上分析，公共信息主要包括：①政府及其附属机构生产的信息，包括政府机构信息、政策法规信息、政务信息等；②政府出于公共建设或公共管理目的而无偿向有关组织和个人收集的信息，包括组织机构的信息、公民个人信息等；③政府等公共部门出于公共利益而购置（一般采用税收形式）或无偿收集的信息，包括公益性社会组织所储存和管理的信息；④政府资助或委托有关机构、个人生产的信息，包括科学、教育部门生产的信息❷。

根据形成方式的不同，公共信息资源可分为政府自产性公共信息资源、政府购买性公共信息资源和社会生产性公共信息资源三种类型；从存在形态来看，政府信息、图书馆保存和拥有的信息和科学信息是公共信息的主要构成部分，即公共信息主要由政府、图书馆和科研部门所拥有❸。

从内容上看，公共信息包括：①政府机构信息，包括政府部门设置、职责、职能、部门业务管理办法等；②政务信息，包括政府文件、政府公报、重大会议活动、政府实施项目等信息；③政策法规信息，包括国家和地方的政策、法律法规、条例等信息；④为社会各界服务的信息，包括国际、国内、地区的政府动态新闻、经济信息、统计信息、招商引资及市场供求信息、预测信息、热点推荐、办事指南等；⑤反馈信息，主要来自各行各业、各界的普通民众和专家学者，包括政府信箱、市政论坛、市民意见和建议等；⑥交流信息，包括政府之间、政府

---

❶ 蒋永福.国际社会关于公共信息开放获取的认识与行动[J].国外社会科学,2007(2):68-72.
❷ 李鹏.公共信息获取模式研究[D].湘潭:湘潭大学硕士学位论文,2013.
❸ 蒋永福.论公共信息资源管理——概念、配置效率及政府规制[J].图书情报知识,2006(3):11-15.

各部门之间、部门的上下级机关之间建立起来的交流信息渠道，实现它们之间横向与纵向的信息交流，如政府各部门的各种公文、会议情况、总结报告、记录数据、办公档案、部门行政管理信息、经验介绍等；⑦教育信息，包括教育政策、教育机构名录、教育状况和特色、招生情况、学生就业信息等；⑧公共健康信息，包括医疗机构、医护人员信息、药品质量信息、传染疾病、公共健康政策法规等；⑨文化信息，包括图书馆、档案馆、文化馆等机构提供的文献服务，电视台、广播台等提供的文化娱乐等；⑩农业信息，包括农业生产中的法规政策、土地资源状况、农产品市场、农业有关的科技信息和气象资源等；⑪国民经济宏观信息，包括市场法规、经济状况统计指标、企业基本信息、消费者信息、财政金融信息等；⑫环境信息，包括地理信息、天气预报、环境污染信息、旅游资源信息等❶。

根据受益者需求范围的不同，公共信息资源可划分为全国性公共信息资源和地方性公共信息资源两种类型。全国性公共信息资源一般为供全国公众使用的、无排他性的信息，如中央政府信息、网络信息等；地方性公共信息资源是指以满足地方公众需要为目的而形成和发布的信息，如地方政府信息、地区性天气预报、某部门或单位发布的本部门或本单位信息等。

3.1.1.3 公共信息的特征

1. 公共性

公共信息从本质上说是一种公共物品，具有公共物品公共性这一基本特性。公共信息的公共性体现在其以促进公共利益为目的，用于公共消费或公共共享。公共信息与私有信息最根本的区别在于：公共信息具有公共性，是为了通过公共消费来促进公共利益的；而私有信息则由私人生产和提供，其生产成本由私人承担支付，并采取等价交换的市场供给方式。公共信息在一定时效期内与社会全体成员的利益休戚相关，其目的是满足和服务于社会每个成员对信息的普遍性需求，公共信息的获取状况直接关乎每个社会成员的切身利益。例如，与公众生活

---

❶ 杨秀丹,白献阳.公共信息资源管理研究[J].图书馆论坛,2005(6):211-213,37.

紧密相连的公共事务及公共利益情况的信息报道等，其反映的是社会公共事务、公共议题，与公众生活密切相关。

2. 外部性

外部性，又叫外在性（externalities），是经济学中用来描述一种经济行为所产生的外部效用的概念，是指一个人的行为和决策影响了他人的福利情况。经济学家曼昆（N.Gregory Mankiw）将外部性界定为，一个人的行为对旁观者福利的影响❶。外部性可分为两种类型：正外部性（positive externality）和负外部性（negative externality）。正外部性是指对他人造成有利的影响；负外部性是指对他人造成不利的影响。公共信息的生产和消费过程同其他公共物品一样存在着外部性，正外部性主要表现为利用者可以免费或者低价获得所需公共信息，进而有利于自身的学习、科研和决策；负外部性主要表现为在公共信息中存在虚假信息、冗余信息、不充分信息、黄色信息等劣质信息对利用者造成心理上和精神上的影响、负担、污染和侵害❷。

3. 广泛性

随着互联网的广泛普及与信息技术的飞速发展，公共信息在"量"和"质"上都产生了较大的飞跃，公共信息更加广泛而普遍地存在，内容涉及社会的各个领域。公共信息的广泛性体现在：第一，公共信息的来源范围广，包括政府信息（如政府发布的人事制度改革通知、关于政府实施项目信息等），来自社会不同阶层、职业领域的信息（如经济统计、教育、公共福利等信息），历史文献资料等；第二，公共信息的内容涉及广，社会各类部门在其工作过程中都可能产生一定的公共信息，内容涵盖社会的方方面面，如政府机关的办事程序规则、个人求职信息、图书馆等机构提供的文献信息、天气预报、旅游资源信息等❸。

然而，公共信息的公共性和外部性使其在生产和消费过程中难免出现"搭便车"（free rider）和"公共悲剧"（public tragedy）现象，所以公共信息资源的配

---

❶ [美]曼昆.经济学原理[M].梁小民译.北京:生活·读书·新知三联书店,北京大学出版社,1999:208.

❷ 蒋永福.论公共信息资源管理——概念、配置效率及政府规制[J].图书情报知识,2006(3):11-15.

❸ 杨玉麟,赵冰.公共信息资源与政府信息资源的概念及特征研究[J].图书馆建设,2007(6):36-39.

置无法由市场来完成，而是采取政府配置的方式。需要强调的是，政府配置公共信息资源必须坚持公共利益原则，以提高公共信息的共享和利用效率为目标，同时还要防范和遏制负外部性的产生❶。

3.1.1.4 公共图书馆与公共信息获取

公共信息作为公共产品，理应按照"普遍共享，人人受益"的原则，处于自由、免费、公平的开放获取状态❷。然而，在现实生活中，这种开放获取的原则经常受到种种限制，使得公共信息的公共利益价值无法得到充分的实现。公共图书馆既是一种专门组织和机构，也是一种保障公众信息获取权的制度安排。从理论上讲，公共图书馆的社会意义在于，使社会中每一个公民具备了自由获取信息和知识的权利❸。作为一种社会对信息或知识进行保障的制度，公共图书馆扮演着知识和信息公平配置"调节器"的角色，其通过保障社会成员获取信息机会的平等、求知的自由和权利，从知识和信息的角度维护了社会的公正。因此，公共图书馆对于公共信息获取的重要价值在于：第一，图书馆作为公共信息中心，能够有效改善政府信息的"真空"状态。《中华人民共和国政府信息公开条例》第三章第十六条规定："各级人民政府应当在公共图书馆、档案馆设置政府信息查阅场所，并配备相应的设施、设备，为公民、法人或者其他组织获取政府信息提供便利"❹，公共图书馆作为政府信息的查阅场所具有了明确的法律依据，使图书馆成为政府信息公开的法定责任者。公共图书馆作为专门的信息服务机构，具有更为专业的信息资源、设施、人才，可以提供更为全面、完整的政府信息及其他公共信息；同时，具有为公众提供公共信息服务的天然职能，可以有效地填补政府在公共信息资源管理领域的真空地带。第二，公共图书馆为公众提供公共信息有助于营造公平、和谐的信息获取环境，保障公民的信息权利。公共图书馆是

❶ [美]曼昆.经济学原理[M].梁小民译.北京：生活·读书·新知三联书店，北京大学出版社，1999：208.

❷ 蒋永福.国际社会关于公共信息开放获取的认识与行动[J].国外社会科学，2007(2)：68-72.

❸ 范并思.公共图书馆精神的时代辩护[J].中国图书馆学报，2004(2)：5-11.

❹ 中华人民共和国政府信息公开条例[EB/OL].[2014-05-18].http://www.most.gov.cn/yw/200704/t20070424_43317.htm.

国家和政府为了保障公民的信息获取权而设立的专门机构，优化公共信息资源的配置和供给、促进公共信息资源的普遍获取、保障公众的信息获取权利、推进信息公平目标的实现，是公共图书馆存在的目的和价值所在❶。第三，公共图书馆能在一定程度上遏止和减少政府部门"信息寻租"行为的发生。一方面，公共图书馆通过与政府在公共信息资源管理方面的分权，限制政府对公共信息的过度管制与干预，缓解"信息垄断"；另一方面，由于公共图书馆的全民参与性，可以强化对政府信息资源管理的公众监督机制，减少利用公共信息进行寻租行为的发生❷。

3.1.2 信息权益的相关概念

在当今社会，信息正成为一种越来越重要的资源渗透于社会的各个角落。谁掌握了这种资源，手中拥有更多的信息，谁就可能获得更多的权益或拥有更多影响别人的力量。信息权益正是为时代所召唤，是一种以信息为权利客体的新型权利类型，它已"不是在法律之内的自由，而是法律所保证的自由"❸。

3.1.2.1 信息权益的概念界定❹

国外研究普遍使用"information rights"（信息权利）一词来表达信息权益，信息权益保护的是各权利主体在信息活动过程中依法享有的权利，即所有以信息为客体的权利❺。在我国，信息权利是一种隐含的宪法权利，也是一种可见的公民政治权利和社会权利。基于此，信息权益与信息权利在我国的法律语境下存在通用之处，所以下文对信息权益的概念阐述仍遵照国际习惯，从信息权利视角出发。

第一个从法律角度明确界定信息权利的法律文本是美国统一州法全国委员会（The National Conference of Commissioners on Uniform State Laws）于1999年通过的

❶ 刘进军. 我国公共图书馆对社会公众信息获取权的保障机制研究[J]. 情报理论与实践,2011(10):35-38.

❷ 戴艳清,龙朝阳. 公共图书馆参与公共信息资源管理的理性思考[J]. 图书馆论坛,2009(2):58-60,139.

❸ [美]彼得·布劳. 社会生活中的交换与权力[M]. 孙菲,张黎勤译. 北京:华夏出版社,1988:25-29.

❹ 洪伟达. 基于信息权利的著作权保护制度研究[D]. 哈尔滨:黑龙江大学大学硕士学位论文,2009.

❺ 郑丽航. 信息权益保护初探[J]. 图书馆,2005(6):10-14.

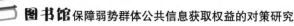

《统一计算机信息交易法》（*Uniform Computer Information Transactions*）。该法第一百零二条第三十八款指出："信息权利包括所有根据有关专利、著作权、计算机集成电路布局图设计、商业秘密、商标、公开权的法律或其他基于权利所有人对信息所享有的利益而在合同之外赋予某人控制信息或排除他人使用或取得信息的权利的法律而产生的信息上的所有权利❶。1999 年，第 65 届 IFLA 大会上，墨西哥学者埃斯特拉·莫拉莱斯（Estela Morales）将信息权利阐释为："信息是人类表达自己或倾听别人表达的需要的反应，它是某一时刻作为本质人权的需要的反应，因为作为一个自由人，我们有权表达自己、告知与被告知。这种正常的基本权利必须由国家来保证或被社会所保护。这种权利也应被视为一种整体，我们不仅要在信息创造和思想与知识的表达中思索，也要在信息流通、有效利用和解释中思索。"❷随后，我国学者逐渐开始了关于信息权利的研究，并分别从不同角度对信息权利的概念进行界定。余平等人认为，信息权是指法律赋予权利主体的所有以信息为客体、不依赖于合同的权利，包括财产性权利和非财产性权利❸。李晓辉认为，信息权利是以满足一定条件的信息作为权利客体的法律权利类型，它是由多个子权利构成的法律权利束，这些子权利包括：信息财产权、信息传播自由权、信息隐私权、知情权、信息环境权和信息安全权等❹。从法律视角出发，信息权利是指法律主体在信息活动过程中依法为或不为某种行为以及要求他人为或不为某种行为的权利，泛指所有以信息为客体的权利❺。信息权利保护主要是针对各权利主体在信息活动过程中依法应享有的权利，即所有以信息为客体的权利❻。可见，在多元价值中，信息权利不仅是公民的一项重要政治权利，更是不可或缺的人权。

---

❶ 美国统一计算机信息交易法[EB/OL]. [2014-05-18]. http://www. ebwh. cn/2004-6/2004625142110. htm.

❷ Morales E. The Information Right and the Information Policies in LatinAmerica. [EB/OL]. [2014-05-18]. http//www. ifla. org/IV/fila65/papers/056-137e. htm.

❸ 余平,黄瑞华. 论信息活动及其对信息法调整对象范围的影响[J]. 情报杂志,2004(8):2-4.

❹ 李晓辉. 信息权利研究[M]. 北京:知识产权出版社,2006:65.

❺ 郑丽航. 信息权利冲突的法理分析[J]. 图书情报工作,2005(12):61-63,60.

❻ 郑丽航. 信息权益保护初探[J]. 图书馆,2005(6):10-14.

3.1.2.2　信息权益的范畴[1]

从信息权利概念的外延看，信息权利既包括积极权利（如信息产权），也包括消极权利（如隐私权和信息安全权）；既包括私权（如信息财产权、信息隐私权），也包括公权（如知情权）。所以信息权利在本质上是一种综合性权利，由多个子权利构成。依据权利主体的不同，信息权利主要包括三个方面的内容：信息主体所享有的信息权利（如信息所有权或财产权、信息安全权等），信息管理者所享有的信息权利（如信息捕获与存档权、信息管理权、信息公布与开发权、信息开放决定权、信息加工处理权、有限的知识产权和信息服务权等），信息使用者所享有的信息权利（如信息知情权与获取权、隐私权、信息传播自由权、信息使用与获益权、个人信息的修改权、用户的信息消费质量保障权、用户对信息的再开发权等）[2]。《世界人权宣言》中将信息权利分为信息获取权和信息生存权两大类。从信息生产过程和权利归属角度出发，认为信息权益包括下述五个方面。

1. 信息获取权

信息获取权指公民享有的不受他人不正当干涉与限制、依照自我意愿自由地获取信息的权利[3]。信息获取权是最基本的信息权利之一，权利主体可以是任意组织或个人。按需要获取信息内容的范围不同，信息获取权有广义和狭义之分。狭义的信息获取权主要是指人们对某一特定领域信息的获取权利，如对政府信息的获取权利；广义的信息获取权泛指人们获取任何信息对象的权利，包含自然信息、社会信息、生活信息、思维信息的获取权利等[4]。信息与人的生存和发展休戚相关，对于信息主体而言，信息获取不仅是人类社会生活中的一项基本权利，更是一种不断拓展的重要的民主权利。从某种程度上说，信息获取权既是一种消极权利/自由，又是一种积极权利/自由。从价值维度讲，保障信息获取权的意义在于：它是实现社会信息资源合理配置、优化整合、高效利用的基本前提；是保

❶ 李昊青. 现代权利价值语境中的信息公平与信息权利[J]. 图书情报工作，2009(19)：46-49，125.

❷ 周毅. 伦理与法律权利的互动及其意义[J]. 图书情报工作，2009，53(7)：27-30.

❸ 王小兰. 数字图书馆读者信息权利及立法保护[J]. 晋图学刊，2008(2)：30-32，70.

❹ 黄瑞华，朱莉欣，汪方军. 论网络环境下的信息获取权[J]. 情报学报，2001(6)：269-275.

障公众充分享受社会发展成果的基本途径；体现了民主国家坚持人民主权原则的治国理念的正义性❶。

2. 信息平等权

信息平等是指信息主体在信息活动中享有平等的权利关系。信息平等权是指公民在信息领域内依法享有同其他公民同等的权利，此权利不因任何外在差别而予以区别对待，是一种不可消减的信息权利。我国学者蒋永福等将信息平等权描述为：信息主体之间在信息活动中所处的权利平等、机会平等和分配尺度平等的状态❷。信息平等权强调信息主体之间的平等，不因其种族、肤色、性别、年龄、语言、宗教、政治或其他见解、国籍或社会出身、财产的不同而有所差别。根据约翰·罗尔斯（John Rawls）的社会公正理论，信息平等可划分为信息机会平等与信息分配平等。信息机会平等属于起点平等范畴，主要指社会上的所有信息资源和信息服务都应向公众开放和提供。这种平等是一种相对意义上的平等，并不意味着结果平等，因为每个主体的信息能力和利用机会的方式不一样，不同的主体即使利用相同的机会也会产生不同的结果。信息分配平等是指在信息资源的配置和信息服务的提供过程中对所有需求者一视同仁，而不采取强行的区别或歧视性对待。信息平等权是人类平等理想在社会信息活动领域中的表现，是其他信息权利子项的内在要求和法理基础。

3. 信息表达权

信息表达权是指社会主体享有在法律规定的限度内表达自己的各种思想、观点、主张等而不受他人干涉、约束的权利，包括言论自由权、信息传播权等内容。联合国《公民权利和政治权利国际公约》第十九条规定，"人人有自由发表意见的权利，此项权利包括寻求、接受和传递各种消息和思想的自由，而不论国界，也不论口头的、书写的、印刷的、采取艺术形式的或通过他所选择的任何其

---

❶ 蒋永福,庄善杰.信息获取自由与公共图书馆[J].图书馆论坛,2005(12):83-87.

❷ 蒋永福,刘鑫.论信息公平[J].图书与情报,2005(6):2-5.

他媒介"❶。信息表达权在民主社会中的价值在于：有助于保障公民对所获信息做出合理选择；对表达信息进行有效分析有利于增进知识、发现真理；可以促进社会成员个体的自我实践（self-actualization）；有助于推进与健全民主政治。因此，从一般意义上看，公众的信息表达权被保障得越好，就越有利于信息的生产、传播和获取，这是社会进步的表现。

4. 信息产权

信息产权是信息社会中各种信息产品归属权的法律化表现，是人们对于自己创造性的脑力劳动成果所享有的权利。信息产权脱胎于知识产权，是知识产权的延伸、发展与升华❷。信息产权继承了知识产权的特性（如无形性、可共享性等），又涵盖了原有知识产权制度的内容，因此与知识产权具有内在的一致性。同时，信息产权在客体范围上拓宽了知识产权的视野，将知识产权理念和制度上无法容纳的一些待调整对象（如计算机程序、集成电路、非编辑数据库等）纳入其中，承认信息本身就可成为财产权利的独立客体。信息产权的明晰和强化保护有助于明确信息的法律归属，有利于保护信息生产过程中的一切社会成果价值，是信息权益不可或缺的组成部分。

5. 信息控制权

信息控制权是主体为了保证对自身所拥有而为外界所稀缺的信息的秘密性、真实性、完整性而拥有的管辖权和支配权以及对有害信息的抵御权。根据信息主体的不同，可分为个人信息控制权、组织信息控制权、国家信息控制权❸。具体而言，个人信息控制权主要涉及个人隐私权，是指自然人享有的对其个人生活范畴的私人信息、私人活动及私有领域进行支配的权利；组织信息控制权主要涉及商业秘密；国家信息控制权是指主权国家对其具有管辖权的本国信息有权采取保护措施，以保证信息的秘密性、真实性和完整性，这是国家主权在信息时代的具体体现❹。在信息控制权各主体之间，权利人对不为公众所知悉但能为权利人带

❶ 董云虎. 世界人权约法总览[M]. 成都：四川人民出版社，1991.

❷ 李晓辉. 信息权利研究[M]. 北京：知识产权出版社，2006：68-72.

❸ 郑丽航. 信息权益保护初揆[J]. 图书馆，2005（6）：10-14.

❹ 李昊青. 现代权利价值语境中的信息公平与信息权利[J]. 图书情报工作，2009（19）：46-49，125.

来经济利益并具有实用性、经权利人采取保密措施的技术信息和经营信息享有信息控制权。

3.1.3 公共信息获取权益及其影响因素

从字面意义出发，可将"公共信息获取"理解为："Who"，即"谁可以获取"，指的是获取的主体，具体为某一国家或地区内享有一定权利和义务的社会组织和公众；"What"，即"获取的内容"（获取的客体），具体为承担公共事务管理职能的社会组织（包括政府）在公共管理活动中所生产、收集、存储、控制和管理的各种信息的集合；"How"，即"怎样获取"，指的是获取的方式和方法，社会组织和公众可以根据公共信息的类型和自身需求等情况采取免费、付费等多种获取途径和手段。据此，可以将公共信息获取概括为：一个国家或地区的社会公众根据自身的信息需求，采取多种途径，获取社会组织在公共管理活动中产生的各种信息的过程❶。公众在公共信息获取过程中受到生理、政府、技术、社会等方面因素的影响，尤其在网络环境下，公共信息的获取和利用比过去更加依赖技术、设备和用户自身素养，这势必会导致公共信息资源流向经济发达地区和受过较好教育的群体，进而产生"信息富裕"和"信息贫穷"两极分化的现象，使公共信息获取陷入恶性循环。因此，为了充分保障社会公众的公共信息获取权益、扩大获取广度和深度、拓宽获取途径和渠道，2000年在"八国集团"首脑会议上发布的《东京宣言》中提出信息无障碍（information accessibility）一词，具体指："信息的获取和使用对于不同人群应有平等的机会和差异不大的成本"❷。为了实现信息无障碍目标，我们需要深入分析并理解影响公共信息获取的各个因素及其相互作用方式，从而减小和消除弱势群体公共信息获取过程中的各种限制和阻碍。

3.1.3.1 个人自身生理情况

部分弱势群体由于自身生理缺陷以及由此带来的计算机和互联网技术缺乏，

---

❶ 李鹏.公共信息资源获取模式研究[D].湘潭:湘潭大学硕士学位论文,2013.

❷ 江源富.面向信息弱势群体的政府公共服务研究[M].北京:科学出版社,2012:141.

在获取公共信息过程中存在较大障碍和困难。尤其是残疾人、老年人、未成年人等生理性弱势群体在信息收集、获取和传播过程中存在各种障碍（表3-1），如由于身体问题或习惯差异不能进行自如的操作和控制，由于感官感知问题不能获取设备信息，由于认知问题或文化差异障碍不能正确理解和操作设备，由于沟通问题不能明确表达自身需求等。

表3-1 部分生理性弱势群体信息交流障碍及其辅助技术和功能表❶

障碍类型	障碍所涉及的需求	障碍表现	需要的辅助技术和功能
身体和习惯差异障碍	指在身体移动性、灵活性、触碰能力、力量大小、耐力强度、身高等方面的差异所产生的需求，也包括因身体机能弱化和丧失对信息使用、获取造成的障碍人群的需求（如老年人）	手指和手臂操纵困难，不能灵活地使用手指，手指无力或不能正常分离，使用四肢进行传递、移动、操纵时困难，不能正常够触、举放、抓握、旋转，需轮椅或卧床，身体不能自由移动、肌肉力量缺失	免提功能、语音控制、语言识别、特殊的按键设计、辅助输入、辅助定位、触摸屏、辅助支撑
感官感知障碍	在语言能力、视觉、听觉、触觉、味觉、嗅觉、平衡能力等方面的差异所产生的需求	视力低于正常值、视野范围受限、视线障碍（如白内障等）、色盲、失明、听力损伤、耳聋、失语、平衡失调、触觉灵敏度缺失、触觉过于敏感	屏幕阅读、盲文显示输出、视觉显示辅助（屏幕放大、色彩转变）、语音转换成图形/文字、字幕功能、声音转译、语音放大、语音合成
认知障碍和文化差异障碍	在学习能力（智商、记忆力、理解力等），精神健康等方面的差异所产生的需求，包括儿童群体的认知需求	智力残障、记忆力衰退/丧失、读写困难、文盲、精神损伤	消息提醒、图形符号界面、操作提示、简单易懂的文字说明

❶ 刘德良,杨飞.网络时代弱势群体的法律保护[M].北京:法律出版社,2013:229.笔者进行了删减和整理。

续表

障碍类型	障碍所涉及的需求	障碍表现	需要的辅助技术和功能
沟通障碍	在语言、读写能力、表达能力等方面的差异所产生的需求，也包括儿童、文盲在沟通方面的需求	诵读困难、沟通困难、文盲	图形符号界面、文字图形化
混合型障碍	具有上述多方面差异而产生的需求	以上多种	以上多种

3.1.3.2　信息公开制度

政府是社会中最主要的信息生产者、拥有者和管理者，因此政府信息公开的程度，直接关系到整个社会信息资源的开发利用程度以及社会组织和公民的信息获取权益的保障程度。从信息交流理论角度出发，政府生产、管理和拥有的公共信息只有自由、无障碍、低成本地流动，社会组织和公众才能进行广泛开发和深度利用。从这个意义上讲，可将政府视为公共信息的"集散地"，其将经过加工、处理后的公共信息（尤其是政府信息）传播和扩散至社会中，这样的信息输出是整个社会信息流动过程中不可或缺的重要一环。否则，公共信息的不透明、不流动就使信息产生严重的"扭曲"，造成市场主体交易成本的增加，并抑制公民个人的发展，诱使政府（部门或工作人员）利用所掌握的公共信息进行寻租，甚至危及政府自身的管理❶。相对于社会组织和公众，政府处于掌握信息的强势地位，目前政府对信息的管理和控制尤其是保密手段的普遍应用，大大降低和减少了公众可获取信息的"量"和"质"，事实上侵害了公民的知情权和获取政府信息的自由。尤其是一些政府机关及其工作人员把手中掌握的公共信息当成一种特权，以保密为借口，以传统权力的方式谋求不正当利益，把本来理应公开的公众需要的有用信息进行封锁，形成信息垄断，严重阻碍了公众对公共信息的获取和利用，导致政府与公众信息交流渠道不畅通。从本质上说，政府是为公民谋得

❶ 蒋永福.信息自由及其研究限度[M].北京:社会科学出版社,2007:91.

福利的公共组织，在法律规定的维护国家利益优先的前提下，政府有责任保证公众对公共信息的自由获取。信息公开制度是一种承认公民拥有对国家和政府信息的公开请求权利且国家对这种信息公开的请求有回答义务的法律制度。信息公开制度转变了政府公共信息服务理念，使政府变被动服务为主动服务，以公开、透明地为公众提供所需的公共信息为目标，维护了公民的信息权益，改变了以往只有政府才享有和利用公共信息的观念，从法律上明确了保障信息公开是政府的义务。这种以法律制度作为公共信息获取的保障、以法律形式明确公众公共信息获取自由权利的方式，不仅积极推动了公众对公共信息的获取与利用，更使政府逐步明确和规范公共信息的提供理念与方式，最终有利于政府由管理型向服务型的转变。目前，世界上已经有近50个国家建立了信息公开法律制度。比较有代表性的是美国以《信息自由法》（*Freedom of Information Act*，FOIA）、《阳光下的政府法》（*Government in SunshineAct*）、《隐私法案》（*Privacy Act*）等一系列法律构成的政府信息公开制度。我国广州、深圳、上海等城市已经制定并实施地方性的政府信息公开法规，明确了公众获取政府信息的途径、范围、责任等事项；国务院也于2008年5月1日颁布实施了《中华人民共和国政府信息公开条例》，这些都标志着我国信息公开制度正在走向完善。

3.1.3.3　政府信息资源建设水平

公共信息资源中政府信息资源占据很大比例，公众获取政府信息资源的数量、质量以及利用效果在很大程度上受到政府信息资源建设水平的影响，同样，政府信息资源的建设水平受到社会经济发展水平、政府重视程度、公众承受能力和信息技术应用程度等多方面因素的共同作用❶。我国政府信息往往存在发布部门多、缺乏集中管理、相互之间不能有效整合等问题，严重阻碍了这部分公共信息（即政府信息）的共建与共享，降低了公共信息的利用效率。加之，政府信息资源配套设施建设落后，各地区之间信息化发展程度不均衡，公众信息素养和信息技能存在较大差距，这些问题导致地区之间、群体之间的数字鸿沟明显。据中

---

❶ 周思君.基于信息生命周期的政府信息资源公共获取影响因素研究[M].湘潭:湘潭大学硕士学位论文,2012.

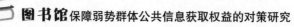

国互联网络信息中心（China Internet Network Information Center，CNNIC）发布的《第33次中国互联网络发展状况统计报告》显示，截至2013年12月31日，我国IPv4地址数量为3.30亿，域名总数为1844万个，其中.CN域名总数为1083万个，相比上年同期增长了44.2%，占域名总数比例为58.7%，其中org.cn和gov.cn的数量分别为59758和55207个，分别占.CN域名总数比例的0.6%和0.5%；.COM域名数量为631万个，占比为34.2%●。目前，政府部门、图书馆、档案馆、现行文件中心等机构是我国公共信息获取的主要途径和渠道，公共信息获取过程中普遍存在途径单一、周期较长、成本较高等问题，并且不能保证信息的时效性和完整性；电子政务的广泛推行使公共信息网络化、数字化、共享化特征逐渐凸显。随着公众对于公共信息的需求量越来越大，需求的范围越来越广、种类越来越多、质量越来越高，只有进一步明晰公共信息资源建设的要求和目标，加大信息资源整合力度，社会公众获取信息才会有进一步的保障，获取到高质、全面、科学、合理的公共信息。

3.1.3.4 信息技术

现代信息和网络技术的跨越式发展与日益普及为公众获取、利用和传播公共信息奠定了坚实的技术基础。信息获取技术的进步和发展为公众获取、利用、传播公共信息节约大量的时间、精力等成本，大幅度提高了公共信息的获取和利用的效率。现代信息技术的高度整合保障了公共信息获取的效率，先进信息技术的应用开辟了新的公共信息获取渠道与途径，如可通过微博、微信、电子邮箱、信息屏、手机短信等现代化媒介获取信息；专业网站、搜索引擎、电子数据库、聊天工具等拓宽了公共信息的获取方式，减少了获取成本，提升了获取效率和便捷程度。此外，信息加密技术、身份认证制度等信息安全技术的应用加强了信息技术防范，能够有效提升公共信息的真实度和可信度，确保了公共信息传播过程中的真实度、安全性和保密性。

● 中国互联网络信息中心. 第33次中国互联网络发展状况统计报告[EB/OL]. [2014-05-28]. http://www. cnnic. net. cn/hlwfzyj/hlwxzbg/hlwtjbg/201403/t20140305_46240. htm.

3.1.3.5 信息资源环境

信息资源环境包括经济环境、技术环境、社会环境三个方面。从经济环境看，随着知识经济和全球经济时代的到来，公共信息获取过程中信息筛选、鉴别、增值利用的成本（如经济、时间、信息等）不断增加，这将造成对信息弱势群体的经济性排斥。从技术环境角度看，在数字化和网络化环境下，公共信息获取在管理模式、组织形式、服务内容、公众的信息需求与信息行为等方面都发生变化，缺乏信息设备和信息技能的人很难通过现代信息网络技术多途径地获取到及时、便捷、广泛、多样、有针对性的公共信息，更是无法享受到权威、高效、优质、长期的信息服务，这将造成对信息弱势群体的技术性排斥。从社会环境意义上讲，服务型政府坚持"以公众为服务中心"的理念，变传统的被动服务为主动、多手段、多方式、多途径地为公众最大限度地提供公共信息资源，这能够有效提高公共信息资源的获取效率，提升公共信息的利用率和投资回报率，实现公共信息的增值开发与利用，减少获取公共信息服务过程中的社会性排斥。

3.1.3.6 社会参与机制

《中国政府透明度年度报告（2010）》指出，公众申请政府信息公开的难度与阻力依然很大，如及时回复不到三分之一、回复内容空洞答非所问、牵强附加各种条件限制、设置技术障碍增加难度、申请成本加大问题突出、需说明申请用途等，增加了公民申请信息公开的时间和经济成本，这与推行政府信息公开、构建服务型政府的目标相悖❶。由此可以看出，我国目前公共信息的公开程度与获取效果并不理想。公共信息获取过程不仅需要政府、社会和公众各方的共同参与和监督，而且政府的管理和社会的监督是相辅相成、相互促进的。对政府来说，要有民主意识、服务意识和人权意识；对公众来说，要有权利意识、参与意识、评估意识和监督意识；对社会来说，社会各方要有合作参与意识、监督意识和维

---

❶《中国政府透明度年度报告(2010)》发布 多家政府信息公开单项考核交白卷[EB/OL]. [2014-06-06]. http://www. legaldaily. com. cn/bm/content/2011-02/25/content_2484735. htm?node=20730.

护意识。因此，应在公共信息资源管理过程中建立和完善社会参与机制。一方面，社会参与机制有助于政府转变公共信息资源建设的观念和思路，促进公共获取参与主体的多元化，优化公共信息获取的制度环境，拓宽公共信息获取的渠道和路径；另一方面，社会参与机制能够强化社会公众的公共意识和责任意识，使公众积极思考并采取措施解决公共信息获取过程中的问题和难点，努力提升自身的公共信息获取技能和能力，选择适当的信息获取行为和适宜的信息获取方式。

3.1.3.7 个人信息素养

美国信息产业协会主席保罗·泽考斯基（Paul Zur Kowski）于1974年最早提出信息素养（information literacy）一词，他认为："信息素养是指利用大量的信息工具及主要信息源使问题得到解答的技术和技能"❶。1989年，ALA下属的"信息素养总统委员会"将信息素养定义为："要成为一个有信息素养的人，必须能够确定何时需要信息，并且具有检索、评价和有效使用所需信息的能力。"❷其后，2003年颁布的《布拉格宣言：走向具有信息素质的社会》将信息素质定义为："一种能够确定、查找、评估、组织和有效地生产、使用和交流信息并解决面临的问题的能力"❸。国际组织对信息素养的越发重视揭示了信息素养在信息社会中的重要价值，它作为个人素质的重要组成部分，可以说是信息获取能力、信息理解力、信息敏感度、信息辨别力和信息消化吸收能力的有机组成，具体包括信息意识、信息技能、信息道德、信息观念、信息觉悟等内容❹。在现实社会中，一方面，信息工作人员的信息素养和信息意识在一定程度上影响和制约公众的公共信息获取程度和效果。例如，由于部分信息工作人员信息意识落后，缺乏对公共信息公开和公众获取理念的正确认识，甚至存在一定"不情愿"甚至"抵

❶ 马海群. 论信息素质教育[J]. 中国图书馆学报，1997（2）：84-87，95.

❷ American Library Association：Presidential Committee on Information Literacy [EB/OL]. [2013-06-16]. http：//www. ala. org/acrl/nili/ilitlst. html.

❸ The Prague Declaration "Towards an Information Literate Society" [EB/OL]. [2013-05-16]. http://portal. unesco. org/ci/en/file_download. php/0fee090d5195b370999e02f7b2f5d52bPragueDeclaration. pdf.

❹ 洪伟达，王政. 图书馆弱势群体信息素养教育研究[J]. 图书馆研究，2013（1）：114-117.

触"的情绪，在服务中时常出现"失位""缺位""越位""不作为"等现象，导致公共信息供给效率低下，供给效果和质量较差，公众获取公共信息需要付出高额的经济、时间和成本等成本。另一方面，公众的个人信息素养也会影响公共信息获取的效果。公众的个人信息意识、文化素养、政治素养和专业知识基础（如识字能力、阅读能力、思维逻辑能力、政治敏感度、经济生活了解度、计算机互联网知识和技能等）对计算机和互联网的利用能力都会影响对公共信息获取的效率和效果。例如，部分经济困难人群不仅缺乏必要的信息网络知识和设备，同时由于受教育程度较低，不能熟练使用计算机和互联网等相关技术，缺乏信息意识和利用能力，为其公共信息的获取带来巨大的障碍。

3.1.3.8 公众权利意识和经济能力

随着我国社会经济的高速发展和信息化水平的持续提升以及公众素质的不断提高，对信息认识的不断加深，信息需求量逐渐增大，对知情权、参与权、信息获取权的要求逐渐增强。公众希望能够更广泛、深入地参与公共事务，了解社会政治经济文化发展动态。正是这种权利意识觉醒和增强，使得公众更愿意充分获取、利用、挖掘、共享政府信息以及与公众生活密切相关的公共信息，充分发挥公共信息资源的社会效益。此外，公众在深层获取、开发、利用公共信息资源的过程中可能需要支付一定公共信息的获取和利用成本，这就需要社会公众自身具有一定的经济能力并通过专门的学习和培训掌握相应的信息技能和技巧。公众获取公共信息的成本在一定程度上反映了政府的公共信息管理能力和基础设施建设情况，因此需要加大公共信息资源及其基础设施的建设力度和开放程度，尽可能地减小经济成本对公众获取公共信息的影响。

3.2 公共信息获取权益的衡量标准

由上文分析可知，公共信息获取过程受到多种因素综合作用的影响，公共信息获取权益的充分实现也受到多种因素的影响。公共信息获取结果关系到公民信息权益的实现、生活品质的提升及社会的和谐发展，因此对于公共信息获取绩效的考量和对公共信息获取权益保障效果实施的评价尤为重要。要了解全社会的公共信息获取权益保障程度，就要有可以衡量公共信息获取权益的方法和标准。了解弱势群体公共信息获取权益的缺失状况与致因，有助于更好地改善和提供具有针对性和可操作性的公共信息服务，进而改善弱势群体的信息劣势处境。

3.2.1 衡量标准的内容

衡量公共信息获取权益主要是考察公共信息的提供（供给）能力、获取能力、利用能力等方面，从具体标准出发，主要包括信息量、获取渠道、获取成本、获取能力、利用能力等内容。

3.2.1.1 信息量

根据公共信息的特性，公共信息资源的管理目标应该定位为保证公共利益的实现，即扩大共享性，减小和防范负外部性。然而，我国各地区的公共信息资源拥有量差距巨大，而且西部农村地区面积较大、文化相对落后、交通大多闭塞、多为偏远山区，这就造成了西部地区信息基础设施建设运营成本高、难度大、周期长，人均信息产品生产量和信息基础设施拥有量等综合指标一直低于东部和中部地区，而且差距还有进一步扩大的趋势。在公共领域内，面对公共信息的海量增长与质量参差不齐等问题，公共信息获取的重要任务之一是防止和减少公共信息的部门垄断或私人垄断。政府及其附属部门是公共信息的主要生产者和管理者，公共信息资源的配置与管理需要适度的政府规制，包括建立政府信息公开制度、实行政府信息资源开发利用的市场化和社会化、防范和制止公共信息的滥用行为等。虽然《中华人民共和国政府信息公开条例》自实施后，各级政府部门对于已有的信息进行了部分公开，但是这些信息的产生与分配过程尚未公开。例如，政府一般会对年度财政投入进行简单的数据公布，但是如此分配财政资金的原因等信息却并未公开。CNNIC《第33次中国互联网络发展状况统计报告》显示，截至2013年12月，中国网民规模达6.18亿人，其中手机网民规模达5亿人，互联网普及率为45.8%，域名总数为1844万个，网站总数为320万个，网页数量为1500亿个❶。公共信息的数量和质量是保障公共信息获取权益的重要前提，只有确保了公众对公共信息的无条件和无障碍获取，才能谈及公众对于公共信息的发现、交流与利用等问题，才能保障社会的信息秩序与信息公平。

3.2.1.2　获取渠道

以往人们普遍认为，公共信息资源作为公共物品，只能由政府等公共部门提供，其他社会机构不可能也不允许介入。正是这种思维和政策选择上的误区导致公共信息获取的低效率状态长期得不到改善。公共信息形式多样、内容丰富，由于受到公众成本意识和效率意识的影响，获取渠道大多局限于政府部门、图书馆等公益性文化机构，私人部门很少也很难参与其中。随着网络和信息技术的飞速发展，一些新的公共信息获取渠道随之产生，如微博、微信等公众网络平台，公共信息获取方式扩展到手机、平板电脑等移动终端。目前，部分地区的公共信息资源建设逐渐引入竞争机制，公共信息资源开发利用主体趋于多元化，公共信息资源走向市场化、社会化的开发利用策略。可见，公共信息资源获取渠道的多样性将影响公众对公共信息资源的获取水平，进而影响公共信息获取权益的保障情况。也就是说，公共信息获取渠道宽泛、畅通，则公共获取状况良好，公共获取权益能够得到有效保障。20世纪80年代以来，英国、美国等西方国家逐渐兴起新公共管理理论（new public management，NPM）的相关研究与应用，NPM是一种新的公共行政理论和管理模式，主张在政府等公共部门广泛采用私营部门成功的管理方法和竞争机制，注重发挥市场机制在公共服务领域中的作用，积极借鉴私营管理的技术和方法，提升政府的管理能力和公共服务能力❷。

3.2.1.3　获取成本

公共信息的获取成本对公共信息获取权益保障具有重要影响。通常情况下，处于信息失灵环境下的公众比信息丰富者付出的成本要高。公共信息获取成本的

---

❶ 中国互联网络信息中心. 第33次中国互联网络发展状况统计报告[EB/OL]. [2014-05-28]. http://www.cnnic. net. cn/hlwfzyj/hlwxzbg/hlwtjbg/201403/t20140305_46240. htm.

❷ 新公共管理理论 [EB/OL]. [2014-09-15]. http://baike. baidu. com/view/3141565. htm?fr=aladdin.

居高不下将加大公众的公共信息获取难度，加大富裕者与贫困者之间的差距，因为富裕者可以通过购买私人部门提供的信息资源等方式进行弥补和补充，这使贫困者的公共信息获取权益遭受严重侵害。目前，我国公众一般只能通过传统途径获取公共信息，如政府部门、信息机构等，常常遇到"门难进、脸难看、事难办"的情形，往往需要付出较高的时间成本、精力成本和心理成本，获取效率和信息的时效性等难以保证。此外，通过互联网获取公共信息的经济成本也较高，上网费用、各地区收入差别、信息丰裕系数等都会产生公众信息获取成本。试想，如果一个人的经济收入水平很低，连温饱都难以保障，那么很难想象他会花一笔钱去购买信息及其相关设备。尤其是在我国一些经济欠发达地区，电脑仍然属于"奢侈品"，大多数人难以支付动辄价格在数千元的电脑以及高额的上网费和电话费。在经济较发达的江苏省，公众上网费用也呈逐年上升的趋势，网民每月手机上网费用为11~20元、21~50元、50元以上的网民比例2013年分别比2012年提高0.1%、3.2%和2.4%[1]。而且我国不同地区之间、城乡之间、城市居民之间收入差距在不断扩大，这将直接影响到公共信息获取的效率与水平，公共信息获取差距也正随着经济收入的拉大呈现扩大的趋势，经济收入导致的公共信息获取障碍将在今后一段时间内继续存在[2]。

3.2.1.4　获取能力

在信息社会的构建过程中，信息资源逐渐成为社会重要的战略性资源。南非学者贝伦斯·雪莉（Shirley J. Behrens）1994年在《IL的概念分析和历史回顾》中认为，一个具备信息能力的人应首先知道许多问题可以使用信息来解决，了解信息源是必需的[3]。然而，如何高效地获取有价值的公共信息很大程度上取决于公众自身的信息获取意识、受教育水平、信息获取技能等因素。其中，信息获取意识是指公众对信息存在的需求反映，是公众需求、判断和甄选

❶ 江苏省互联网发展状况报告 [EB/OL]. [2014-05-28]. http://bbs. jurong. cn/thread-1086191-1-1. html.

❷ 姚维保. 我国信息资源公共获取障碍问题研究[D]. 武汉:武汉大学硕士学位论文,2005.

❸ Behrens S J. A Conceptual Analysis and Historical Overview of Information Literacy. College and Research libraries,1994(4):309-322.

信息的原始动力。受教育水平是指公众受教育程度的高低，即公众文化水平的高低，通常情况下，受教育程度越高，对于信息的获取意识越强、获取技能越高、获取渠道越广。信息获取能力包含信息技能、信息需求表达和信息获取权限等方面，主要包括：能熟练使用各种信息工具，特别是网络传播工具；根据自己的需求和目标有效地收集各种学习资料与信息；能熟练地运用阅读、访问、讨论、参观、实验、检索等获取信息的方法等[1]。获取能力是衡量（公共）信息获取权益的重要指标，公众个体获取能力的高低将直接影响其公共信息权益的实现。

3.2.1.5 利用能力

信息的价值在于被利用，信息利用的最有效率的方式是信息增值开发，实现信息价值最大化。信息利用能力主要指信息识别能力（能自觉抵御和消除垃圾信息、有害信息的干扰和侵蚀），信息处理能力（能对获取和收集的信息进行归纳、分类、存储记忆、鉴别、遴选、分析综合、抽象概括和表达等），信息生成能力（能在信息获取和收集的基础上准确地概述、综合、履行和表达所需要的信息，使之简洁明了，通俗流畅并且富有个性特色）和信息创造能力（能在收集多种信息的交互作用的基础上迸发创造思维的火花，产生新信息的生长点，从而创造新信息，达到利用信息的终极目的）[2]。公共信息利用能力是对已获得公共信息的理解、吸收、转化和再利用能力的体现。因此，公共信息利用能力可理解为在获得公共信息之后能否利用这些信息促进个人和社会的发展以及提升发展的效率。良好的公共信息利用能力能够扩大公共信息资源的共享范围与利用结果，有助于实现公共信息资源的增值开发利用，从而发挥出公共信息的最大经济效益和社会效益。例如，由于受教育程度、生活传统和习惯以及交际圈等的影响，一般而言，强势群体更容易受到优质公共信息的积极影响，而弱势群体更容易受到有害公共信息的消极影响。此外，信息鉴别能力也是信息利用能力的一项重要内

---

❶ 信息素养 [EB/OL]. [2014-09-28]. http://baike. baidu. com/view/51446. htm?fr=aladdin.

❷ Behrens S J. A Conceptual Anglysis and Historical Qerview of Information Literary. College and Research libraries, 1994(4): 309-322.

容，面对数量繁多、类型多样的海量信息，如何筛取高价值、可利用的信息，剔除有害、无效、冗余信息，将直接影响到公共信息的获取效果。

3.2.2 衡量标准的特性

3.2.2.1 衡量标准的动态性

公共信息获取权益的衡量标准不是一成不变的，而是随着社会发展与外部环境的改变而动态变化的。社会经济状况、信息技术水平、公共获取意识、公众信息素养等公共信息获取权益影响因素的变化使我们需要对公共信息获取权益衡量标准不断进行重新定义，按照社会发展实际状况逐步确立与完善公共信息获取权益衡量标准体系。例如，2006年修订的《中华人民共和国义务教育法》将实施义务教育制度的年限由6年扩展至9年，这保障了城乡居民的基本受教育水平，提高了公众的知识素养与技能水平，增强了其公共信息获取认知与开发利用能力，促使公共信息获取权益的衡量标准也要做出相应调整与改变，以适应时代发展的需要。随着信息技术的不断发展，新的信息获取工具不断涌现，如微博、微信等，公众可以通过这些信息获取工具更加快捷、方便地获取公共信息，不仅降低了获取公共信息的成本，同时也提升了公共信息的获取效率。同样地，公共信息获取权益衡量标准要随着技术的发展和应用做出相应的内容与指标变化，从而更加衡量标准的准确度，能够适应现代社会发展的需要。

3.2.2.2 衡量标准的相对性

从技术路线出发，衡量社会个体的公共信息获取权益保障情况首先要考虑其受教育程度、信息素养等自身因素，再考虑其发现、获取、利用公共信息能力。根据阿玛蒂亚·森的"基本可行能力"观点，一个人如果是文盲，不能阅读公共信息，那么他就处于绝对的公共信息获取权益缺失状态，因为其发现、获取、利用公共信息的能力几乎是完全被剥夺的；如果只是功能性信息弱势群体，那么他就处于相对的公共信息获取权益缺失状态，因为其发现、获取、利用公共信息的能力可能受社会排斥性因素影响表现为较为低下，随着社会排斥性因素的减小或消失，其公共信息获取权益情况很可能会明显改善。因此，公共信息获取权益衡量标准指的是相对的公共信息获取、利用能力，衡量标准的参照物具有一定的相对性。

3.2.2.3 衡量标准的整体性

衡量公共信息获取权益时首先要解决社会个体的"识别问题"，即哪些个体处于公共信息获取权益缺失状态？程度如何？其次才是"加总问题"，即一个国家或地区有多少公共信息获取权益缺失人群？如何计量公共信息获取权益缺失现象？其中，社会个体公共信息获取权益的衡量标准主要涉及个体的信息存量（如受教育水平、信息素养），能力特征（公共信息获取、利用能力），权益保障程度（公共信息获取权益相对缺失、绝对缺失）等。从宏观意义上讲，可以用公共信息获取权益缺失率来衡量某一国家或地区公共信息获取权益的整体情况，其是指某一时期内的公共信息获取权益绝对缺失人口占总人口的百分比加上公共信息获取权益相对缺失人口占总人口的百分比，即：绝对权益缺失人口/总人口×100%+相对权益缺失人口/总人口×100%。

3.3 弱势群体公共信息获取权益缺失的成因

3.3.1 公共信息资源供给不足

公共信息资源供给不足是弱势群体的公共信息获取困难的基础性原因，具体体现在以下三个方面。

（1）公共信息资源总量偏少，分布不均衡，有效供给不足。政府等公共管理部门作为公共信息资源的最大生产者、拥有者和管理者，从应然层面讲，应向全社会开放所有（需要保密的除外）的信息，使公众能够免费、合法、便捷地获取公共信息资源。然而，目前我国大约80%的信息资源以及约3000个数据库掌握在政府手中，其中只有约20%是公开的，而且很多数据库之间不能共享数据，成为一个个"信息孤岛"。加上公众获取渠道和途径单一（仅依靠政府的单向资源供给），致使许多公共信息处于封闭、闲置或者半封闭、半闲置状态，无法得到充分的开发和有效的利用。此外，目前我国公共信息资源总量尚显不足，不能满足公众日益增长的信息需求，公共信息资源在不同地区（如东部与中西部地区、城市和农村等），群体（如职业、受教育程度等）之间存在配置不均衡现象。尤其是对于弱势群体来说，经济收入、受教育程度、社会地位、技能水平等处于劣势状态，无法获得（如通过购买、租赁、请人代为获取等方式）所需的公共信息资源。此外，传统观念和现行管理体制等因素的限制使部分政府部门及信息工作人员将公共信息资源视为部门权力基础和个体利益来源，利用公众赋予的权力进行公共信息垄断，形成信息壁垒，寻求信息寻租的空间，加重了公众尤其是弱势群体公共信息的获取成本（如时间、金钱、精力、心理等成本），导致大量本应公开的公共信息资源被人为闲置和浪费❶。

（2）政府信息资源内容无法满足公众信息需求。我国政府信息资源的生产、发布通常采取以政府为主导的自上而下的模式，按照法律法规规定公开政府信息实际上是政府主导的单方面行为，被公开的公共信息的内容、时间、途径、范围等也往往由政府部门及其工作人员决定。而且就目前来看，政府公开的信息多以法律法规、规章制度、工作计划、年度总结等需要公众遵守和执行的约束性和事务性信息为主，而公众广泛关注，需求量极大，与公众日常学习、工作、生活紧密相关的公共信息难觅踪迹。这种信息提供与公众信息需求上的不匹配，在客观上造成了弱势群体获取和利用公共信息的困难。

（3）公共信息服务体系建设不完善。近年来，我国不断加大公共信息服务体系建设的力度，但仍存在不完善、不充足、不均衡等问题。目前，我国除北京、上海、深圳、苏州等少数经济发达地区的公共信息服务体系相对较完善、信息资源相对充足外，广大中西部经济欠发达地区和农村的公共文化服务体系和信息资源建设不尽如人意，而且各地区各级各类公共信息服务机构建设水平差异较大，运营经费不足问题严重制约对公众尤其是弱势群体的公共信息提供。公共图书馆在公共信息提供中发挥了巨大的作用，是重要的公共信息提供者，对公众尤其是

❶ 李鹏. 公共信息资源获取模式研究[D]. 湘潭:湘潭大学硕士学位论文,2013.

弱势群体的公共信息获取影响较大。公共图书馆属于公益性组织，其运转主要依靠国家和政府的财政拨款。但由于种种原因，一些地方政府对公共图书馆的重视程度不够、投入力度不足，如很多县级公共图书馆不仅办馆条件较差，而且事业经费严重不足，用于图书和其他资源购置和开展活动的经费十分有限。据统计，2009年全国2491个县级公共图书馆中，1030个县级馆的人员支出超过了财政拨款的80%；675个县级馆全年无购书经费，占总数的27.1%❶。经费不足严重制约了公共图书馆服务的开展，也严重阻碍了公众尤其是弱势群体对公共信息资源的获取。此外，各公共信息服务机构由于主管单位、职能定位、面向群体的不同而自成体系，各系统之间不能兼容、整合。以图书馆系统为例，公共图书馆系统隶属于文化系统管辖，国家图书馆由文化部直管，各级地方公共图书馆由本地文化厅（局）主管，而高校图书馆系统隶属于教育部管辖，同时还有专业图书馆、党校图书馆、医院图书馆、中小学图书馆等隶属于不同的图书馆系统。各类型图书馆仅针对特定人群提供（公共）信息服务，加上各图书馆系统之间无法实现各种资源的"互通有无"和有效整合，使公众获取信息服务的渠道和途径严重受限，公共信息资源难以发挥出最大的社会效益，合理并充分保障弱势群体的公共信息获取权益更是无从谈起。

3.3.2 公共信息获取能力低下

获取信息能力低下主要是指查找和得到信息能力的不足。获取信息能力低下的群体，不仅缺乏引进信息的途径和渠道，也会间接影响生产和利用信息的能力。信息获取可分为信息需求感知和信息查询两个环节。信息需求感知是信息主体感受到自己某一方面的信息匮乏从而产生寻找信息欲望的过程，是产生信息行为的前提条件，也是推动信息主体提高自身信息能力的动力。例如，待就业人员对寻找就业信息会产生迫切的需求，促使其通过各种途径获取相关信息，直至找到合适的工作时这种需求才会降低。信息查询是指通过一定渠道搜集所需信息的

---

❶ 王超.公共文化服务体系建设环境下经济欠发达地区县(区)图书馆可持续发展研究[D].西安:西北大学硕士学位论文,2012.

行为，是信息获取的关键环节。信息查询的渠道一般包括政府公开的信息，广播、电视、报纸等传统传播媒介发布的信息，网络信息，私人之间传递的信息等。政府公开的信息数量有限且具有一定的滞后性，弱势群体获取这部分信息的成本较高、难度较大；广播、电视、报纸传递的信息量大但是缺乏针对性，需要花费大量的时间进行搜寻和筛选，弱势群体很难从中找到所需的有用内容；网络信息传播速度快、信息量大，已经成为公众获取公共信息的主要渠道，但是对于弱势群体来说，由于缺乏基本的信息技术和网络设施，而且无法判断信息的权威性和真伪性，很难通过网络实施公共信息查询行为；通过口口相传的方式是弱势群体获得公共信息的重要渠道，但是此过程中容易出现偏差，造成信息失真问题。

长期以来，弱势群体受传统政治文化的影响，公共信息获取意识淡薄，对公共信息获取重要性的认知程度较低，信息获取动力不足❶。除了经济方面的障碍外，弱势群体自身的信息能力严重不足，阅读文献与获取信息的能力较差，在同样的经济条件下他们往往比受过良好教育、信息能力强的人获得的有效信息更少。尤其是进入互联网时代后，"表面上"公平的互联网为弱势群体获取信息带来了"实质性"的困难：由于缺少信息获取设备，信息获取渠道和方式单一，弱势群体很少能够主动要求获取公共信息，也无法通过权威渠道准确地获取到所需的公共信息。加之，弱势群体在公共信息需求感知上较为不敏感，缺乏完整、准确地表达自身信息需求的能力，致使其公共信息获取行为遭受较大阻碍与挫折，严重影响了其公共信息获取的效果，侵害了其公共信息获取权益。

3.3.3　公共信息利用能力薄弱

弱势群体受到社会排斥性因素的影响，其公共信息获取权益部分被剥夺，对公共信息的吸收能力较弱，交流能力较差。公共信息吸收能力反映的是公众利用已有公共信息的能力，即在获得公共信息后能否利用这些信息来促进个人和社会

---

❶ 井西晓. 公平视角下我国信息弱势群体信息能力研究[J]. 科技管理研究，2013（13）：209-213.

的发展以及发展效率的提升[1]。教育是提高人们学习和理解信息、知识能力的关键，由于我国教育事业总体水平不高且发展不均衡，弱势群体对获取到的公共信息进行加工再利用的意识和能力薄弱，大多数弱势群体还停留在对信息的经验分析层面，缺乏运用必要的科学手段进行理性分析。公共信息交流能力反映的是一个地区人口传播信息的能力，其决定该地区人口是否有获得所需信息的途径以及通过这种途径传播信息的效率[2]。信息交流能力的缺失很大程度上是由缺乏获得和使用信息交流工具造成的，如没有机会和能力看报纸、杂志等纸质信息，无法使用信息传播工具、电信交流工具（如电话等）、网络信息交流工具（如互联网、即时通信软件等）获得和交流信息。

弱势群体的信息利用能力低下具体表现为信息意识落后、信息需求认知不足、信息需求表达不准、信息接收手段有限、信息理解存在偏差、信息吸收和转化能力欠缺等。一方面，信息意识不强、需求认知不足、需求表达不准直接削弱了弱势群体在信息需求中的主体地位，使得信息产品生产、传播的针对性、精准度明显下降，影响了信息供给质量，造成了弱势群体的信息贫困；另一方面，信息接收手段有限、信息理解存在偏差、信息吸收和转化能力欠缺等使得即便在信息有效供给的情况下，弱势群体也难以发挥信息的实际价值，造成事实性信息贫困[3]。

3.4 公共信息获取权益缺失对弱势群体的影响

目前，我国信息化发展主要集中在大城市和东部经济发达地区，信息传播媒体也更多地将目标对象锁定在"精英"阶层，弱势群体相对于强势群体而言，接触现代化通信设备和公共信息资源的机会较少，常常被排斥到"数字鸿沟"的另一端。弱势群体由于公共信息获取权益无法得到充分保障，与强势群体的差距拉

---

❶ 王子舟. 知识贫困及其对弱势群体的影响[J]. 图书馆, 2006（4）: 10–16.

❷ 井西晓. 公平视角下我国信息弱势群体信息能力研究[J]. 科技管理研究, 2013（13）: 209–213.

❸ 肖文建, 王广宇, 彭宁波. 和谐社会构建中档案馆关注弱势群体研究——基于信息能力与信息需求的思考[J]. 档案学研究, 2009（1）: 21–24.

大，社会两极分化趋势凸显，并且二者在政治和经济等领域的不平等趋势越发明显。弱势群体在信息资源配置、获取和利用等方面处于劣势，拉大了其与强势群体在生命健康、经济收入、社会地位、精神生活和公民权利等方面的差距，导致自身生存环境恶化和社会发展空间受限，受到社会排斥。

3.4.1　对弱势群体生命健康的影响

在实际工作和生活中，弱势群体常常由于缺乏相应的信息、知识和技术而陷入困境，有时仅仅是因为缺乏应有的基本生活常识，导致其健康受损甚至生命丧失。例如，全球每年有600万儿童直接或间接死于饥饿和营养不良，其中成千上万的儿童死于腹泻之类的疾病，原因是他们的父母不具有卫生常识或者不懂这些疾病的基本知识，尽管这些知识和信息已经存在了数个世纪❶。在我国，农村人口（特别是老人、妇女、儿童等）由于受传统观念限制、不良习惯和卫生知识缺乏等的影响，较容易成为病患群体，加之他们获取公共卫生信息困难，对于疾病更多地采取"乱投医"的方式或者求助于封建迷信的医治方法，以至于病情延误或加重，甚至影响生命安全。例如，目前我国癌症高发区多半都是在农村地区，边远农村地区的慢性病形势尤为严峻，而且部分疾病的发病率已高于城市❷。另外，由于我国基层和农村医疗保健服务还不完善，一些老年人和农民缺乏科学的卫生保健知识、权威的信息获取渠道和专业医护人员的正确指导，加上这些弱势群体的信息甄别能力低下，容易受到虚假、不正确信息的干扰，不仅不能对疾病进行有效预防、早期发现和早期治疗，有时甚至会错过疾病的最佳诊断和治疗时间。信息资源具有一定的负外部性，在公共领域中表现为虚假信息、冗余信息、不充分信息、黄色信息等劣质信息，这些都会造成信息使用者精神负担加重或精神受到污染和侵害，严重影响身体健康与心理健康，甚至患上"信息精神焦虑症"。

---

❶ 胡鞍钢. 知识与发展：21世纪新追赶战略[M]. 北京：北京大学出版社，2001：1-2.
❷ 卫生部：慢性呼吸系统等疾病农村发病率高于城市[EB/OL]. [2014-05-28]. http://www.china.com.cn/news/2012-07/09/content_25854877.htm.

3.4.2 对弱势群体经济利益的影响

从"路径依赖"❶原理看，信息和知识匮乏的社会个体，其人力资本更主要的是依赖自身的体力劳动能力；而信息和知识富有的社会个体，其人力资本更主要的是依赖自身的智力劳动能力❷。大多数弱势群体由于收集、处理、加工、利用信息能力较差，无法熟练地运用网络技术等新媒体获取公共信息，更是无法与他人共享和交流信息。这种信息落差和信息不对称导致公共信息资源更多地流向富裕人群，而可供弱势群体获得并利用的相对较少，使弱势群体遭受信息不公平待遇。尤其是在新时期社会信息化发展过程中，由于信息技术的迅速发展与广泛应用，人类社会的不同信息活动主体间的信息差距不断扩大。这种信息分化现象是社会发展中一种普遍存在的现象，广泛存在于社会群体的各个层面，而且日益扩大的数字鸿沟将加剧人类在信息时代的贫富差距。正如提其纳（P. J. Tichenor）的"知沟"理论所讲的："流入社会系统的媒介信息一旦增加，社会地位较高的人吸收信息的速度远远快于社会地位较低的人，以致两类人的'知沟'只会扩大而不会缩小。"❸也就是说，信息分化将社会群体划分为两类：一类是"信息富人"，他们拥有较高的收入，受过高等教育，信息的获取和利用能力更强，可以更快地获取并有效利用较多的价值较高的（公共）信息资源，这使他们在竞争中处于优势地位；另一类是"信息穷人"，他们不仅收入、社会地位、社会参与度和受教育程度较低，无法与社会形成有效联系，同时信息的获取和利用能力有限，难以通过正式渠道及时获取所需要的信息，获取到的信息主要是过时和非正式渠道（如熟人间口口相传）的信息，信息的价值较低，准确性难以保证。"信息穷人"因自身信息匮乏与获取信息受阻，在工作、学习和生活中很难有机会参与以信息为基础的新经济活动，更是很难参与教育、培训、娱乐、购物和交流等社会活动。

---

❶ 路径依赖是指人类社会中的技术演进或制度变迁均有类似于物理学中的惯性，即一旦进入某一路径（无论是"好"还是"坏"）就可能对这种路径产生依赖。

❷ 王子舟. 知识贫困及其对弱势群体的影响[J]. 图书馆，2006(4)：10-16.

❸ 陈吉学. 新时期我国社会弱势群体问题研究[D]. 南京：南京大学博士学位论文，2013.

同样，我国20世纪90年代以来社会信息化进程不断加快，信息分化造成的贫富差距不断扩大。其结果是信息和知识拥有越多者，越懂得利用信息；信息和知识拥有越少者，越不懂得利用信息。也就是说，获取信息多、速度快且善于利用信息的人，获得财富、权力和声望的能力越强；相反，获取信息少、不善于利用信息的人，接受教育和就业的机会大大减少，往往经济、政治等方面也处于社会不利地位。由于弱势群体无法公平地得到公共信息服务，公共信息资源未能得到公平分配，严重限制了弱势群体的发展能力，致使其无法得到全面发展。所以，公共信息获取权益的缺失对弱势群体经济利益上产生极大的影响，也是弱势群体形成的深层原因。

3.4.3 对弱势群体精神生活的影响

按照马斯洛的需求理论，人的需求分为生理需求、安全需求、社交需求、尊重需求和自我实现需求五个层次，而且这些需求是有层次、有顺序的，并可能在一段时期内同时存在几种需求。由于现实生活中弱势群体普遍在生存、机会、权利、知识、信念等方面存在困境，这些困境交织在一起容易导致他们精神压力过大，内心焦虑与矛盾，心理上具有高度的敏感性和脆弱性，容易产生自卑感和不平衡感，造成心态的失衡、非理性化和无序状态，满足感和成就感低，失落感和被剥夺感增强，久而久之会产生一种社会对自己不公平的心理，甚至产生厌恶、对抗、报复社会的心态，更有甚者会做出一些偏激的行为❶。普利斯特（Priest）认为，"信息本质上和人类幸福联系在一起，它内在地促进了成就的获得"❷。许多弱势群体为生计奔波忙碌，由于各方面条件所限，很难获取到所需的公共信息，也很少参与社会文化、娱乐活动，长此以往，他们远离文化氛围，缺乏与外界在信息、知识和精神方面的沟通和交流，致使心灵孤寂，成为与外界隔绝的"孤岛"。加之，弱势群体的信息和知识严重匮乏，在自身所处困境和社会贫富分

---

❶ 王子舟. 弱势群体知识援助的图书馆新制度建设[M]. 北京：国家图书馆出版社，2010：17.

❷ Priest W C. The Character of Information: Characteristics and Properties of Information Related to Issues Concerning Intellectual Property [R]. Washington, DC: Office of Technology Assessment, 1985: 41.

化加剧的强烈反差中容易产生思想观念上的异化和信仰上的迷茫，十分需要精神的慰藉和心灵的充实。

3.4.4 对弱势群体社会权利的影响

澳大利亚学者彼得·德霍斯（Peter Drahos）认为，"信息是一种基本利益，其包含某种功能，即对于人的生活计划的关键性作用，社会中的人需要各种各样的计划来决定自己的生活，但是计划的形成取决于计划者所能取得的信息，毕竟计划本身就是需要信息的。因此，信息成为人安排自己生活、决定自己在社会中各种行动的重要的依据和能力，这显示出了信息作为权力的某些特性。"[1]同样，罗尔斯在《正义论》中也指出，即便是处于"无知之幕"下的人们依然享有获取信息的权利，"他们知道有关人类社会的一般事实，理解政治事务和经济理论原则，知道社会组织的基础和人的心理学法则。各方被假定知道所有影响正义原则选择的一般事实。在一般的信息方面，即一般的法律和理论方面没有任何限制"[2]。所以，一个人只有获取了相当数量的信息时，才能形成影响他人或者控制他物的能力和权力。

在信息社会，公共信息往往与知识产权、高新技术、金融资本、利益分配紧密结合，实际上导致了公共信息的权力化，即掌握较多公共信息的人群更易成为社会中的强势群体。他们把握着社会话语权，影响着社会公共政策的制定和实施，同时通过手中的权力和财富又可以获取更多的信息。如此循环往复，社会强势群体和弱势群体的两极分化将进一步加剧，弱势群体对强势群体的依附性关系将进一步加强。尤其是伴随着政务、商务、教育、医疗等活动逐渐转移到互联网领域，公共信息资源及相应设备匮乏剥夺了一些人参与社会活动的权利，使有能力使用信息通信技术的群体可以充分参与这些活动，获取公共信息和服务，没有能力使用这些技术的群体不仅会丧失参加这些活动的权利，而且会失去为自己争取权利和谋取利益的机会[3]。为了改善这种信息网络技术发展和公共信息垄断带

---

❶ [澳]德霍斯.知识财产法哲学[M].周林译.北京:商务印书馆,2008:182.

❷ [美]罗尔斯.正义论[M].何怀宏等译.北京:中国社会科学出版社,2001:132.

❸ 袁勤俭.数字鸿沟的危害性及其跨越策略[J].中国图书馆学报,2007(4):27-31.

来的负面影响，使弱势群体能够正常参与社会政治活动，充分实现个人生存权、发展权等基本权利，政府应作出积极的努力，减少由权力过于集中带来的信息垄断和壁垒，降低公共信息获取"门槛"。正如美国教育部推行的通过网络接受金融资助申请方式，进一步减少了低收入和没有信息技术技能的人接受高等教育的机会❶。

❶ Jackson C N. Divided we fall：The federal government confronts the digital divide. Unpublished doctoral dissertation，the Claremont Graduate University，California，USA，2003.

4 图书馆与弱势群体公共信息获取权益的保障

4.1 图书馆的公共目标

所谓组织目标，是指一个组织在未来一段时间内要实现和达成的目的，它是组织中一切成员的行动指南，是组织决策、效率评价、协调考核的基本依据。任何一个组织都是为一定的目标而设置和建立的，组织目标是组织存在的最重要条件。对于图书馆来说，一般具有多重目标：初级目标是完整保存人类文化、有效传播知识；中级目标是为个人和社会群体的终生学习、独立决策和文化发展提供基本条件；高级目标是体现知识的平等和自由这两个社会基本公共价值取向[1]。

4.1.1 维护知识自由[2]

《世界人权宣言》第十九条款明确表示：人人享有主张和发表意见的自由；此项权利包括持有主张而不受干涉的自由，通过任何媒介和不论国界寻求、接受

[1] 王子舟. 弱势群体知识援助的图书馆新制度建设[M]. 北京：国家图书馆出版社，2010:28.
[2] 王政，洪伟达. 知识自由在图书馆核心价值体系中的地位与作用[J]. 情报资料工作，2010(11):35-39.

和传递消息和思想的自由❶。这种自由在图书馆领域主要体现为知识自由。"知识自由"（intellectual freedom）一词是舶来品，源引自国外文献对"intellectual freedom"这一英文术语的阐释，也有学者将其翻译成"智识自由"。知识自由最早是由 ALA 首先提出的，早在 1939 年 ALA 发表的《图书馆权利法案》（也有译作《图书馆权利宣言》）（*The Library Bill of Right*）中就针对包括禁书问题在内的以及由禁书问题延伸出来的知识自由问题，声明了图书馆界的意见和主张。1948 年，ALA 又大规模修订了《图书馆权利法案》（在 1963 年修订中加入"年龄"部分），之后又陆续出版了《阅读自由宣言》（*The Freedom of Read Statement*）、《思想自由宣言》（*The Intellectual Freedom Statement*）、《学校图书馆权利法案》（*The School Library Bill of Rights*）等一系列政策性文件，并在这些文件中都特别强调每个人都享有获取信息的自由和表达的自由，不分尊卑贵贱、种族血统都享有使用图书与其他信息资源的权利。ALA 将知识自由的内涵界定为："人人享有不受限制地寻求与接受带有各种观点的信息的权利，图书馆应提供对各种思想所有表达的自由获取，从而可以发现某个问题、动机或运动的任何或所有方面；知识自由包括三部分内容，即知识持有的自由、知识接收的自由、知识发布（传播）的自由❷。并且 ALA 声明，所有图书馆都是信息与思想交流的论坛，图书馆应以下述基本方针为指南提供服务：①图书馆应提供图书和其他馆藏资源以满足服务社区内所有人的兴趣、信息和启蒙的需要，图书馆不应以创作者的出身、背景或者观点为由排斥任何资料；②对于时事或历史事件，图书馆都应该提供表达各种观点的资料和信息，图书馆不应因党派或教义的不容而摒弃或排除任何资料；③为了履行满足信息和启蒙需求的职责，图书馆应挑战审查制度；④图书馆应与一切有关的个人和团体合作，抵制对表达自由和信息获取自由的侵犯；⑤个人使用图书馆的权利不应因出身、年龄、背景或者观点的不同而被否认或剥夺；

---

❶《世界人权宣言》[EB/OL]. [2014-08-28]. http://baike. baidu. com/view/22902. htm?from_id=1692378&type=syn&fromtitle=%E3%80%8A%E4%B8%96%E7%95%8C%E4%BA%BA%E6%9D%83%E5%AE%A3%E8%A8%80%E3%80%8B&fr=aladdin.

❷ ALA. Library Bill of Rights [EB/OL]. [2014-05-28]. http://www. ala. org/ala/oif/basics/international freedom. htm.

⑥为所服务公众提供展览场所和会议室服务的图书馆，不管提出使用申请的个人或团体的信仰或所属机构如何，都应在公平的原则上为其提供所需设施❶。

　　ALA 提出的知识自由理念不仅为世界各国开展知识自由研究提供了理论支持，同样，ALA 大量的知识自由活动在行动上引领了图书馆界的知识自由实践。ALA 开展的知识自由相关活动包括：1940 年，专门成立"知识自由委员会"（Intellectual Freedom Committee，IFC），作为 ALA 知识自由政策拟定和推广知识自由教育的单位❷；1967 年，成立"知识自由办公室"（Office for Intellectual Freedom，OIF），并将 IFC 作为知识自由的政策拟定单位，将 OIF 作为执行单位❸；1969 年，成立"阅读自由基金会"（Freedom to Read Foundation），为因维护知识自由而遭遇法律诉讼、收入减少或个人伤害的馆员提供法律和财政上的援助❹；1971 年，成立"馆员调解、仲裁与调查委员会"（Staff Committee on Mediation，Arbitration，and Inquiry，SCMAI），专门处理馆员因维护知识自由所遭受的工作迫害，如任期、雇佣等问题❺；1973 年，成立"知识自由圆桌会议"（Intellectual Freedom Round Table，IFRT），为 ALA 成员提供有关知识自由的活动，并设立 3 个知识自由奖项来表彰在维护知识自由方面表现杰出的团体、个人和出版物。IFRT 为探讨有关图书馆和馆员知识自由行动、项目以及在此过程中出现的问题提供了一个交流和研究平台，为 ALA 成员在图书馆内自由获取和自由表达提供了更多的机会。此外，IFRT 还给予遭遇审查制度危害的馆员大力支持，并负责发起拟定 ALA 年度会议中主要的知识自由计划及议题，并定期（一年两次）发布知识自由进展报告（该报告是一份为美国图书馆和馆员宣传知识自由方面的时事、发表意见、评论和分析的简报）。IFRT 作为有关知识自由问题的交流平台，

---

❶ 程焕文，张靖. 图书馆权利与道德[M]. 南宁：广西师范大学出版社，2007：311-312，327.

❷ ALA. Intellectual Freedom Committee [EB/OL]. [2014-02-24]. http://www. ala. org/ala/oif/ifgroups/ifcommittee/intellectual. cfm.

❸ ALA. Office for Intellectual Freedom [EB/OL]. [2014-02-24]. http://www. ala. org/template. cfm?section=oif.

❹ ALA . Freedom to Read Foundation [EB/OL]. [2014-02-24]. http://www. ala. org/ala/ourassociation/othergroups/ftrf/freedomreadfoundation. cfm.

❺ 王明玲. 知识自由在国际图书馆界的新近发展与其省思[J]. 大学图书馆，2000(2)：147-166.

促使更多的馆员加入维护知识自由的行列，提升了美国图书馆及图书馆员实施知识自由政策的责任感❶。

在国际层面，对于图书馆维护知识自由的公共目标，联合国教科文组织在《公共图书馆宣言》中明确提出：公共图书馆应在人人享有平等利用权利的基础上，不分年龄、种族、性别、宗教信仰、国籍、语言或社会地位向所有人提供服务；对那些因某种原因不能享用常规服务和资料的用户，如少数民族、残疾人、医院病人和监狱囚犯等弱势群体，公共图书馆必须向其提供特殊服务和资料❷。同样，IFLA在1999年发布的《IFLA图书馆与知识自由声明》中特别强调，"知识自由是图书馆和信息同行的核心责任"，"图书馆应尽力发展和保护知识自由"❸。为了进一步强调知识自由问题，IFLA于2002年发布了图书馆、信息服务机构及知识自由的《格拉斯哥宣言》《IFLA因特网宣言》和《图书馆及其可持续发展的声明》等文件，并在这些权威性文献中指出，"IFLA强调促进知识自由是世界范围内图书馆和信息服务机构的主要职责"，认为知识自由是"每个人应该享有的持有和表达主张以及寻求并接受信息的权利，是图书馆服务的核心。不论通过何种媒介、属于哪个国家，自由获取信息都是图书馆和信息行业的中心职责"，"承认图书馆和信息服务机构通过保障信息的自由获取和传递进而促进社会的可持续发展"❹。IFLA在《2006—2009年战略计划》中指出："IFLA与图书馆和信息服务机构将共同协助世界各国人民创造并参与平等的信息和知识社会，并在他们的日常生活中享有自由获取信息和言论自由的权利。"❺由此可见，图书馆作为民主政府保障公民知识自由而作出的制度安排，其存在的重要核心价值与公共目标之一在于保障人们获取、接受、利用图书馆中信息和知识的权利。

---

❶ ALA. Intellectual Freedom Round Table [EB/OL]. [2014-02-24]. http://www. ala. org/ala/ifrt/ifrt. cfm.

❷ 国际图联/联合国教科文组织《公共图书馆宣言》[EB/OL]. [2013-11-26]. http://wenku. baidu. com/link?url=fWSgJ4Ve99FLNdc5dokSRrIdYQLGaVKbkX-xSCChXvvslzQz2JenNgk3IEbfISdI9lL1K5vsvzsdBKYo1q5ubFN5UNs0FFZ5kxKg1_41u5y.

❸ 蒋永福. 信息自由及其限度研究[M]. 北京:社会科学文献出版社,2007:55.

❹ 胡秋玲. 自由获取知识与信息——《格拉斯哥宣言》《国际图联因特网声明》和《图书馆与可持续发展声明》发表[J]. 图书馆建设,2003(2): 101-102.

❺ IFLA. 2006-2009年战略计划[EB/OL]. [2014-07-12]. http://www. chnlib. com/News/yejie/2586_2. html.

如果说早在公共图书馆产生之前图书馆的活动目标是满足社会统治力量和特殊阶层对知识垄断的需要的话，那么公共图书馆制度的产生改变了这种目标，使图书馆的活动目标变为满足人们（包括弱势群体）对知识自由的需要。从图书馆建设初衷出发，世界各国普遍设立图书馆建制尤其是公共图书馆建制，就是为了保障公民的知识自由权利❶。尽管图书馆诞生的本质原因并非是为了满足公民知识接受自由的需要，但图书馆发展至民主政体时代，保障公民知识接受自由的权利已成为社会赋予图书馆的主要使命，这对后来由图书馆来保障弱势群体的信息获取权益产生重要而积极的影响。从公共图书馆的性质和职能看，将图书馆的公共目标定位于维护公民的知识自由权利有利于阐明公共图书馆的起源、发展过程及其存在的价值意义；从维护公民的知识自由权利的视角审视，将图书馆的公共目标定位于维护公民的知识自由权利有利于引导人们从制度和法律的高度理解图书馆的存在价值，使图书馆得到来自法律和社会的支持，稳固其运行的法律与社会基础，进而有利于维护图书馆事业的公益性质及其本位。因此，将维护知识自由作为图书馆的公共目标是历史的选择和图书馆发展的需要。

4.1.2　积极促进经济社会文化科学发展❷

从人类历史来看，文化资源在决定人的社会阶层过程中具有重要作用。19世纪中期，公共图书馆事业在英、美等国逐渐得到立法支持，图书馆的文化传承和教育教化职能被图书馆人信奉为一种职业信念。这种信念认为，图书馆通过提供图书资料和其他服务，向社会成员传播知识、提供自我教育的机会；图书馆通过在下层人民中培育阅读兴趣，使他们亲近知识、远离粗鄙；图书馆通过改善个人素质，可以推动整个社会进步❸。从社会公正论角度来说，文化和教育资源在社会政策制度安排下的公平配置是保障社会和谐、稳定的重要因素。图书馆恰恰是为公众提供终身教育的场所、社会文化机构和信息传递机构，是社会公众尤其是弱势群体能够负担得起的获取信息和知识的重要乃至唯一途径，因此应责无旁

---

❶ 蒋永福.关于知识自由与图书馆[J].图书馆杂志,2003(8):9-12.

❷ 洪伟达,王政.以图书馆为基础推进公共文化服务体系建设[J].图书馆建设,2014(3):12-16.

❸ 于良芝.探索公共图书馆的使命:英美历程借鉴[J].图书馆,2006(5):1-7,31.

贷地肩负起社会教育的职能。图书馆能够使全体社会成员共享信息社会的发展成果，为公众提供参与社会管理和经济活动以及日常生活所必需的基本信息，这符合《公共图书馆宣言》（1994）的要求——"自由、繁荣以及社会与个人的发展是人类根本价值的体现。人类根本价值的实现取决于智者在社会中行使民主权利和发挥积极作用能力的提高。人们对社会以及民主发展的建设性参与，取决于人们所受良好教育以及存取知识、思想、文化和信息的自由开放程度"，这同样是IFLA等国际组织认可的公共图书馆目标——"图书馆和信息服务机构有助于解决由于信息差距和数字鸿沟而造成的信息占有的不平等。图书馆通过互联网为用户提供他们在科学研究和技术创新中所需的信息，进而促进社会的发展和人类的幸福"❶（出自《图书馆及其可持续发展的声明》）。同样，2003年日内瓦信息社会世界高峰会议通过的《原则宣言》中也指出，"教育、知识、信息和通信是人类进步、努力、福祉的核心"，并在《获取信息和知识》❷一节中写道：

"在包容性信息社会中，人人具有获得信息、思想和知识并为之做出贡献的能力至关重要。"

"通过消除在公平获取经济、社会、政治、卫生、文化、教育和科技活动信息方面存在的障碍，通过促进公用域信息的获取，包括利用通用的设计和使用辅助性技术，可以加强有益于发展的全球知识共享。"

"内容丰富的公用域是信息社会发展的一个基本因素，可以带来诸多益处，如加强公众教育、提供新的就业机会、鼓励创新、提供商业机遇和促进科技进步等。公用域的信息应易于获取以支持信息社会，并应受到保护不被盗用。应强化图书馆和档案馆、博物馆、文化保存机构以及其他基于社区的接入点等社会公共机构，以促进文献记录的保存以及自由、公平地获取信息。"

"通过提高所有利益相关方对不同软件模式所带来的可能性的认识，可以促进信息和知识的获取，其中包括专有、开放源代码和免费软件，以便加强竞争、

---

❶ IFLA. 图书馆及其可持续发展的声明[EB/OL]. [2013-11-26]. http://www. ifla. org/publications/state-ment-on-libraries- and-sustainable-development.

❷ 信息社会世界高峰会议《原则宣言》[EB/OL]. [2014-06-16]. http://www. un. org/chinese/events/wsis/de-cl. pdf.

增强用户接入和增加选择类型，从而使所有用户都能够开发最能满足其需要的解决方案。以可承受的价格获取软件应被视为真正包容性信息社会的一个重要组成部分。"

"我们要努力使所有人均能有平等的机会普遍获取科学知识、创造和传播科技信息，包括公开获取科学出版。"

人类社会进入信息时代后，面对日益丰富和纷繁复杂的各种信息，公众的信息素养变得极为重要，不仅对个人的全面发展产生至关重要的影响，也将很大程度上影响一个社会的前进方向和发展程度。图书馆作为一种公共物品，以为公众提供平等的公共文化服务和终身教育为使命，具有保障公民文化权利的基本职能，符合公共文化发展目标。图书馆的历史沿革和职业理念决定了其必然在保护弱势群体、促进社会和谐发展的过程中彰显巨大的价值与作用。为公众尤其弱势群体提供平等、优质的公共文化服务是图书馆履行其社会责任的重要手段。因此，我们不能忽视图书馆作为社会制度结构体系要素安排的合理性与公正性以及对民众的影响和在增进个人与社会文明、进步与繁荣发展等福祉方面的价值。相应地，图书馆应提供普遍均等、对所有人开放的服务，将社会弱势群体囊括进图书馆服务范围，并在经费、人员、资源、服务等方面向弱势群体倾斜，使其在社会的公共服务体系中真正受益，关注和强调对弱势群体权益的保护[1]。

4.1.3 保障弱势群体的基本信息权利，体现社会公平

社会公平意味着所有社会成员都可以平等地享有各项公民权利，包括有效参与社会管理、公平地获得社会资源以及享有经济与社会发展成果的权利。在社会公平的二维向度中，机会公平是基本要素。机会公平也称起点公平，是指社会为每个成员提供均等的生存和发展机会，主要表现在社会成员平等地获得参与政治、经济、文化活动，利用资源，接受教育和培训，获取信息等方面的机会[2]。2006年公布的《世界发展报告：公平与发展》中指出，世界范围内的信息不公

---

[1] 周吉. 定位于弱势群体的公共图书馆延伸服务[J]. 图书馆建设,2008(10):99-101,105.

[2] 范并思. 图书馆资源公平利用[M]. 北京:国家图书馆出版社,2011:2.

平问题的首要对策就是在富有的、有权势的群体与缺乏机会的、贫困的群体之间进行信息的重新分配，所有人都应具有平等地获取、利用自身所需信息的权利❶。

图书馆作为一种典型的公共物品，需要占用公共资源，并不以营利为目的，具有明显的公共物品正外部性，是社会通过对信息资源的公正分配和均衡配置实现信息公平的非营利性公共机构。弱势群体通过图书馆享受免费的（公共）信息服务、获取信息和知识、接触互联网、接受社会教育、参与培训，这是他们能够负担得起的（对某些人来说甚至是唯一的）主要权利（如信息权利、文化福利和受教育权）实现手段和信息获取渠道。Ayers 和 Liu 曾研究发现，13%的调查对象认为公共图书馆是他们获取数字化信息的唯一途径❷。图书馆被认为是保障弱势群体信息权利、维护信息公平、消除社会数字鸿沟的重要组织和机构，这在国际纲领性文件中均有所体现。例如，《公共图书馆宣言》中明确规定，"公共图书馆是开展教育、传播文化和提供信息的有力工具，也是在公众的思想中树立和平观念和丰富人民大众精神生活的重要工具……公共图书馆应不分年龄、种族、性别、宗教、国籍、语言或社会地位，向所有的人提供平等的服务，还必须向由于种种原因不能利用其正常的服务和资料的人，如少数民族、残疾人、医院病人和监狱囚犯等提供特殊的服务和资料。"❸IFLA 在《2006—2009 年战略计划》中也指出："为确保所有人都能获取信息，IFLA 致力于使人们能够无障碍地认知、学习和交流。IFLA 也非常重视促进信息获取内容的多语种、文化多样性以及满足原著居民、少数民族和残疾人的特殊需求。"❹在现实中，国内外图书馆也的确是这样践行的，它们通过公平地配置信息资源和教育资源提高普通社会公众尤其是弱势群体的竞争能力，是矫正各种社会不平等（主要是教育权利和信息权利的不平等）的基础条件和重要制度安排，间接地提高公众尤其是弱势群体的社会参与度与竞争能力。

---

❶《2006 年世界发展报告：公平与发展》（全文）[EB/OL]. [2014-07-02]. http://www. china. com. cn/economic/txt/2005-09/21/content_5975712. htm.

❷ Ayers K, Liu Y Q . Enhancing digital information access in public libraries[J]. Proceedings of the American Society for Information Science and Technology, 2006, 43(1): 1-25.

❸ ALIA Public Libraries Advisory Committee. Statement on public library services[EB/OL]. [2012-05-15] . http://www. alia. org. au/policies/public. library. services. html.

❹ IFLA. 2006-2009 年战略计划[EB/OL]. [2014-07-12]. http://www. chnlib. com/News/yejie/2586. html.

　　图书馆作为重要的文化教育机构为社会公众提供终身教育，不仅具有一般文化属性，同时兼具向所有公众提供平等的信息服务的基本职能与使命。可以说，社会公平是图书馆追求的永恒目标。第一，平等对待用户既是图书馆为了保障公民自由而平等地获取信息而必须遵循的基本原则，也是图书馆员必须遵循的基本职业操守。在民主社会中，公众平等地享受图书馆服务，这是公众实现信息获取自由理应享有的基本权利。第二，图书馆应对所提供的资料平等对待、无差别处理，反对来自图书馆内外部的审查。追求信息与知识自由、反对审查制度，一直是世界图书馆界（包括馆员、学者与组织）奋斗的目标之一[1]。图书馆对任何作者的、反映任何思想观点的和来自任何渠道的图书，都必须坚持同样的原则。"馆藏资料和图书馆服务不应受到任何意识形态、政治或宗教审查制度的影响，也不应屈服于商业压力。"[2] "没有正当的理由，图书馆不能对某种资料进行特殊处理，不能对资料的内容加以增删改动，不能把资料从书架上撤除或将资料废弃。"[3]此外，我们在强调对图书馆信息平等、自由地获取的同时，还要相信公众具有一定的理性，能够独自对信息的内容、价值、优劣进行判断，并能够为自己的行为负责。这样的平等获取才是真正意义上的自由获取与利用，这要求图书馆以保障公众的知识自由为一切行为的根本，既反对来自内外部的审查制度，又反对来自图书馆内部的自检。

4.2　图书馆具有满足公众公共信息获取的责任[4]

　　图书馆以公共文化发展为目标，作为典型的公共物品具有明显的正外部性，是民主社会中国家为保障公民平等获取信息的自由权利而设置的制度安排，是社

---

[1] 王政,洪伟达.知识自由在图书馆核心价值体系中的地位与作用[J].图书情报工作,2010,(11):35-39.

[2] 联合国教科文组织.公共图书馆宣言[EB/OL].[2014-07-02].http://wenku.baidu.com/link?url=WJDfTWu5HXliUJYRAE5BA96f1-YrJhiG1rFRRLAQp2UYam5T8nDcVkRr_zgJ2knX9dwWIrXRW19uTY080xwx-uqmZ_XwACDPdE9PIuya8Mm.

[3] 李国新.日本图书馆法律体系研究[M].北京:北京图书馆出版社,2000:285.

[4] 洪伟达.包容弱势群体:图书馆应当承担的社会责任[J].图书馆建设,2012(6):1-4.

会通过信息资源的平等分配和均衡配置实现信息公平的机构。图书馆为所有公民提供平等、免费（公共）且最需要的基本信息服务，是保障公众公共文化获取权益、维护社会信息公平的重要途径，所以图书馆应努力践行满足公众公共信息获取的社会责任。

4.2.1　图书馆社会责任的概念和内涵

社会责任（social responsibility）的内涵最早源于20世纪初美国学者对企业的研究，随后逐渐扩展至组织、政府等领域。比较具有代表性、受到普遍认可的社会责任内涵是由美国管理大师彼得·德鲁克（Peter F. Drucker）提出的，即每个组织必须承担所有与其有关的员工、环境、顾客和其他与组织有关联的人和事的全部责任，这就是组织的社会责任❶。国际标准化组织（International Organization for Standardization，ISO）于2010年制定并发布的《社会责任指南》（ISO 26000）中将社会责任定义为："通过透明和道德的行为，组织为其决策和活动给社会和环境带来的影响所承担的责任。这些行为有助于社会可持续发展，包括健康和社会福祉，考虑到利益相关方的期望，符合适用法律并与国际行为规范一致，融入到整个组织并践行于其各种关系之中。"❷英国图书馆协会主席阿伦德尔·埃斯代尔（Arundel Esdaile）于1933年在芝加哥召开的ALA年会上发表《现代图书馆的社会责任》（*The Social Responsibility of the Modern Library*）一文，首次把图书馆与社会责任联系起来，提出"我们为之服务的图书馆在社会中的真正功能是什么"这样一个问题❸，引发了此后图书馆界对社会责任的思考与研究。最早的关于图书馆社会责任的纲领性文件是美国于1939年正式通过的《图书馆权利法案》，其中强调"图书馆有提供未经审查和限制的信息的责任"。此后，对于图书馆社会责任之争，大卫·伯宁豪森（David Berninghausen）在《社会责任与图书馆权利》中曾这样论述："图书馆（员）应不论其个人信仰或道德信念，承

---

❶ 彼得·德鲁克. 功能社会[M]. 曾琳译. 北京:机械工业出版社,2007:98.

❷ ISO 26000:2010 Guidance on social responsibility[EB/OL]. [2013-12-12]. http://www. standard. org. cn/standard2007/standardiso/Detail. aspx?id=36230.

❸ 朱林. 理解图书馆社会责任:应掌握"元定义"理论[J]. 图书馆,2013(3):8-11.

担从全世界所有作者和出版媒体（而不是从任何核准名单）中选择资料的社会责任，并建立能够体现（包含）全部有争议性问题观点的平衡馆藏体系。图书馆（员）将这种把具有违反事实、真理或与自身宗教信仰相违背的观点的文献不予收藏或从馆藏中剔除的做法看作是对图书馆（员）职权的滥用。"❶现有业界对于图书馆社会责任较为推崇的界定是 ALA 于 2004 年提出的，"社会责任是图书馆事业所做出的贡献，其体现在：改善或解决社会的关键问题，努力在这些问题上支持、促进、告知或教育美国公民，鼓励他们研究每个问题的众多观点和事实"❷。综上所述，图书馆社会责任可定义为：图书馆作为责任主体对社会承担的减少或消除其带来的影响（主要是负面影响）以及有利于公众福利增长、社会发展和人类进步的责任，是实现图书馆使命和目标（法律职能和义务）基础上所承担的更高要求（道德要求）的社会义务，以一种有利于社会的方式进行经营和管理。

根据德鲁克对组织社会责任的界定，图书馆社会责任内涵可概括为两类：一类是图书馆对社会的影响，即组织（图书馆）的经营对社会产生了什么影响，如图书馆为公众提供服务时，因客观原因（包括地理位置、经济、生理等）不能对所有公众提供完全均等的服务，这事实上会对某些人（如弱势群体）造成一定的排斥和影响，使其无法享有同等的图书馆服务。这是一种"完全意义上的必要的恶"（德鲁克语），是图书馆必须承担的社会责任，而且图书馆应尽其所能地将这种"恶"（负面影响）消除或降到最低。另一类涉及社会问题，即组织（图书馆）能够为社会做些什么。图书馆积极地参与到社会生活中，为社会的正义、公平、稳定、和谐和包容以及人类的幸福和繁荣做出贡献，这是图书馆出于道德而自愿承担的社会责任，具体到图书馆实践领域，如设立求职咨询中心、宣传环境保护、提供个人理财服务、表明反战态度等。

---

❶ Berninghausen D. Social responsibility vs. the dibrary´s bill of rights[J]. Library Journal, 1972(11): 3675-3681.

❷ De Groot J. Social responsibility and school libraries: A case for children's literature as a powerful teaching tool[J]. School Libraries in Canada, 2006(2): 52-61.

4.2.2 保障弱势群体公共信息获取是图书馆践行社会责任的必然要求

第二次世界大战以后，伴随凯恩斯主义出现的是行政权的大举扩张和福利国家的产生。对此，马歇尔等人认为，为维护社会公平，国家应当对公民的福利承担某种责任，并通过就业、教育和文化机会的平等削弱阶级之间的冲突，将资源的再分配与公民享有幸福的社会权利结合起来，使福利国家成为一种扩大公民权范围的手段[1]。公共图书馆作为一种典型的公共物品，是国家为保障公民平等、自由地获取知识和信息而设置的制度安排，是社会通过信息资源的公正分配和均衡配置方式实现信息公平的机构，其需要占用公共资源且不以营利为目的，属于非营利性公共组织。图书馆应为所有公众提供平等的服务，对以任何原因（包括种族、性别、生理、经济情况、宗教信仰、政治原因等）将一部分人排斥在外而造成的信息落差和数字鸿沟扩大的影响负责。由于这些替国家（政府）承担的社会责任具有一定必须性，所以图书馆应积极采取措施消除这些负面影响或使其降到最低。从某种意义上说，国家（政府）应该承担那些没有人承担的主要责任或者是人们不能或不愿意履行主要责任的次要责任，如保护无家可归的老年人、无父母抚养的儿童、无人照看的患者等弱势群体。由于这些次要责任是社会作为整体的道德责任，所以应该由某些社会组织或成员（如图书馆）代表社会来履行[2]。另外，图书馆的经费主要来源于国家财政拨款——税收，因此图书馆有义务替国家（政府）分担社会整体的道德责任，如为公众提供终身教育和免费获取信息的场所；同时，还应在其他方面替代承担一些"次要的"社会责任，以追求社会公共利益和人民幸福最大化、增进社会融合、促进人类发展和社会进步为目的，如为公众提供进行价值选择的知识援助等。对于弱势群体来说，享受图书馆服务是他们能够负担得起的获得信息和知识、接触互联网、接受社会教育、参与培训的主要渠道，是保障他们信息权利、文化福利和受教育权的重要手段。图书馆为弱势群体提供公共信息服务或援助是履行其社会责任的重要手段，同样图书馆也被认为是消除数字鸿沟的重要组织和机构。

---

❶ 余少祥. 弱者的权利——社会弱势群体保护的法理研究[M]. 北京：社会科学文献出版社，2008：345.

❷ [澳]罗伯特·E. 古丁. 保护弱势：社会责任的再分析[M]. 李茂森译. 北京：中国人民大学出版社，2008：176.

我国当前弱势群体的成因和特点不同于以往任何时代和其他国家的弱势群体，社会转型与分化造成的社会排斥性弱势群体占大多数，经济贫困和权利贫困是其最大特征。弱势群体在公共信息资源配置、获取和利用等方面的劣势拉大了其与强势群体在经济收入、社会地位、精神生活和公民权利等方面的差距，导致生存和发展环境恶化。同时，信息权益缺失也对弱势群体文化权利和受教育权的充分实现产生巨大的阻碍和负面效应。为保障弱势群体的公共信息获取、缩小数字鸿沟、改善弱势群体的不利地位、体现社会包容理念、促进社会和谐发展，图书馆应本着知识自由原则，无障碍地向所有公民提供公平的信息服务，通过馆内外服务等多种服务形式与方法认真履行为弱势群体提供公共信息服务的社会责任，使弱势群体能够增强自我发展、自我完善的能力，从而调整弱势群体的不安心理，提高其生存能力，在一定程度上缓解社会矛盾，为维护社会和谐安定做出有益贡献。图书馆作为公共文化服务体系的重要组成部分，同样担负着为公民创造福祉、提供机会平等之重要责任。因此，图书馆在提供公共信息素养教育的过程中，不应将弱势群体排斥在外。

4.2.3 图书馆承担保障弱势群体公共信息获取权益的社会责任相关活动

无论是各国政府、国际组织还是行业协会，都比较重视图书馆在包容和保护弱势群体权益中的重要作用，并在一系列国际公约、法律法规、政策文件中都作出了相关规定和阐述，从而将社会包容和社会责任理念融入图书馆职业精神和理念。由 IFLA 和联合国教科文组织制定的《公共图书馆服务发展指南》中就明确阐释了公共图书馆的作用和目标，并强调："公共图书馆的一项最基本的原则是其各项服务必须对社区的所有成员开放，不能因为社区的某个团体而排斥其他成员，必须确保那些由于某种原因不能得到主流服务的少数群体也能够平等地享受到各种服务"❶。信息社会世界首脑会议《原则宣言》中同样提出："应特别关注边缘群体和弱势群体的特殊需要，在教育、培训和人力资源开发的各个阶段推广

---

❶ 国际图联/联合国教科文组织. 公共图书馆服务发展指南[M]. 上海:上海科学技术文献出版社,2002:9.

使用信息技术，同时注意满足残疾人、处境不利群体和弱势群体的特殊服务。"❶ALA 则明确提出："不能因为种族、年龄、背景或观点，拒绝或限制某人利用图书馆的权利"。与此同时，我国近几年也制定并发布了一系列表明国家文化发展理念和方向的政策文件，从国家战略的高度体现了向弱势群体倾斜的"公共服务普遍均等原则"。例如，《国家"十一五"时期文化建设发展规划纲要》明确了面向弱势群体的"文化低保"政策，"切实维护低收入人群和特殊群体的基本文化权益，采取政府采购、补贴等措施，开辟服务渠道，丰富服务内容，保障和实现城市低收入居民、残疾人、老年人和农民工等群体的基本文化生活需求"；《中共中央关于构建社会主义和谐社会若干重大问题的决定》和相关会议中提出了"基本公共服务均等化"和"惠及全民原则"，把保障基层民众和弱势群体的基本文化权益放在突出的位置；中国共产党第十八届三中全会提出，要"构建现代公共文化服务体系，建立公共文化服务体系建设协调机制，统筹服务设施网络建设，促进基本公共文化服务标准化、均等化"，强调了公共文化服务均等化的重要意义❷。

在实践方面，比较有代表性的图书馆社会责任活动是 ALA 的社会责任圆桌会议（Social Responsibilities Round Table，SRRT）和 IFLA 的社会责任讨论小组（Social Responsibilities Discussion Group，SRDG）开展的一系列研讨和活动。SRRT 成立于 1969 年，目的在于：①提供论坛，以讨论图书馆和图书馆员面对社会改变的重要问题时与之相联系的责任问题；②提供信息交流，以增加 ALA 各部门、各成员对当前社会问题的理解；③提供各项措施，以使 ALA 各成员面对当前社会做出更敏锐、更快捷的反应；④提供计划、安排展览及制定其他相适应的活动项目。目前 SRRT 下设有 6 个特别工作组开展工作，包括：①可选择出版物工作组；②环境问题工作组；③饥饿、无家可归者和贫穷工作组；④男女平等工作组；⑤国际责任工作组；⑥马丁·路德·金工作组❸。SRDG 成立于 1997

❶ 蒋永福. 信息自由及其限度研究[M]. 北京：社会科学文献出版社，2007：301-304.

❷ 洪伟达. 包容弱势群体：图书馆应当承担的社会责任[J]. 图书馆建设，2012(6)：1-4.

❸ SRRT. Task Forces [EB/OL]. [2013-11-30]. http://www.libr.org/srrt/taskforces.html.

年，目的在于阐释图书馆在社会中的角色，主要关注下列主题：平等获取图书馆资源；国家间和国家内、馆藏丰富与馆藏缺乏的图书馆之间正在加剧的鸿沟；"知情权"❶。

4.3 图书馆保障弱势群体公共信息获取权益能够体现社会包容与人文关怀

图书馆作为政府为保障公众知识自由与信息公平所做出的制度安排，理所当然以保护弱势群体的信息权利与文化权利为己任，通过为弱势群体提供无偿的信息服务，使其感受到社会赋予的基本权利和人文关怀，借此提高其个人素质和知识水平，丰富其精神文化娱乐生活，增加其与主流文化接触的机会，提高其专业技能水平，从而确保社会安全稳定。所以，图书馆保障弱势群体的公共信息获取权益是构建和谐社会的重要举措，也是图书馆服务中社会包容与人文关怀的集中表现。

4.3.1 维护社会民主和公正

具有一定的文化和政治素养以及能够获得充分的相关信息是公民能够理智地参与民主政治生活需要具备的两个基本条件。美国学者卡尔·科恩（Carl Cohen）认为："一个社会如果希望民主成功，必须负责提供并发行普遍参与管理所需的信息……在代表制的民主中，成员的教育也是取得成功的一项条件，公民必须在智能上有所准备，以便担负参与管理时所必须完成的任务"❷。从某种程度上说，信息和媒体是民主流程的中心，对社会参与和社会生产极为重要。因此，让公民掌握丰富的知识和充分的信息是实现民主政治的必要条件，向公众提供信息和接受社会教育机会的公共设施是实现民主政治和参与社会管理的基本条件之一。

媒体与其他信息提供者（如图书馆）作为话语民主的平台以及信息和知识的

---

❶ Social Responsibilities Discussion Group Recommendations [EB/OL]. [2013-11-30]. http://www. ifla. org. sg/VII/dg/srdg/.

❷ 科恩. 论民主[M]. 聂崇信，朱秀贤译. 北京：商务印书馆，2005：159.

提供方，是社会民主和善治的中心。公共图书馆作为现代民主政治的产物，其产生源于推进民主政治、传播精神文明和增进人民福利的公共需要❶。图书馆通过保障公民平等自由地获取所需要的信息和知识，极大地服务于民主制度的运行。虽然，从古至今实现人类社会正义的最大障碍一直都是社会资源的有限性，但是图书馆作为"促使人们寻求和平和精神幸福的主要机构和重要渠道"❷，帮助各类弱势群体有效地克服了获取信息和知识的障碍，为社会中各类群体和个人进行终身教育、自主决策和自我发展提供了基本条件，是保障弱势群体建设性地参与政治和社会管理、行使民主权利、接受教育以及无限开放的信息、知识、思想和文化的重要场所。由此可以看出，图书馆不仅是知识与信息的"集散地"，更是促进弱势群体参与社会、推进社会政治文明建设与发展的前提，其不仅能够促进跨文化的理解和沟通，还能促进社会融合；不仅能够激发公众的政治参与意识、夯实公众的政治参与基础、增强公众的政治参与素质、改善公众的政治参与环境、创新公众的政治参与方式，还能够赋予弱势群体一定的话语权，促进其参与社会、获得社会的关注、拥有相应的民主政治权利。

现如今互联网技术的普及应用与快速发展使得政府在网络领域不得已推卸了提供"一个真正公共领域"的民主责任，公共领域以及有限的公共话语出现了"断裂"。然而，此时公共图书馆凭借其公平、"无门槛"、积极服务、公共资源丰富的特质，为社会中善于思考的人们提供了一个"令人向往"的互动场所❸。而且公共图书馆逐渐认识到维持其公共空间属性的重要性，正努力为公众提供一个能够满足各种社会要求并解决其生活疑问的场所。图书馆为公众提供的信息是形成公共领域必不可少的公共舆论，间接地为公众参与社会政治提供了途径。从这种意义上讲，图书馆具备了大众传播媒体的某些特质，对于社会实现自由、民主具有重要的意义。图书馆为公众提供了更多获取公共信息的渠道，保障公民的信息自由、知识自由与思想自由，并为公众提供平等地接受教育的机会。政府通过

❶ 蒋永福,季京.信息公平与公共图书馆制度[J].国家图书馆学刊,2006(2):50-54.

❷ 国际图联/联合国教科文组织.公共图书馆服务发展指南[M].上海:上海科学技术文献出版社,2002:98.

❸ Alstad C, Curry A. Public Space, Public Discourse, and Public Libraries[EB/OL]. [2013-4-30]. http://libres.curtin.edu.au/libres13n1/pub_space.htm.

设立公共图书馆来保障公民接受社会教育的权利，是民主政治保障个人权利的一种具体表现。对于图书馆维护社会民主和公正，ALA在其提出的核心价值"民主"中做出具体阐释："民主制度的前提是公民的知情权。图书馆为其所服务的社区所有人们提供自由、平等的信息获取。"❶澳大利亚同样在《公共图书馆服务声明》中要求"公共图书馆成为公民获取信息和知识的第一场所"，并强调了图书馆对于保障公民平等地获取信息服务的意义和在民主社会发展中的重要作用❷。英国公共图书馆事业主管部门文化、媒体和体育部也在2003年出版的《未来框架：新十年的图书馆、学习和信息》报告中将"促进阅读和学习、帮助获取数字技能和服务、促进社会和谐和公民权利"作为未来十年英国公共图书馆的主要使命，强调图书馆要"为社区提供安全、温馨、面向所有人的空间，充当社区的公共港湾，主动为非用户提供服务，为弱势群体提供信息保障，帮助其建立社区身份意识、减少社会排斥"。❸英国学者穆德曼等人通过系列项目研究，旨在把公共图书馆改革成为一个更加主动、更具有教育意义和社会干预性的公共机构，从而成为社会公正的核心。南非学者A.Arko-Cobbah在《获取信息的权利：南非公民社会与善政》中高度评价了信息获取对民主的重要作用，将"认识信息获取的权利"视为"南非民族的中心支柱"。

4.3.2　体现社会包容❶

1974年，法国学者勒内·勒努瓦（Rene Lenoir）首次提出了"社会排斥"（social exclusion）这一概念，从反向意义上映射了"社会包容"（social inclusion）的含义❺。2007年，艾纳·傅立叶教授在IFLA大会上作了题为《图书馆促进社会包容：我们如何思考……》的发言，对社会包容给出较为完整的定义：

❶ ALA. Core Values of Librarianship[EB/OL]. http://www. ala. org/ala/aboutala/offices/oif/statementspols/corevaluesstatement/corevalues. cfm.

❷ 联合国教科文组织. 公共图书馆宣言[EB/OL]. [2014-05-15] . http://www. chnlib. com/Tsgdt/311. html.

❸ 蒋永福. 社会包容：现代公共图书馆的使命[J]. 中国图书馆学报,2009(6):4-9,55.

❹ 王政,洪伟达. 公共图书馆：社会包容还是社会排斥——穆德曼公共图书馆社会排斥项目评介[J]. 中国图书馆学报,2013(3):122-129.

❺ 吴桐. 国外公共图书馆的社会包容理念与实践及其对我国的启示[J]. 情报资料工作,2010(3):24-27.

"我们必须从社会排斥定义社会包容。社会排斥往往与贫穷关联，但远不止于此。其发生于人群或区域的一系列的问题，如失业、歧视、技能贫乏、住房条件差、卫生条件恶劣等。图书馆需要解决社区对少数人群的社会排斥以及一个更大的社区中对于少数人的信息和信息获取的排斥"❶。受到社会排斥的群体一般是各类弱势群体，因而图书馆促进社会包容首先需要解决为少数特殊人群服务的问题。图书馆为所有人提供平等的服务，尤其是为弱势群体提供信息获取途径、丰富弱势群体所需的信息资源内容、提高弱势群体的信息获取能力、保障弱势群体的信息获取权益，恰恰体现了现代图书馆的社会包容理念以及消除社会排斥、促进社会和谐的使命。弱势群体通过图书馆参与对多元文化的信息获取，接受信息素养教育，享用无差别、无歧视的图书馆服务，有助于其感受来自社会的关注与温暖，并间接增强其政治参与能力，增加社会话语权。这一方面是保障弱势群体信息权益的必然要求；另一方面也体现了图书馆对缩小数字鸿沟、促进弱势群体融入和谐社会的积极作为。这不仅是图书馆对知识自由、信息公平、社会正义等核心价值的实践，而且是时代赋予其的崇高社会责任以及推进社会包容的特殊使命。

现有的国外研究成果中，英国利兹城市大学信息管理学院的穆德曼等人的"向所有人开放吗？公共图书馆与社会排斥"项目（课题）研究最为系统、全面。项目的研究内容包括三个部分：第一部分为概述，对社会包容的内涵进行整体描述，探讨了公共图书馆与相关信息机构面临的社会包容问题的本质，并对英国129所公共图书馆进行了调研。第二部分以调研报告、案例研究与方法研究为主，对细节问题进行了实证研究。第三部分整理出该项目组主持人及成员发表的16篇学术论文，其主题分别是：①社会排斥理论与公共图书馆；②社会排斥的历史沿革；③公共图书馆与社会阶级；④文化、社会排斥与公共图书馆；⑤消除社会排斥；⑥国家、公众与公共图书馆在解决社会排斥问题中的作用；⑦用户与公众对公共图书馆的认识；⑧儿童、青少年问题；⑨同性恋者与变性者问题；⑩老年人问题；⑪残障人士问题；⑫女性问题；⑬种族排斥问题；⑭国家与

❶ 范并思，周吉. 公共图书馆与社会包容[J]. 图书馆理论与实践，2010（2）：70-74.

地方政策；⑮馆藏调整；⑯信息与通信技术对公共图书馆社会排斥的影响❶。该项目的系列研究成果从不同角度论证了公共图书馆社会包容理念的必要性以及针对不同用户群体（如老年人、未成年人、妇女、性工作者）开展图书馆服务的措施，其研究方法与系列研究成果对图书馆领域探讨公共图书馆社会包容的理论和实践具有重要的学术价值与实践指导意义。IFLA 在信息自由获取和自由表达委员会（Committee on Free Access to Information and Freedom of Expression, FAIFE）2010 世界报告中强调，图书馆要关注妇女、残疾人和老年人等弱势群体，并设立专门研究妇女在获取信息方面问题的"妇女、信息和图书馆特别兴趣小组"（Women, Information and Libraries Special Interest Group, WILSIG）❷，同时为住院病人、囚犯、行动不便的老年人、身体或智力方面存在问题的残疾人等特殊需求人群提供图书馆服务（section for library services to people with special needs, LSN）❸。《基于社会审计的公共图书馆服务影响力研究》的研究报告用数据说明了公共图书馆对当地社区的社会和文化影响力，如公民使用图书馆能够学习新技能、建立自信心，公共图书馆有益于读者心理和情绪的健康，尤其是对于敏感、孤独的老年人和残疾人等弱势群体❹。正如自 20 世纪 90 年代英国政府对公共图书馆的教育的高度评价："公共图书馆作为'街角大学'，对于促进教育和社会包容起着关键作用"❺。

4.3.3　体现人文关怀

西方传统文化中的"人文关怀"有狭义和广义之分，狭义的"人文关怀"

---

❶ Muddiman D. Open to All? The Public Library and Social Exclusion[M]. London: Resource, 2000.

❷ Women, Information and Libraries Special Interest Group. About the women, information and libraries special interest group[EB/OL]. [2013-06-28]. http://www.ifla.org/about-the-women-information-and-libraries-special-interest-group.

❸ LSN. About the library services to people with special needs section[EB/OL]. [2013-06-28]. http://www.ifla.org/about-lsn.

❹ Usherwood B, Linley. R. New measures for the new library: a social audit of public libraries[J]. IFLA Journal, 1999(2):90-96.

❺ Lister D. Six councils warned their libraries are substandard[J]. The Independent, 1999(2):8.

起源于欧洲文艺复兴，广义的"人文关怀"是西方哲学培育的精神文化传统，强调一切从人出发、一切以人为归宿的精神，是高度重视人的价值和尊严的一种思想态度❶。根据马克思主义哲学基本原理，人文关怀就是对人的生存状况的关注，对人的尊严与符合人性的生活条件的肯定，对人类的解放与自由的追求。可见，人文关怀以人为主体和中心，尊重人的本质，一方面强调对人的基本权利的尊重和保护，维护人的利益，满足人的需求；另一方面强调对人格、人性和精神状态的尊重和重视，从而促进人的生命力和创造力的充分发挥，造就人，养成健全的人格。人文关怀体现了对所有生命的尊重，尤其是对社会弱势群体、边缘群体以及在市场竞争中的失利者的关爱与扶持，从而实现社会的和谐发展。

图书馆对弱势群体实行人文关怀主要体现在公共信息资源提供和信息服务两个领域。"图书馆是最应高举人的旗帜、突出人的精神的行业之一……只有人文关怀，才是图书馆之所以成为图书馆、图书馆之所以在社会上存在的最重要、最根本的理由"❷。我国图书馆界一直以来提倡在图书馆中营造人文氛围、倾注人文情愫、弘扬人文精神，提倡技术因素和人文因素的融合，构建科学与人文的平衡机制，以尊重和保障用户的信息权益作为图书馆人文精神的重要内容，这不仅是对现代图书馆理念的严格恪守与努力践行，还是对维护社会正义、和谐所做出的贡献。《国家"十一五"时期文化发展规划纲要》中要求诸如图书馆等公共文化服务机构"切实维护低收入和特殊群体的基本文化权益。采取政府采购、补贴等措施，开辟服务渠道，丰富服务内容，保障和实现城市低收入居民、残疾人、老年人和农民工等群体的基本文化生活需求……城市的文化设施、服务网络和文化产品基本满足居民就近便捷享受文化服务的需求。"因此，图书馆应本着"用户至上"和"以人为本"的原则，极力提升图书馆人文精神，突破和超越以往对读者的各种不合理限制，消除制度、环境、资源等方面对社会弱势群体的排斥，秉持无身份歧视原则，给予弱势群体特殊关爱，使所有公共信息资源从"最不需

❶ 苏瑞竹. 图书馆与人文关怀[M]. 南宁：广西人民出版社，2006：4-16.
❷ 蒋建林. 我国图书馆人文精神研究综述[J]. 图书馆，2004（1）：30-34.

要图书馆但却最常常利用图书馆的人"转向那些"最需要图书馆却最不经常利用图书馆的人"。

4.4 图书馆具有保障弱势群体公共信息获取权益的社会优势

图书馆是对信息（文献）和知识进行收集、整理、保存、组织的专门机构，拥有诸如图书分类法等专门的工作方法，同时也具备文献资源、数字资源、公共空间、公共设备、智力资源等方面的优势。图书馆的职责使命决定了其具有为弱势群体服务的"先天"优势，具体体现在图书馆公共信息资源占有量和履行社会教育职能两个方面。

4.4.1 为弱势群体提供平等的公共信息服务

公共信息获取权益是保障公众获得信息服务、增长知识、参与社会活动、实现民主权利的基本手段和途径。对于公众来说，公共信息资源的匮乏与公共信息获取权利的缺失都将对其公共信息获取的数量、质量、渠道以及利用能力带来负面影响，具体表现为降低其社会竞争能力，减少其公共话语权，弱化其参与社会活动的程度，使其处于社会边缘化状态，被社会主流文化排斥，民主权利与文化权益无法得到有效保障，甚至有可能造成其经济上的窘迫与社会竞争中的劣势，逐渐处于社会弱势地位。图书馆作为国家和政府为保障公民自由、平等地获取信息和知识而进行的制度安排，对于保障公众的基本公共信息获取权益具有极为重要的现实意义。图书馆尤其是公共图书馆作为一种典型的公共物品具有明显的正外部性，是民主社会中政府为保障公民平等获取信息（特别是公共信息）的自由权利而设置的制度安排，是社会实现和保障公民基本文化权利、调节知识和信息资源的平等分配和均衡配置、缩小社会数字鸿沟、实现信息公平的一种工具❶。图书馆占有大量的公共信息资源，不以营利为目的，属于非营利性公共组织，是社会中重要的公共信息基础设施，是公共信息设施或公共（信息）接入点（pub-

---

❶ 洪伟达. 图书馆保障弱势群体公共信息获取权益研究[J]. 情报资料工作,2014(1):36-40.

lic access point)，这些信息设施或接入点不提供商业竞争的信息，而是使那些无力依靠自有资源获取最基本信息的人有一个可以自由获取的场所❶。加之，图书馆以保存和传播信息为基本职能，是公共信息整序、保存、利用方面的"专家"，具有信息资源集中、信息内容丰富及信息服务多样化等优势。因此，对于图书馆来说，为所有公民提供平等、免费、公众最需要的基本信息服务，是保障公众公共文化获取权益、维护社会信息公平的重要途径，也是它的基本职责和使命，具有其他组织不具备的得天独厚的优势。

4.4.2 通过履行社会教育职能保障弱势群体的公共信息获取权益

世界上很多国家的经验表明，教育在改变国家落后面貌、促进经济社会发展、改善贫困问题和社会弱势群体不利地位等方面都发挥了重要作用。教育与收入水平的回归关系中表现出高度的正相关性，社会分层在某种意义上和劳动力的受教育程度密切相关，或者说劳动力的受教育层次在一定程度上决定了其社会分层。同样，文化和教育资源在决定人的社会阶层位置方面具有重要作用：文化和教育资源在社会政策制度安排下的公平配置是弱势群体改变命运的重要机会。对于弱势群体来说，其下一代能否通过良好的教育从而有机会进入主流社会是其生活的希望和动力。

根据国外（非洲、拉美国家和亚洲的印度）相关研究显示，教育是弱势群体摆脱贫困状况的最有效的手段❷。教育主要可分为家庭教育、学校教育和社会教育。社会教育在现代教育体系中具有重要的地位和作用。目前，我国社会教育主要由图书馆、博物馆、纪念馆、文化馆（站）、少年宫、广播电台和电视台等机构构成。图书馆不仅具有一般文化属性，同时作为重要的文化教育机构以及开展社会教育的重要场所，其基本宗旨是通过提供各种形式的资源满足社会和个人对信息、教育等方面的需求。图书馆作为"人民的大学"，其馆舍、文献和馆员对

---

❶ 范并思. 图书馆资源公平利用[M]. 北京：国家图书馆出版社，2011：68.

❷ 李昭醇. 公共图书馆为弱势群体服务的思考[J]. 图书馆论坛，2002（5）：56-60.

普通民众进行自我教育和终身教育具有其他任何机构不可替代的作用。图书馆通过公平地配置信息和教育资源，提高普通社会成员特别是弱势群体的竞争能力、调节信息在社会个群体间的分配、矫正各种不平等；通过履行开发智力资源和社会教育的职能，有效地培养公民理性能力，使公民更多地参与公共领域，增强公共理性。同时，图书馆以为社会公民提供终身教育、向所有公众提供平等的信息服务、保障公民的文化权利为使命，弱势群体通过图书馆获取良好的继续教育和信息素养教育是其有机会进入主流社会的重要条件之一。由于图书馆是弱势群体获得公共信息和接受社会教育、消除信息垄断的重要渠道和途径，从信息和知识角度有效地促进了信息公平，因此图书馆对于肩负起弱势群体社会教育、改善弱势群体社会地位、保障弱势群体信息权益具有独特的社会优势。按照罗尔斯社会公正理论的思想，教育对机会平等具有重要的影响意义，而图书馆是对公民进行终身教育的重要机构，为公众特别是弱势群体提供接触信息的机会以及接受教育的权利，扮演着社会"调节器"和"缓冲器"的角色，从而间接地维护社会的公平和正义❶。

联合国教科文组织在《公共图书馆宣言》中指出，公共图书馆服务的核心应是与信息、扫盲、教育和文化密切相关，主要使命为：①养成并强化儿童早期的阅读习惯；②支持个人和自学教育以及各级正规教育；③提供个人创造力发展的机会；④激发儿童和青年的想象力和创造力；⑤加强文化遗产意识，提高艺术鉴赏力，促进科学成就和科技创新；⑥提供接触各种表演艺术文化展示的机会；⑦促进不同文化之间的对话，支持文化多样性的发展；⑧支持口述传统文化的保存和传播；⑨保证市民获取各种社区信息；⑩为地方企业、社团群体提供充足的信息服务；⑪促进信息技术的发展和计算机应用能力的提高；⑫支持并参与各年龄群体的扫盲活动和计划，在必要时组织发起这样的活动❷。ALA在其提出的核心价值"教育及终身学习"中指出：ALA促进创建、维持和增进学习型社会，鼓励

❶ 洪伟达. 图书馆作为公共空间的社会价值及能力提升[J]. 图书馆，2011(6)：20-22.

❷ 联合国教科文组织. 公共图书馆宣言[EB/OL]. [2014-07-02]. http://wenku. baidu. com/link?url=WJDfT-Wu5HXliUJYRAE5BA96f1-YrJhiG1rFRRLAQp2UYam5T8nDcVkRr_zgJ2knX9dwWIrXRW19uTY080xwxuqmZ_mXwACDPdE9PIuya8Mm.

其成员与教育者、政府官员及机构组织共同努力，以确保每一个社区的学校图书馆、公共图书馆、学术图书馆和和专业图书馆共同为全民终身学习提供服务❶。

4.5　IFLA等国际组织为促进弱势群体公共信息获取而做出的努力

长期以来，关爱和包容弱势群体已成为世界各国图书馆界贯彻"图书馆面前人人平等"原则的重要表现。IFLA等组织为促进弱势群体公共信息获取权益的改善，相继发布了一系列关于图书馆为弱势群体提供特殊服务的政策和文件。

（1）1948年12月10日，联合国大会第217A（Ⅲ）号决议通过并颁布了《世界人权宣言》（*Universal Declaration of Human Rights*）。《世界人权宣言》明确要求所有会员国广为宣传，并且"不分国家和领土的政治地位，主要在各级学校和其他教育机构加以传播、展示、阅读和阐述"；"人人有权享有主张和发表意见的自由；此项权利包括持有主张而不受干涉的自由，以及通过任何媒介不论国界地寻求、接受、传递信息和思想的自由。"❷

（2）联合国大会1966年通过，于1976年3月23日生效的《公民权利和政治权利国际公约》（*International Covenant on Civil and Political Rights*）第十九条规定："人人有权持有主张，不受干涉；人人有自由发表意见的权利，此项权利包括寻求、接受和传递各种消息和思想的自由，而不论国界，也不论口头的、书写的、印刷的、采取艺术形式的或通过所选择的任何其他媒介；本条第2款所规定的权利的行使带有特殊的义务和责任，因此得受某些限制，但这些限制只应由法律规定并为下列条件所必需：尊重他人的权利或名誉，保障国家安全、公共秩序、公共卫生、道德。"❸

---

❶ ALA. Core Values of Librarianship[2014-07-02]. http://www. ala. org/ala/aboutala/offices/oif/statement-spols/corevaluesstatement/corevalues. cfm.

❷ United Nations. Universal Declaration of Human Rights[EB/OL][2014-07-02]. http://www. un. org/Over-view/rights. html.

❸ 董云虎. 世界人权约法总览[M]. 成都：四川人民出版社，1991.

（3）《公共图书馆宣言》❶指出，公共图书馆是教育、文化和信息的有生力量，是透过人们的心灵促进和平和精神幸福的基本力量；公共图书馆是地方的信息中心，用户可以随时得到各种信息和知识；公共图书馆应该在人人享有平等利用权利的基础上，不分年龄、种族、性别、宗教信仰、国籍、语言或社会地位，向所有的人提供服务；公共图书馆必须向由于种种原因不能利用其正常的服务和资料的人，如语言上处于少数的人、残疾人或住院病人及在押犯人等提供特殊的服务和资料；公共图书馆原则上应当免费提供服务。所有年龄的群体都必须得到与其需要相应的资料。

（4）IFLA 于 2002 年公布的《格拉斯哥宣言》❷，根据《国际人权宪章》，结合图书馆的实践提出：①图书馆和信息服务机构应向公众提供检索信息、观念以及创新作品的服务。作为知识、思想和文化之门，将为个人和团体的独立决策、文化发展和研究以及终身学习提供必要的支持。②图书馆和信息服务机构应起到发展及维护获取知识自由的作用，协助捍卫民主价值和世界人权。因此，必须为用户提供不受限制的信息资源检索服务。③图书馆和信息服务机构应考虑社会的多样性，采集、保存各种资料，并使这些资料充分发挥作用。应从业务的角度，而不应以政治、道德、宗教的观点来考虑图书馆资料的收藏及提供的服务。④图书馆和信息服务机构要一视同仁地为用户提供资料、设施和服务。不允许出现因种族、国家或地区、性别、年龄、健康状况、宗教或政治信仰等任何因素而引发的歧视。⑤图书馆和信息服务机构必须尊重每位用户的个人隐私，为他们保守在信息检索方面的秘密，包括查询或接收信息、获取或传递信息及信息咨询、借阅等。因此，图书馆和信息服务机构应为用户提供自由获取相关信息和服务的渠道，反对任何形式的审查。

---

❶ 联合国教科文组织. 公共图书馆宣言[EB/OL]. [2014-07-02]. http://wenku. baidu. com/link?url=WJDfT-Wu5HXliUJYRAE5BA96f1-YrJhiG1rFRRLAQp2UYam5T8nDcVkRr_zgJ2knX9dwWIrXRW19uTY080xwxuqmZ_mXwACDPdE9PIuya8Mm.

❷ IFLA/FAIFE. The Glasgow Declaration on Libraries, Information Services and Intellectual Freedom[EB/OL]. [2014-07-02]. http:// www. ifla. org/faife/policy/iflastat/gldeclar-e. html.

（5）《IFLA 因特网声明》❶中指出，图书馆和信息服务行业提供无阻碍的网络进入，这可以帮助社区和个人获得自由、繁荣和发展。①无论是观点的持有者还是表达者、无论是信息的查找人还是接收人，获取知识自由是每个人的权利，这是民主的基础，也是图书馆服务的重点。②无论何种媒体、学科领域，用户均可以自由获取信息，这是图书馆和信息专业的主要职责。③图书馆和信息服务机构要向公众提供对因特网信息的无障碍获取，支持团体、个人自由地获取知识，取得事业的发展和成功。④必须清除信息流通的障碍，尤其是那些带来不平等、贫困和绝望的因素。

（6）ALA 知识自由办公室在其 "知识自由与审查问与答"（Intellectual Freedom and Censorship Q&A）中将知识自由表述为："人人享有不受限制地寻求与接收各种观点的信息的权利，应提供对各种思想所有表达的自由获取，从而可以发现某个问题、动机或运动的任何或所有方面。"❷IFLA 信息自由利用与表达自由委员会对知识自由的表述为："知识自由是每个人享有的持有与表达意见、寻求与接收信息的权利。知识自由是民主的基础，是图书馆理念的核心。"❸

（7）1999 年，在泰国曼谷举行的 IFLA 大会上发表了讨论集——《国家内部和国家之间不断增长的信息富有者和信息贫穷者之间的差距》（*The Growing Gap between the Information Rich and the Information Poor，Both Within Countries and Between Countries*），从 5 个方面定义了信息贫穷者：①发展中国家经济处于弱势的人群；②与外界缺乏交流和交通的边远地区的人们；③文化缺乏和社会贫穷的弱势群体，尤其是文盲、老人、妇女和儿童；④由于种族、信仰和宗教而受到歧视的少数人群；⑤生理残疾者。这份讨论集同时指出了 "鸿沟" 出现的原因，并提出一些建议：①文盲是产生弱势群体的重要原因，建议图书馆必须要融入到所在的社

---

❶ 国际图书馆员协会和图书馆联合会. 因特网宣言[EB/OL]. [2013-06-28]. http://www. ifla. org/Ⅲ/misc/im-cn. pdf.

❷ ALA. How to Locate the Information You Need[EB/OL]. [2013-06-28] . http://www. ala. org/ala/oif/basics/intellectual. htm.

❸ IFLA. IFLA Committee on Free Access to Information and Freedom of Expression[EB/OL]. [2013-06-28]. http：PPwww1ifla1orgPfaifePindex1htm.

区中，识字教育是图书馆的职责，IFLA应当使识字培训成为图书馆的一项基本服务；②信息是一切发展的先决条件，必须要确保正确的信息在正确的时间以最广泛的形式传递给正确的用户，图书馆要为弱势人群提供信息获取点，成为社区的信息中心；③图书馆服务是一项公共福利，免费获取信息是民主社会的中心，收费会降低一部分人对图书馆的使用，尤其是儿童和青少年；④信息技术的快速提高加大了已经存在的信息富有者和信息贫穷者之间的差距，图书馆有责任尽力使电子信息的获取公平化；⑤"南北世界"缺乏充分的合作和资源共享，IFLA应当监督和报告各个图书馆协会是如何解决信息鸿沟问题的，并把对"第三世界"图书馆的关注作为其规程和活动的中心❶。

（8）IFLA成立的"弱势人群服务图书馆专业组"（Libraries Serving Disadvantaged Persons Section，LSDP），是IFLA内长期关注那些不能利用常规图书馆服务的特殊人群的专业组之一。其前身是IFLA"医院图书馆委员会"（ILFA's Hospital Library Committee），至今已有70多年的历史。该专业组长期致力于制定和落实图书馆为弱势人群服务的有关政策（表4-1）。

这一系列关于图书馆服务弱势群体的政策和文件，明确了在平等、民主、开放的社会环境下，公民不受任何限制地自由获取、传播及利用以任何载体形式存在的信息，并通过各种形式表达思想的权利。通过对这些政策和文件的梳理使我们看到IFLA对于维护知识自由、弘扬图书馆人文精神、促进社会包容、履行图书馆社会责任、关爱弱势群体的态度。在IFLA弱势群体服务政策的指引下，世界各国纷纷拟定并发布本国的知识自由声明、信息权利公约等倡导信息公平的文件，以实际行动将保障弱势群体公共获取权益这一图书馆服务原则在世界范围内普及、推广，并为图书馆的弱势群体服务与读者活动给予最大的支持，同时，也将世界图书馆界保障弱势群体公共信息获取权益的实践运动推向高潮。

---

❶ 肖雪，王子舟. 国外图书馆对弱势群体知识援助的历史与现状[J]. 图书情报知识，2006（3）：21-29.

表4-1　IFLA弱势人群服务图书馆专业组所制定的服务政策一览表❶

名称	出版时间
信息时代图书馆为盲人服务发展指南 （ *Libraries for the Blind in the Information Age – Guidelines for Development* ）	2005年
监狱犯人图书馆服务指南(第3版) （ *Guidelines for Library Services to Prisoners. 3rd edition* ）	2005年
残疾群体利用图书馆——检查清单 （ *Access to Libraries for Persons with Disabilities* ）	2005年
诵读困难群体图书馆服务指南 （ *Guidelines for Libraries Services to Persons with Dyslexia* ）	2001年
医院病人、长期居住在护理机构中的老年人和残疾人图书馆服务指南 （ *Guidelines for Libraries Serving Hospital Patients and the Elderly and Disabled in Long – term Care Facilities* ）	2000年
聋哑群体图书馆服务指南(第2版) （ *Guidelines for Library Services to Deaf People，the second edition* ）	2000年
活动受限群体对图书馆建筑的物理获取指南 （ *Guidelines for Physical Access to Library Buildings for People Who are Mobility in Paired* ）	年限不详
图书馆盲人服务指南 （ *Guidelines for Library Service to Braille Users* ）	1998年
易读物服务指南 （ *Guidelines for Easy – to – Read Materials* ）	1997年
医院病人和社区残疾群体图书馆服务指南 （ *Guidelines for Libraries Serving Hospital Patients and Disabled People in the Community* ）	1984年

4.6　图书馆界保障弱势群体公共信息获取权益的实践

国外图书馆界为弱势群体服务的起源较早，可大致分为五个阶段：①19世

---

❶ 王素芳. IFLA弱势人群服务图书馆专业组制定的服务政策及对我国的启示(上)[J]. 图书馆,2006(6)：17-21,84. 笔者进行了删改和补充。

纪末到20世纪40年代，公共图书馆面向工人阶级及其他特殊人群延伸服务时期；②20世纪40至60年代早期，战后福利国家背景下，公共图书馆服务网络扩张与普遍服务时期；③20世纪60年代中期至80年代中期，社区图书馆运动下弱势群体服务高潮时期；④20世纪80至90年代后期，市场经济、私有化背景下图书馆为弱势群体服务的衰落；⑤1997年至今，反对社会排斥、促进社会包容和谐政策背景下，弱势群体图书馆服务的复兴和持续[1]。虽然我国图书馆事业的发展历程有所不同，但是图书馆学理论研究与实践基本上可以参照国外图书馆界的轨迹，深入研究国外图书馆保障弱势群体服务的实践同样有助于拓宽我国图书馆弱势群体公共信息获取权益的对策研究。

4.6.1 美国

1948年颁布的《图书馆权利法案》中规定，"图书馆不能因为利用者的出身、年龄、经历、观点的不同而拒绝或限制其利用图书馆的个人权利。"[2]1966年出版的《公共图书馆系统最低标准》（*Minimum Standards for Public Library Systems*）中将"为所有人服务"（service to all）确定为公共图书馆的目标，提出：公共图书馆不仅为成年人提供图书借阅服务，还应该是儿童学习、阅读和欣赏图书的地方，是社区信息中心、社区文化中心、保存机构，是整体上帮助穷人的力量[3]。此外，为了保障弱势群体获取信息的权利，ALA相继制定出台了一系列专门条款，包括《关于种族歧视和性别歧视的决议》（*Resolution on Racism and Sexism Awareness*）（1976）后改名为《关于偏见、陈规和歧视决议》（*Resolution on Prejudice，Stereotyping and Discrimination*）（1986）、《为贫困人口提供图书馆服务》（*Library Services for the Poor*）、《老年人图书馆和信息服务指南》（*Guidelines for Library and Information Services to Older Adults*）（1999）、《图书馆残疾人服务政策》（*Library Services for People with Disabilities Policy*）（2001）、《对残疾人的服务：

---

❶ 王素芳. 国外公共图书馆弱势群体服务的发展研究(一)[J]. 图书馆,2010(1):10-29.

❷ 张靖. ALA《图书馆权利法案》的自由精神[J]. 图书与情报,2005(2):12-154,36.

❸ 张靖. ALA《图书馆权利法案》的自由精神[J]. 图书与情报,2005(2):12-154,36.

〈图书馆权利法案〉释义》（*Services to Persons with Disabilities*： *An Interpretation of the Library Bill of Rights*）（2009）等。

根据这些政策和文件的要求，美国公共图书馆对弱势群体开展的服务不仅服务项目多样，而且形式灵活，针对性强。除了提供基本的图书借阅等阵地服务外，还积极开展图书馆延伸服务，如跟踪服务、热线服务、深层次信息咨询服务、文献参考服务、读者活动等（表4-2）。尤其值得一提的是，美国公共图书馆还根据服务区内的老年人、残疾人、未成年人、服刑人员等弱势群体的信息需求和特点提供具有针对性的服务，使服务真正贴近弱势群体的需求[1]。例如，纽约皇后区公共图书馆的"就业信息中心"为新移民、中老年人、残疾人、刑满释放者、被解雇的失业者等弱势群体提供免费的就业指导和培训；其"成人教育中心"设立扫盲班，采用开班教授和电脑辅助方式帮助成年人提高读写能力及电脑应用能力；其"儿童工作部"为青少年开展讲故事、听音乐、玩游戏等活动，为学龄儿童提供课后作业辅导等[2]。

4.6.2　英国

英国图书馆弱势群体服务开始得也比较早，早在1865年，伯明翰公共图书馆就开始向儿童提供借阅服务；到第一次世界大战前，公共图书馆已将为医院、盲人甚至海员提供服务作为图书馆延伸服务普遍开展起来[3]。20世纪30年代，公共图书馆开始以普遍服务（universal service）为使命，坚持"由所有人提供的图书馆必须为所有人服务"的原则。1970年颁布的《长期病患者以及残疾人法》（*Chronically Sick and Disabled Persons Act* 1970）规定：每个地方当局有责任满足本法案适用群体的需求，为他们制定政策，或帮助他们获得电视、图书馆或类似的娱乐设施[4]。后来，图书馆界努力说服地方政府，通过制度化的方式实现了公

❶ 黄悦深. 中美流动图书馆服务比较研究[J]. 图书馆学研究,2007(12):5-7.

❷ 孟蔚彦. 图书馆帮助读者寻找工作——介绍美国纽约皇后公共图书馆的"就业信息中心"[J]. 图书馆杂志,1998(2):61-62.

❸ Kelly T. A history of public libraries in Great Britain1845-1975. The LibraryAssociation,1977.

❹ 郝建南. 国外图书馆弱势群体服务制度略探[J]. 图书馆,2011(4):89-92.

共图书馆对社会的全覆盖和所有成员的包容，将服务延伸到监狱犯人、医院病人、残疾人以及海上灯塔看护人等具有特殊需求的群体身边❶。英国图书馆为弱势群体提供的服务十分细致，如托贝郡图书馆为当地有学习障碍的人提供生活基本技能培训等上门服务，帮助他们克服心理障碍，使他们尽早融入社会生活。

表4-2　美国图书馆弱势群体服务内容一览表❷

服务项目	服务内容
借阅服务	细化服务对象，为老年人、残疾人、儿童等弱势群体设立专门的阅览室，针对不同人群的需要提供特殊服务；实现图书馆联网，开展馆际互借
参考咨询服务	通过现场解答、电话、电子邮件、web在线交流等多样化的服务形式，为读者介绍参考工具、数据库的使用，查找推荐文献信息，并了解读者信息需求、收集读者反馈意见等
流动服务	以外延型服务为主，根据弱势群体的需求和特点提供贴近大众需求的服务，服务项目包括：图书及其他载体文献的流通服务，提供参考咨询服务，举办展览、组织社区聚会
教育培训服务	针对弱势群体举办形式多样的活动，内容包括写作、税务、戒毒、减肥、集邮、青少年教育、残疾人晚会、培养阅读能力等；同时通过开展民意调查、召开座谈会、收集媒介评论等方式关注读者需求；开展成人教育以及各种技能培训活动

4.6.3　其他国家和地区

澳大利亚图书馆与信息协会（Australian Library and Information Association，ALIA）同样为残疾人、土著人等弱势群体制定了一系列图书馆服务政策，如《面向残疾人的图书馆和信息服务声明》（*Library and Information Services for People with a Disability*）（1979）、《图书馆信息服务与土著人》（*Libraries and*

---

❶ 转引自 Black A, Muddmian. D. Understanding Community Librarianship：the Public Library in Post-Modern Britain. Avebury Ashgate Publishing Ltd，1997.

❷ 姜红燕. 中美公共图书馆弱势群体服务比较研究[D]. 湘潭大学硕士学位论文，2011. 笔者进行了修改。

Information Services and Indigenous Peoples）（1995）、《图书馆为残疾人服务标准指南》（*Guidelineson Library Standards for People with Disabilities*）（1998）等。对于弱势群体服务问题，2004 年实施的《澳大利亚公共图书馆服务宣言》（*Statement on Public Library Service*）更加明确地指出：每个社会成员都有平等享受公共图书馆和信息服务的权利，不分年龄、种族、性别、宗教、国籍、语言、残疾、地理位置、社会地位、经济地位和教育程度❶。此外，为了服务因各种原因不能到图书馆获取信息的弱势群体，《澳大利亚家庭图书馆服务指南》（*Guidelines for Australian Home Libraryservices*）（2000）中规定：家庭图书馆服务对因任何原因而无法亲自去公共图书馆并使用公共图书馆的用户提供服务，家庭图书馆服务的用户与其他图书馆用户享有同样的权利和同等的服务，并规定了不受年龄限制、必须上门为用户提供服务的五种情况❷。

1997 年，加拿大图书馆协会（Canadian Library Association，CLA）制定了《加拿大为残疾人士图书馆和信息服务指南》（*Canadian Guidelines on Library and Information Services for People with Disabilities*），从图书馆的任务、立法、规划、公共服务、馆藏、资源共享、建筑设施、课程等方面为残疾人士使用图书馆服务提供指引❸。《加拿大为老年人图书馆和信息服务指南》（*Canadian Guidelines on Library and Information Services for Older Adults*）要求，图书馆应该为老年人提供安全、舒适、受欢迎的物理设施，在图书馆活动中有针对老年人服务的活动，并对社区内不能到达图书馆的老人实行上门服务，还要求对图书馆员进行为老人服务

---

❶ Statement on Public Library Service. [EB/OL]. [2014-06-28]. http：// www. Alia. org. au/policies/public. Library. services. html .

❷ Canadian Guidelines on Library and Information Services for Peoplewith Disabilities. [EB/OL]. [2014-06-28]. http:// www. cla. ca/AM/Template. cfm? Section = Position_Statements & Template =/CM/ContentDisplay. cfm & ContentID = 4065.

❸ Canadian Guidelines on Library and Information Services for Peoplewith Disabilities. [EB/OL]. [2014-06-28]. http:// www. cla. ca/AM/Template. cfm? Section = Position_Statements & Template =/CM/ContentDisplay. cfm & ContentID = 4065.

的专门培训❶。

　　芬兰1998年通过的新《图书馆法》也对弱势群体服务问题作出强调，公共图书馆要通过提供所有类型的媒介（包括数字化媒介），保障人们平等获取信息的机会。

❶ Canadian Guidelines on Library and Information Services for Older Adults. [EB/OL]. [2014-06-28]. http://www. Cla. ca/ AM/ Template. cfm? Section = Position _Statements & Template =/CM/ ContentDisplay. cfm & ContentID =3029.

5 黑龙江省公众信息获取行为及
对图书馆利用情况调查

5.1 调查背景与目的

5.1.1 调查背景

弱势群体是社会中各类特殊群体的集合，保障弱势群体的公共信息获取权益不仅有助于保障弱势群体平等、便捷地获取公共信息，提升物质生活质量，满足精神生活需求，而且有利于提高弱势群体的文化素养，使其更好地参与社会生活。从国家层面进行文化战略的顶层设计，并通过有效的法律制度和运行机制保障与推动弱势群体公共信息获取权益的实现，对于改善弱势群体公共信息获取的数量和质量具有重要的现实意义，同时符合国家经济、政治、文化、社会和生态文明"五位一体"的发展方针，对增强国家文化软实力、实现中华民族伟大复兴具有重要的宏观意义。公共信息获取权益与文化发展紧密相关，与当前我国正大力推进的公益性文化事业改革和经营性文化产业结构调整紧密相连。公共信息获取不仅仅是弱势群体增长知识和提升能力的重要手段，更是国家培养公民素质、进行文化继承和传播核心价值观的基本途径。正因为如此，保障弱势群体的公共信息获取权益具有重要战略意义，对弱势群体公共信息获取权益进行调查研究、科学分析、系统反思必要且亟须。目前我国弱势群体的信息获取状况如何？对图书馆的认知和利用程度如何？对图书馆服务改善有什么建议和意见？笔者为了解弱势群体的根本信息需求，开展了图书馆读者信息获取行为及图书馆利用情况的调查研究。

5.1.2　调查目的

本次调查研究的目的是：①描述和揭示弱势群体信息获取的方式、内容、地点、目的、成本、障碍等；②理解弱势群体利用或者不利用图书馆的原因和规律；③了解弱势群体选择图书馆不同服务项目的原因及规律，获得弱势群体对图书馆的认知情况及评价；④通过对图书馆提出的建议和意见，改善图书馆针对弱势群体开展的信息服务。

5.2　调查对象、内容和方法

5.2.1　调查对象

笔者于2013年4—12月，对黑龙江省各公共图书馆在馆读者进行随机问卷调查，其中黑龙江省图书馆发放问卷400份，哈尔滨市图书馆发放问卷100份，其他11个市级图书馆（包括齐齐哈尔、牡丹江、佳木斯、大庆、鸡西、双鸭山、伊春、七台河、鹤岗、黑河、绥化，大兴安岭地区图书馆因未开放，不在调查之列）每个馆发放问卷50份，共计1050份，回收问卷1031份，其中有效问卷1007份，有效回收率为97.7%。

5.2.2　调查内容

本次调查采用的方法是判断抽样和偶遇抽样相结合的方法，以发放调查问卷为主，辅以现场访谈的方式进行。调查问卷当面发放、当面填写、当面回收，保证了较高的回收率。调查问卷共设44道问题，问卷内容包括三部分：第一部分为基本情况调查，包括调查对象的性别、年龄、婚姻状况、教育背景、职业、收入等。第二部分为信息行为调查，包括调查对象的信息获取方式、内容、地点、目的、成本、障碍等信息行为，每周用于获取信息的时间，信息需求满足情况，获得的信息对物质生活和精神生活是否有影响，住处是否有电脑和互联网等信息设备。第三部分为图书馆利用情况调查，包括住处离图书馆的距离，是否收到过图书馆的宣传材料、利用图书馆的频率、每次停留在图书馆的时间、对图书馆周边环境的评价、使用的图书馆服务项目、获取的信息、在图书馆遇到困难时怎样解决，不使用图书馆的原因等；对图书馆的认知情况的调查，包括能否在图书馆找到所需要的信息、使用特色数据库的频率、是否得到过图书馆员的帮助、在舒缓生活中的压力和情绪方面的作用、图书馆在增加与人交流方面的作用、利用图书馆的目的、图书馆的教育功能实现程度等；对图书馆的满意程度，包括图书馆电脑硬软件、网速、环境、服务态度、上网时间限制、数字资源、纸质资源等的满意度评价；认为图书馆存在的不足以及改进的措施。

5.2.3　调查问卷的处理和分析方法

笔者按照"审核复查→编码录入→数据整理→统计分析"的流程，对调查问卷进行处理。在此过程中，采用了人工清理和统计软件相结合的方式，使用专业统计分析软件 Excel 和 SPSS19.0 对数据进行统计与分析。在审核复查环节，采用分散实地审核与集中系统审核相结合的方式，进行实地审核方式，保证回收问卷的有效性。对于那些因采用集中填答方式而无法现场审核的问卷，采用集中审核方式。根据一份问卷内部问题之间的关联以及多份问卷在同一道题目上的选项，对部分错填、误填和漏填的答案进行修正，另外直接将部分乱填、空白和严重缺答的调查问卷作为废卷处理。在问卷编码环节，单选题和填空题编码为一个变量；多项和不定项选择题以选项数量为变量数量进行编码；对于选择题中涉及"其他"选项的题目，则单独设置字符串变量；开放式题目则直接设置一个字符串型变量。在数据处理环节，主要利用统计软件的频次分析、排序和交叉分类等功能，对数据录入中可能存在的错误以及其他可能超出正常范围的变量进行筛选，并以此大致判断问卷质量。

在问卷统计的过程中，遇到问卷填写不完整情况，对此查看问卷所答问题数量，不足所有问题50%的，则视为无效问卷，进行剔除，数据不计入统计；如所答问题的比例超过50%的，则视为有效问卷。对于有效问卷中某题未作答出现空选的情况，将问卷计入总数但该题数据不计入统计，因此存在统计最终结果时出现某些题目各选项相加比例总和不为100%的情况。

5.3 调查结果分析

5.3.1 调查对象基本情况

调查对象的基本情况主要包括性别、年龄、婚姻状况、教育背景、就业状况、家庭人均月收入等（表5-1）。

表5-1 调查对象基本情况

基本情况	调查选项	频次/个	所占比例/%
性别	男	409	40.8
	女	594	59.2
年龄	10岁以下	6	0.6
	10~19岁	181	18.1
	20~29岁	393	39.2
	30~39岁	180	18.0
	40~49岁	108	10.8
	50~59岁	53	5.3
	60岁以上	81	8.0
婚姻状况	单身	593	60.6
	已婚	385	39.4
教育背景	小学	25	2.5
	初中	87	8.7
	高中	241	24.0
	大学	588	58.5

续表

基本情况	调查选项	频次/个	所占比例/%
	研究生及以上	63	6.3
就业状况	全职就业	366	36.4
	退休	110	10.9
	失业	54	5.3
	自己创业	55	5.5
	打零工（兼职）	37	3.7
	学生	370	36.7
	全职太太或丈夫	15	1.5
家庭人均月收入	500元以下	35	3.7
	500~1000元	88	9.3
	1001~2000元	272	28.7
	2001~5000元	424	44.7
	5000元以上	129	13.6

5.3.1.1　性别

调查结果显示，本次调查对象中女性（59.2%）多于男性（40.8%）（图5-1），即女性比男性更愿意到图书馆、利用图书馆。国内外多数研究都发现，性别影响人们利用公共图书馆的行为。美国1949年的全国性调查发现，女性比男性更乐于使用图书馆，而且女性比男性借更多的书，几乎所有的后续研究均支持这个观点[1]。

5.3.1.2　年龄

调查结果显示，各年龄层读者中，年轻人居多，30岁以下的占58.3%（图5-2）。研究发现，儿童及青少年比成年人更有可能成为公共图书馆的用户。英国2006年的统计资料显示，14岁及以下的儿童中，82.6%有自己独立的公共图书馆证；美国

---

[1] 于良芝,许晓霞,张广钦.公共图书馆基本原理[M].北京:北京师范大学出版社,2012:126.

2010年的统计显示，14~17岁的青少年中，75%持有公共图书馆证❶。此外，退休人员也比其他人群更倾向于利用图书馆，更有可能成为公共图书馆用户。

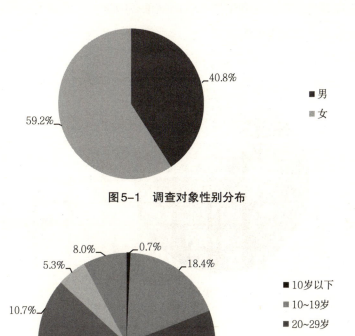

图5-1　调查对象性别分布

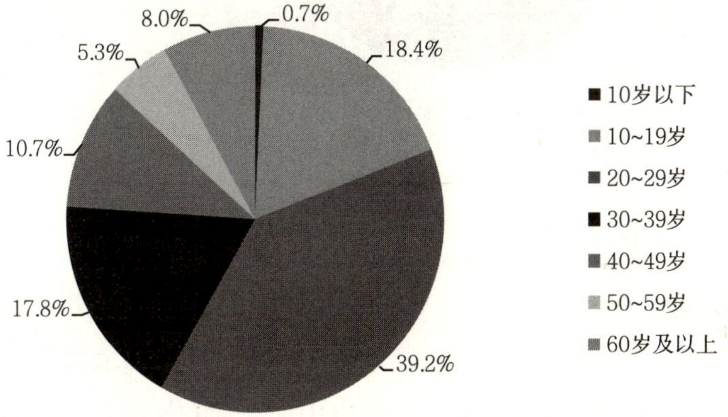

图5-2　调查对象的年龄分布

5.3.1.3　教育背景

调查结果显示，受教育程度较高的人群更愿意利用图书馆，其中拥有大学及以上学历的群体占大多数（64.5%）（图5-3）。目前大多数研究都发现，受教育程度是影响公众是否利用图书馆的显著因素，受教育程度高的公众更有可能成为

---

❶ LISU. Digest of statistics, 2006[2014−05−13]. Loughborough, UK, LISU, 2006[2014−05−13]. http://www. lboro. ac. uk/departments/dils/lisu/downloads/Digest06. pdf.

公共图书馆的用户。例如，美国1949年发布的《公共图书馆调查报告》、1991年和1996年进行的"全国家庭教育调查"以及1998年进行的"盖勒普调查"均显示，受教育程度是影响公众利用图书馆的最重要因素；公共图书馆利用率随着读者受教育水平的提高而上升❶。

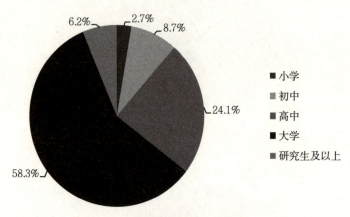

图5-3　调查对象的教育背景分布

5.3.1.4　就业状况

本次调查对象中学生（37.2%）和全职就业者（35.2%）占较大比例（图5-4）。有多项研究发现，有学生的家庭比没有学生的家庭利用图书馆的可能性更大❷。例如，美国2008年的一项调研显示，家庭中如果拥有年龄在6~13岁或18~20岁的成员，则会比其他家庭更有可能成为公共图书馆的用户❸。

5.3.1.5　家庭人均月收入状况

调查结果显示，家庭人均月收入为2001~5000元区间的人群（44.9%）利用

❶ 于良芝,许晓霞,张广钦.公共图书馆基本原理[M].北京:北京师范大学出版社,2012:124.
❷ 于良芝,徐晓霞,张广钦.公共图书馆基本原理[M].北京:北京师范大学出版社,2012:124.
❸ SEI-CHING J. SIN, KUN-SUN KIM. Use and non-use of public libraries in the information age : a logistic regression analysis of household characteristics and library services variables. Library and Information Research, 2008, 30(3):207-215.

图书馆较多（图5-5）。很多研究都发现，收入水平是影响图书馆利用的重要因素之一。美国1949年的《公共图书馆调查报告》发现，非常富有的人和非常贫困的人都较少利用图书馆，中等收入水平的成员比收入特别低或者特别高的成员更乐于使用图书馆❶。

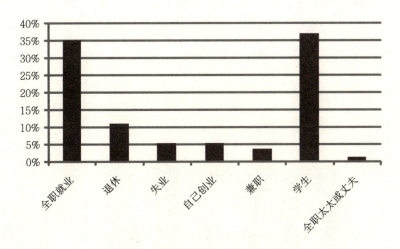

图5-4 调查对象的就业情况分布

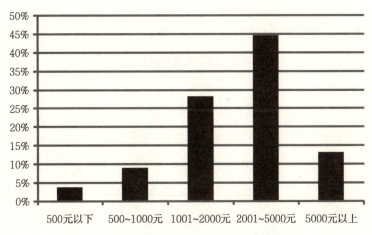

图5-5 调查对象的家庭人均月收入情况分布

❶ 于良芝,许晓霞,张广钦.公共图书馆基本原理[M].北京:北京师范大学出版社,2012:124.

5.3.2 调查对象的信息行为状况

5.3.2.1 调查对象的信息获取方式

1. 不同性别调查对象的信息获取方式差异

从性别看，男性利用电视（66.1%对65.0%）、报纸和杂志（61.1%对54.3%）、广播（28.2%对25.1%）获取信息的数量远远多于女性，而女性利用图书（54.7%对61.1%）、网络（66.3%对76.9%）、熟人（30.1%对44.7%）获取信息的数量多于男性（图5-6）。

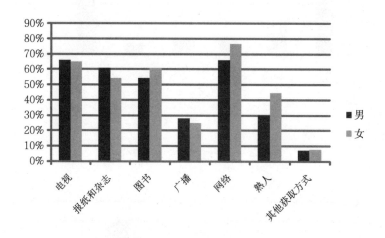

图5-6 性别与信息获取方式

2. 不同年龄调查对象的信息获取方式差异

调查结果显示，20~29岁的调查对象在各种信息获取方式（电视、报纸和杂志、图书、广播、网络、熟人以及其他获取方式）的应用方面均为最高，其次是10~19岁和30~39岁的群体。调查对象通过报纸和杂志、广播等传统媒体获取信息和知识的比例在随着年龄的增长而呈现增高的趋势；由于人们通常在20~29岁阶段开始步入社会，这种角色的转换使他们将更多的时间和精力用于学习、工作和家庭生活，因此20~29岁的调查对象通过电视、图书获取信息和知识的比例最低，随着年龄的增长，会呈现逐渐升高的状态；通过网络、熟人获取信息和知识的比例在10~19岁和20~29岁年龄段最高，而后随着年龄的增长，获取渠道开始多样化（图5-7）。

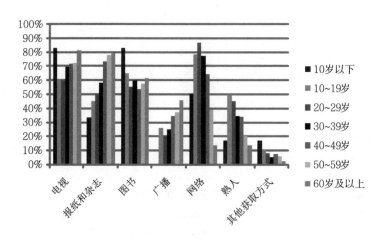

图5-7　年龄与信息获取方式

3. **不同教育背景调查对象的信息获取方式差异**

从教育背景来看，不同受教育程度的调查对象通过电视和图书获取信息的比例几乎是一致的，均徘徊在60%上下。这表明无论调查对象的受教育程度如何，通常都会利用电视和图书来获取信息。调查对象的受教育程度越高，通过网络获取信息和知识的比例越高，不同教育背景通过网络获取信息的比例分别是：小学（46.2%）、初中（49.4%）、高中（57.3%）、大学（80.9%）、研究生及以上（96.8%），而受教育程度对其他集中信息获取方式的影响不明显（图5-8）。

4. **不同就业状况调查对象的信息获取方式差异**

从就业状况看，退休者更倾向于从电视和广播上获取信息和知识，全职就业者、学生、失业者、打零工者（兼职）、全职太太或丈夫更倾向于从网络和电视上获取信息和知识，而自我创业者更倾向于从电视和网络上获取信息和知识。单独就广播这种信息获取方式来说，各类就业状况的调查对象都很少选择这种方式，只有退休者相对乐于选择这种方式；电视、报纸和杂志、网络这三种信息获取方式的选择比例较高，几乎都在50%以上，说明是人们常用的信息获取方式。

学生和全职就业者对于各种信息获取方式的选择比例旗鼓相当（图5-9）。

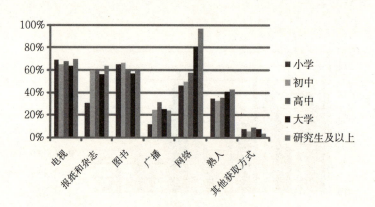

图5-8　教育背景与信息获取方式

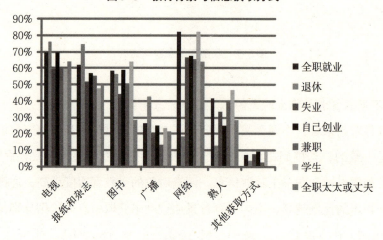

图5-9　就业状况与信息获取方式

5. 不同收入状况下调查对象的信息获取方式差异

从收入情况看，随着收入的增加，调查对象有通过报纸和杂志、图书获取信息和知识转向通过电视和网络获取信息的趋势，收入变化对通过广播和熟人的方式获取信息没有明显影响。总体而言，网络是各种收入状况的调查对象最乐于选择的信息获取方式，其次是电视、报纸和杂志、图书。电视、报纸和杂志、图书变化趋势是相当的，选择比例都在46.1%~68.2%，其次会选择熟人、广播获取信息。高收入群体（家庭人均月收入5000元以上）更加注重信息获取，在各种信息获取方式的使用上都高于中等收入和较低收入群体（图5-10）。

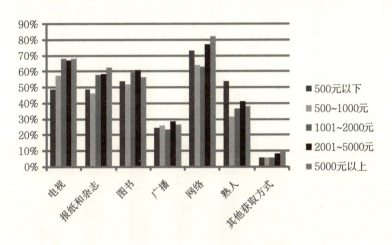

图5-10　月收入与信息获取方式

6. 小结

关于信息资源的获取方式这一调查问题（图5-11），调查结果显示，目前信息获取方式较为丰富、多样，网络、电视、图书、报刊和杂志、熟人交流、广播等都是平时获取信息和知识的主要渠道，其中网络、电视、图书、报刊和杂志的使用比例较高，均超过了50%。

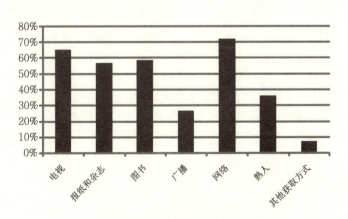

图5-11　信息获取方式分布

5.3.2.2 调查对象的信息获取地点状况

关于信息资源获取的地点（图5-12），调查结果显示，调查对象以图书馆、家里、公共场所、单位为主，从社区、政府部门等获取信息的行为相对较少。可以看出，图书馆已经走入人们的日常生活，成为获取信息的重要场所之一。

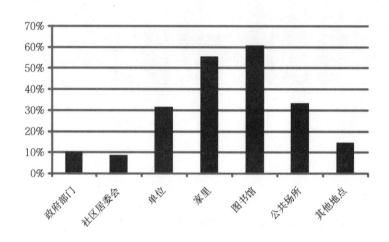

图5-12　信息获取地点分布

1. 不同性别调查对象的信息获取地点状况

从性别来看，由于女性受社会分工和家庭角色的影响，在家中获取信息的比例高于男性（男性在前，50.5%对60.2%），而对于其他信息获取场所而言，男性和女性的比例相差不大（图5-13）。

2. 不同年龄调查对象的信息获取地点状况

从年龄看，随着年龄的增长和社会角色的变化，调查对象更愿意在图书馆、社区和居委会获取信息，而且比例有逐渐升高的趋势。50~59岁的调查对象更倾向于从政府部门获取信息，30~39岁的调查对象更倾向于从单位获取信息。10~19岁的调查对象由于年龄较小，可接触的信息场所有限，所以更倾向于在家里、公共场所获取信息（图5-14）。

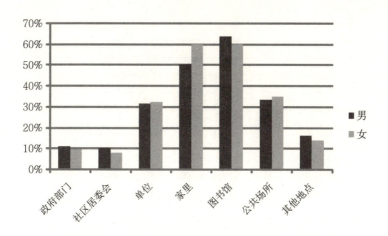

图5-13 性别与信息获取地点

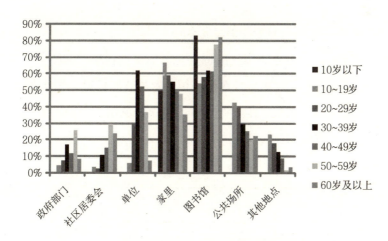

图5-14 年龄与信息获取地点

3. 不同教育背景调查对象的信息获取地点状况

从教育背景来看，调查对象的受教育程度越高，越倾向于在政府部门和单位获取信息，这是因为受教育程度高的群体普遍有相对稳定的工作和信息获取渠道。由于公共图书馆的资源中科普读物较多、具有专业深度的图书较少，所以具有研究生及以上学历的调查对象多在家获取信息，具有高中学历的调查对象多从社区、居委会和公共场所获取信息，而具有小学学历的调查对象多从图书馆获取信息（图5-15）。

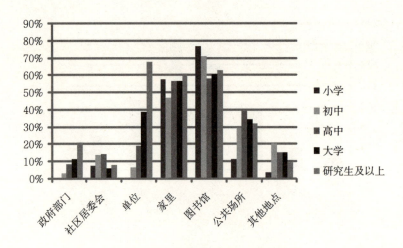

图5-15 教育背景与信息获取地点

4. 不同就业状况调查对象的信息获取地点状况

调查结果显示，具有全职工作的调查对象更多地在单位和图书馆获取信息，退休者、自己创业者和学生更多地在图书馆和家里获取信息，失业者、打零工者（兼职）、全职太太或丈夫更多地在家里和图书馆获取信息（图5-16），这充分表明了图书馆的公益性职能和公共空间作用。

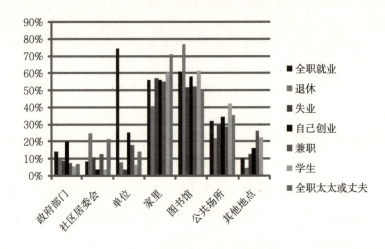

图5-16 就业状况与信息获取地点

5. 不同收入情况调查对象的信息获取地点状况

从收入情况看，家庭人均月收入较高的调查对象更倾向于利用公共资源，在政府部门和单位获取信息，家庭人均月收入500~1000元的低收入者多在社区和图书馆获取信息；家庭人均月收入1001~2000元的调查对象在家获取信息的比例最低，收入状况对在公共场所获取信息资源没有明显影响（图5-17）。

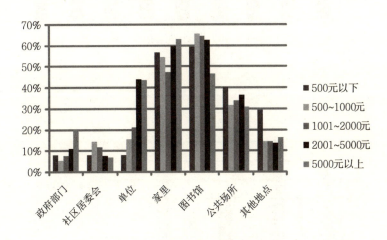

图5-17　月收入与信息获取地点

5.3.2.3　调查对象关注的信息资源类型

从调查中可以看出（图5-18），时事政治、文化娱乐、生活实用、健康保健等方面的信息是调查对象关注较多的内容，此外教育科技、经济财经类信息也具有一定的关注度。

1. 不同年龄调查对象关注的信息类型

从年龄划分看，10岁以下和10~19岁的调查对象最关注文化娱乐类和教育科技类信息，20~29岁的调查对象最关注文化娱乐类和时事政治类信息，30~39岁、40~49岁、50~59岁以及60岁以上的调查对象最关注时事政治类、健康保健类信息。由此可见，随着年龄的增长，调查对象关注的信息内容也发生变化，逐渐由娱乐和教育转变为时事和保健等内容（图5-19）。

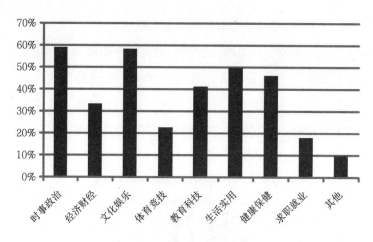

图5-18 关注信息资源的类型

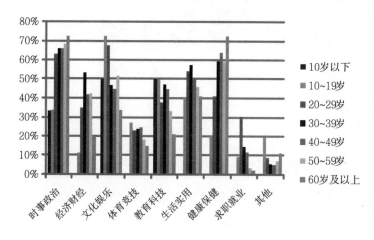

图5-19 年龄与信息资源类型

2. 不同教育背景调查对象关注的信息类型

从教育背景看，时事政治、经济财经、文化娱乐、生活实用、健康保健等方面的信息内容与教育背景呈较强的正相关关系。随着受教育程度的提高，对这些信息内容的关注度也逐渐提高（图5-20）。

3. 不同收入调查对象关注的信息类型

从收入状况看，家庭人均月收入500元以下和2001~5000元的调查对象最关注文化娱乐、时事政治、生活实用等方面的信息，家庭人均月收入在500~1000元和1001~2000元之间的调查对象最关注文化娱乐、生活实用、健康保健等方面的信息，家庭人均月收入5000元以上的调查对象最关注时事政治、文化娱乐、教育科技等方面的信息（图5-21）。

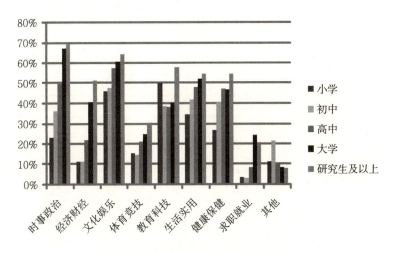

图5-20　教育背景与信息资源类型

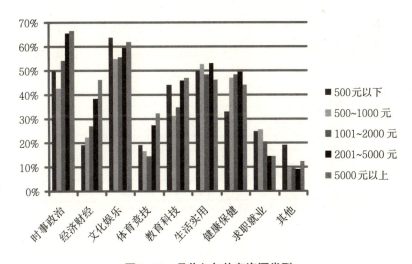

图5-21　月收入与信息资源类型

5.3.2.4 调查对象获取信息花费的时间

随着人类社会进入到信息社会，信息资源在社会生活中扮演着越来越重要的角色，信息资源的海量增长使得人们获取信息资源花费的时间相应地不断增加。从获取信息花费的时间来看，选择频次依次为"3小时以上（428人，43.0%）""2~3小时"（226人，22.7%）、"1~2小时"（234人，23.5%）、"不足1小时"（80人，8.0%）、"30分钟以下"（16人，1.6%）、"没时间"（12人，1.2%）（表5-2）。

表5-2　调查对象每周获取信息花费的时间

调查项目	调查选项	频次/个	占样本总数的比例/%
每周获取信息花费的时间	3小时以上	428	43.0
	2~3小时	226	22.7
	1~2小时	234	23.5
	不足1小时	80	8.0
	30分钟以下	16	1.6
	没时间	12	1.2

1. 不同性别调查对象获取信息花费的时间

从性别看，男性（47.2%）每周花费3小时以上获取信息的比例明显高于女性（39.5%）。由此可见，男性用于获取信息的时间多于女性（图5-22）。

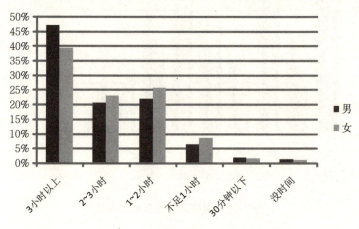

图5-22　性别与信息获取时间

2. 不同年龄调查对象获取信息花费的时间

从年龄看，10岁以下和60岁及以上的调查对象用于获取信息的时间较多，这两个年龄段的调查对象中约有半数的人每周花费至少3小时以上的时间用于获取信息（图5-23）。

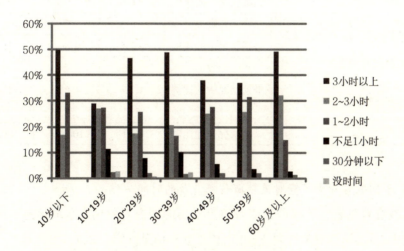

图5-23　年龄与信息获取时间

3. 不同婚姻状况的调查对象获取信息花费的时间

从婚姻状况看，是否结婚对于调查对象获取信息花费的时间没有明显影响（表5-3）。

表5-3　婚姻状况与信息获取时间交叉表

调查项目			婚姻状况		合计
			单身	已婚	
信息获取时间	3小时以上	计数	249	165	414
		婚姻状况中的比例	42.1%	42.9%	42.4%
	2~3小时	计数	124	94	218
		婚姻状况中的比例	20.9%	24.4%	22.3%
	1~2小时	计数	148	90	238

调查项目			婚姻状况		合计
			单身	已婚	
		婚姻状况中的比例	25.0%	23.4%	24.4%
信息获取时间	不足1小时	计数	51	27	78
		婚姻状况中的比例	8.6%	7.0%	8.0%
	30分钟以下	计数	10	7	17
		婚姻状况中的比例	1.7%	1.8%	1.7%
	没时间	计数	10	2	12
		婚姻状况中的比例	1.7%	0.5%	1.2%
合计		计数	592	385	977
		婚姻状况中的比例	100.0%	100.0%	100.0%

4. 不同教育背景调查对象获取信息花费的时间

从教育背景看，具有研究生及以上学历的调查对象用于获取信息的时间最多，其中2/3的调查对象每周花3小时以上获取信息（图5-24）。

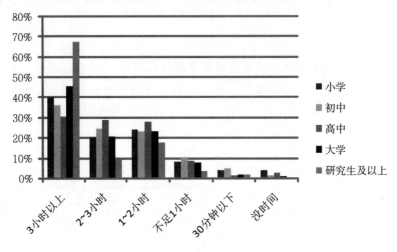

图5-24 教育背景与信息获取时间

5. 不同就业状况的调查对象获取信息花费的时间

从就业状况看，全职太太或丈夫用于信息获取的时间最多，他们相对时间更为自由、充裕。自己创业者用于获取信息的时间最少（图5-25）。

6. 不同收入状况的调查对象获取信息花费的时间

从收入看，家庭人均月收入5000元以上的调查对象用于获取信息的时间最多，其中52.3%的调查对象会每周花费至少3个小时获取信息。家庭人均月收入2001~5000元的调查对象也倾向于花费较多的时间获取信息。可见随着调查对象收入的减少，更多地忙于生计，花费于获取信息的时间减少。（图5-26）。

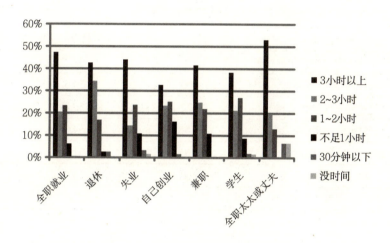

图5-25 就业状况与信息获取时间

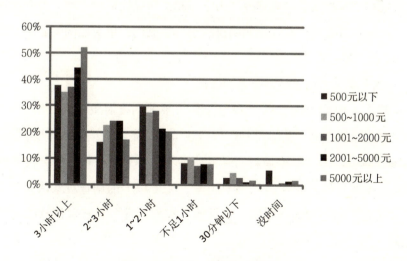

图5-26 月收入与信息获取时间

5.3.2.5 调查对象获取信息的目的

从获取信息的目的来看（表5-4），调查对象获取信息具有较强的目的性，希望达到的目的依次为"增加新知识、新见闻，积累谈资""了解最新的时事动态""为学习和工作寻找资料""消遣娱乐，舒缓压力""解决工作或生活问题""改善生活，增加收入""其他"（表5-4）。

表5-4　获取信息的主要目的

调查选项	频次/个	占样本总数的比例/%	排位
增加新知识、新见闻，积累谈资	626	62.2	1
了解最新的时事动态	600	59.6	2
为学习和工作寻找资料	572	56.8	3
消遣娱乐，舒缓压力	544	54.0	4
解决工作或生活问题	320	31.8	5
改善生活，增加收入	160	15.9	6
其他	51	5.0	7

1. 不同性别和婚姻状况调查对象获取信息的目的

从性别和婚姻状况看，在选择"为学习和工作寻找资料"和"消遣娱乐，舒缓压力"的调查对象中，女性比例明显高于男性比例，单身比例明显高于已婚比例（图5-27、图5-28）。

2. 不同年龄调查对象获取信息的目的

从年龄看，10岁以下、10~19岁、20~29岁的调查对象认为"增加新知识、新见闻，积累谈资"和"为学习和工作寻找资料"是获取信息的主要目的；30~39岁的调查对象认为"了解最新的时事动态"和"为学习和工作寻找资料"是获取信息的主要目的；40~49岁、50~59岁、60岁以上的调查对象认为"了解最新的时事动态"和"增加新知识、新见闻，积累谈资"是获取信息的主要目的（图5-29）。

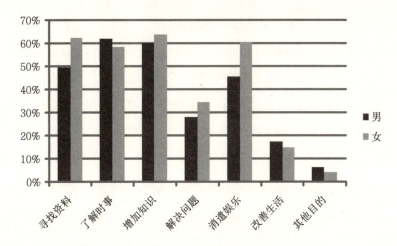

图5-27 性别与信息获取目的

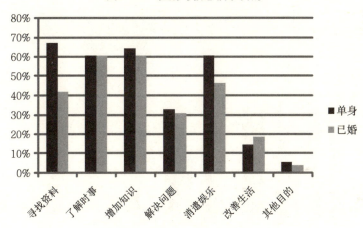

图5-28 婚姻状况与信息获取目的

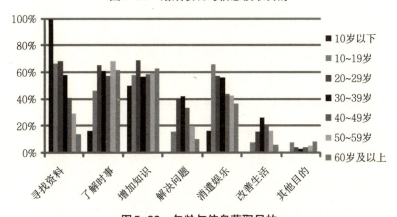

图5-29 年龄与信息获取目的

3. 不同教育背景调查对象获取信息的目的

从教育背景看，具有小学和研究生及以上学历的调查对象获取信息是为了"为学习和工作寻找资料"和"增加新知识、新见闻，积累谈资"，具有大学学历的调查对象获取信息是为了"了解最新的时事动态"和"增加新知识、新见闻，积累谈资"，具有初中和高中学历的调查对象获取信息是为了"增加新知识、新见闻，积累谈资"和"消遣娱乐，舒缓压力"。认为获取信息是为了"解决工作或生活问题"和"消遣娱乐，舒缓压力"两个选项的调查对象比例随着受教育程度的升高而增大，选择"了解最新的时事动态"和"为学习和工作寻找资料"两个选项的调查对象比例有受教育背景影响的趋势（图5-30）。

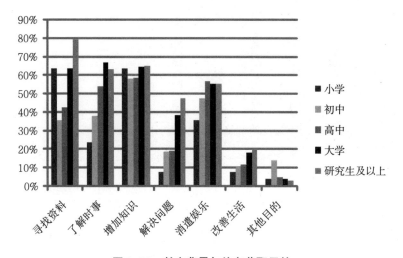

图5-30　教育背景与信息获取目的

4. 不同就业状况调查对象获取信息的目的

从就业状况看，退休、失业、自己创业、打零工（兼职）的调查对象都将"增加新知识、新见闻，积累谈资""了解最新的时事动态"作为获取信息的主要目的，学生和全职就业的调查对象都将"为学习和工作寻找资料""增加新知识、新见闻，积累谈资"作为获取信息的主要目的，全职太太或丈夫的调查对象将"增加新知识、新见闻，积累谈资""消遣娱乐，舒缓压力"作为获取信息的主要目的（图5-31）。

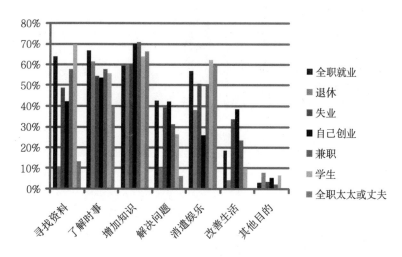

图5-31　就业状况与信息获取目的

5. 不同收入情况调查对象获取信息的目的

从收入情况看，家庭人均月收入500元以下、1001~2000元、2001~5000元、5000元以上的调查对象获取信息主要是为了"增加新知识、新见闻，积累谈资"和"了解最新的时事动态"；家庭人均月收入500~1000元的调查对象获取信息主要是为了"了解最新的时事动态""为学习和工作寻找资料"。随着收入水平的提高，调查对象更懂得将获取的信息用于"改善生活，增加收入""消遣娱乐，舒缓压力"（图5-32）。

5.3.2.6　调查对象的信息需求满足情况

调查结果显示，大部分（83.1%）调查对象的信息需求基本上能得到满足（图5-33），只有11.4%的信息需求能够完全得到满足，调查对象的信息需求很难得到满足或者不能得到满足的情况较少。

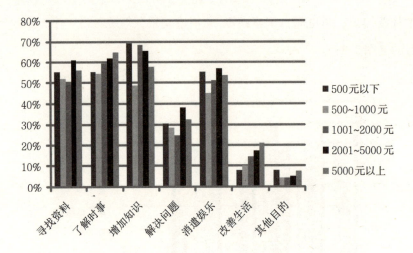

图5-32 月收入与信息获取目的

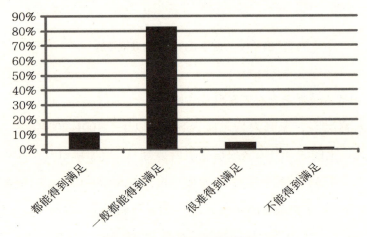

图5-33 信息需求满足情况

1. 不同性别调查对象的信息需求满足情况

从性别来看，女性的信息需求满足感更高，更能够从图书馆获得所需信息（图5-34）。

2. 不同年龄调查对象的信息需求满足情况

从年龄划分，10岁以下的调查对象的信息需求满足感最高，这主要是因为儿童的信息获取渠道较少，社会阅历较浅，对信息的需求量较大且质量要求不高；而60岁以上的调查对象的信息需求满足感最低，这是因为这部分群体有了一定的社会阅历，能够从海量的信息中辨别出哪些是符合其信息需求的内容，加之现代信息网络技术为其获取信息带来较大障碍，获取信息手段单一（图5-35）。

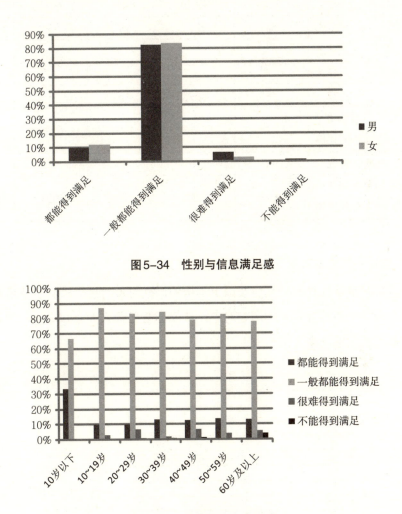

图5-34　性别与信息满足感

图5-35　年龄与信息满足感

3. 不同婚姻状况调查对象的信息需求满足情况

从婚姻状况看，已婚调查对象的信息需求满足状况高于单身调查对象的信息需求满足状况（表5-5）。

表5-5 婚姻情况与信息满足感交叉表

			信息满足感				合计
			都能得到满足	一般都能得到满足	很难得到满足	不能得到满足	
婚姻状况	单身	计数	58	501	29	3	591
		婚姻状况中的比例	9.8%	84.8%	4.9%	0.5%	100.0%
	已婚	计数	48	309	16	3	376
		婚姻状况中的比例	12.7%	82.2%	43%	0.8%	100.0%
合计		计数	106	810	46	6	967
		婚姻状况中的比例	10.9%	83.5%	83.5%	0.6%	100.0%

4. 不同教育背景调查对象的信息需求满足情况

从教育背景看，具有研究生及以上学历的调查对象信息需求满足感最高，其次为具有小学学历教育背景的调查对象。从就业情况看，失业和退休的调查对象的信息需求满足感较高（图5-36）。

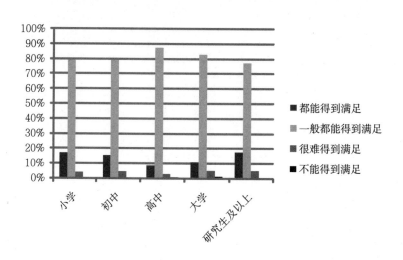

图5-36 教育程度与信息满足感

5. 不同收入状况调查对象的信息需求满足情况

从收入划分看，家庭人均月收入500~1000元的调查对象的信息需求满足感最高，家庭人均月收入5000元以上的调查对象的信息需求满足感最低（图5-37）。高收入者的信息获取渠道较多，他们会对不同渠道获取的信息内容、信息质量进行对比考量，所以对图书馆的信息需求满足感较低。

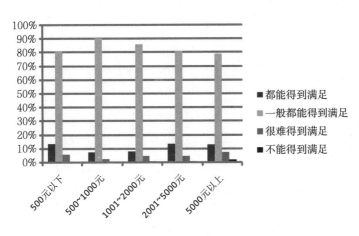

图5-37 月收入与信息满足感

5.3.2.7 调查对象的信息获取障碍

1. 调查对象信息获取障碍的总体情况

调查结果显示（表5-6），调查对象普遍认为信息获取障碍主要存在于以下四个方面："信息海量，可靠性降低""获取信息的渠道和手段有限""花费金钱、时间、精力等成本太高""技术更新太快，难以掌握"。可见，随着信息数量的"爆炸式"增长、信息传播和通信技术的飞速发展、获取信息资源的渠道和手段的拓宽，人们在享受获取信息资源丰富、便利的同时，也存在一定的负面影响和困扰。信息获取行为对个人信息素养和信息技能的要求越来越高，海量的信息资源总量降低了获取信息的准确度。

表5-6　获取信息的障碍

调查选项	频次/个	占样本总数的比例/%	排位
信息海量，可靠性降低	419	41.6	1
获取信息的渠道和手段有限	313	31.1	2
花费金钱、时间、精力等成本太高	296	29.4	3
技术更新太快，难以掌握	253	25.1	4
缺乏相关的培训和知识	209	20.8	5
获取信息的设备和设施不便	191	19.0	6
其他	75	7.5	7

2. 不同性别调查对象的信息获取障碍

从性别看，女性调查对象认为"花费金钱、时间、精力等成本太高""缺乏相关的培训和知识""技术更新太快，难以掌握"是最大的信息获取障碍，对于这三项的选择比例明显高于男性，其他的选择结果受性别影响不明显（图5-38）。

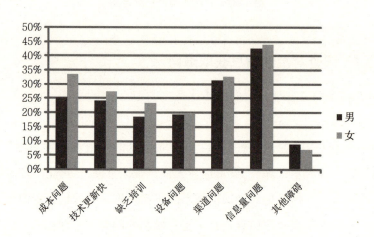

图5-38　性别与信息获取障碍

3. 不同年龄调查对象的信息获取障碍

从年龄看，10岁以下、50~59岁、60岁以上的调查对象均认为"技术更新太快，难以掌握"是获取信息的最大障碍，10~19岁、20~29岁、30~39岁、40~49岁的调查对象均将"信息海量，可靠性降低"视为获取信息的最大障碍。可见，年龄是掌握新的信息获取渠道和技术的最大障碍，儿童和中老年人在学习和掌握新技术获取信息方面处于相对劣势地位。成年人虽然信息渠道和技术存在的障碍较少，但是由于获取到的信息量更大，对其利用信息资源也造成一定的影响（图5-39）。

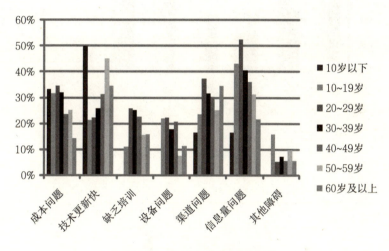

图5-39 年龄与信息获取障碍

4. 不同婚姻状况调查对象的信息获取障碍

从婚姻状况看，单身的调查对象面临的信息获取障碍较多。已婚的调查对象由于受到家庭生活的影响，用于学习和培训的时间往往少于单身的调查对象，所以"技术更新太快，难以掌握"和"缺乏相关的培训和知识"更容易成为这部分群体的信息获取障碍（图5-40）。

5. 不同教育背景调查对象的信息获取障碍

从教育背景看，具有小学学历的调查对象普遍认为最大的信息获取障碍是"花费金钱、时间、精力等成本太高"，具有初中学历的调查对象认为最大的信息获取障碍是"技术更新太快，难以掌握"，具有高中、大学、研究生及以上学历的调查对象认为最大的信息获取障碍是"信息海量，可靠性降低"。调查结果显示，随着调查对象学历的提高，将"信息海量，可靠性降低"视为信息获取障碍的比例也随之增高（图5-41）。

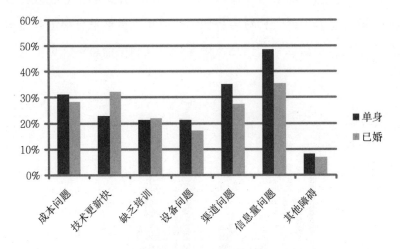

图5-40　婚姻状况与信息获取障碍

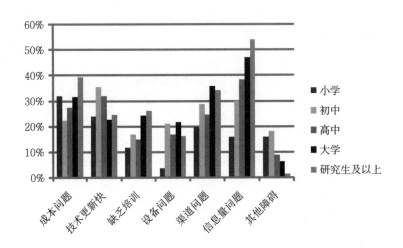

图5-41　教育背景与信息获取障碍

6. 不同就业状况调查对象的信息获取障碍

从就业状况看，全职就业人员将"信息海量，可靠性降低"和"获取信息的渠道和手段有限"视为信息获取的主要障碍；退休者将"技术更新太快，难以掌握"和"获取信息的渠道和手段有限"视为信息获取的主要障碍；打零工（兼职）者、学生、全职太太或丈夫、失业者将"花费金钱、时间、精力等成本太高"和"信息海量，可靠性降低"视为信息获取的主要障碍；自己创业者将"技术更新太快，难以掌握"和"信息海量，可靠性降低"视为信息获取的最大障碍（图5-42）。

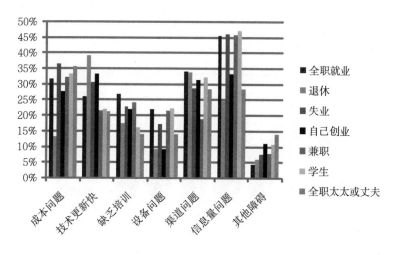

图5-42　就业状况与信息获取障碍

7. 不同收入情况调查对象的信息获取障碍

从收入情况看，家庭人均月收入500元以下、2001~5000元、5000元以上的调查对象将"信息海量，可靠性降低""获取信息的渠道和手段有限"视为信息获取的主要障碍，家庭人均月收入1001~2000元、500~1000元的调查对象将"花费金钱、时间、精力等成本太高""信息海量，可靠性降低"视为信息获取的主要障碍（图5-43）。

5.3.2.8　信息资源对调查对象物质生活和精神需求等的影响

1. 信息资源对调查对象影响的总体情况

调查结果显示（图5-44），24.2%的调查对象认为获取到的信息对个人生活质量和收入水平"有很大的促进作用"；43.1%的调查对象表示"有一定促进，但很小"；21.3%的调查对象认为基本没有影响。绝大多数调查对象认为，获取到的信息对精神和个人素养的提高有影响，而且多达半数的调查对象认为这种促进作用很大，同时又有40.4%的调查对象认为"有一定促进，但影响很小"。由此可见，调查对象更多地将获取到的信息用于改善个人精神生活方面，而将信息用于改善个人物质生活的并不是获取信息的主要原因和动力。

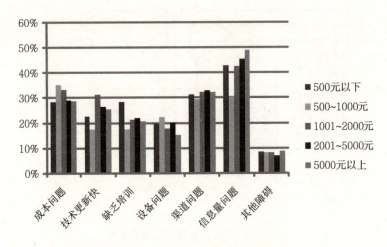

图5-43　月收入与信息获取障碍

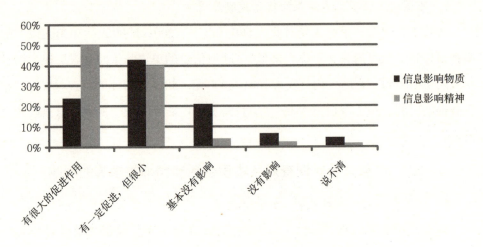

图5-44　信息资源对调查对象影响的总体情况

2. 信息资源对不同性别调查对象的影响

从性别看，男性调查对象认为"获取到的信息对个人物质生活、精神生活及个人素养的提高具有促进作用"的比例高于女性调查对象（表5-7、表5-8）。

表5-7 性别与信息对物质生活的影响交叉表

			信息对物质生活的影响					合计
			有很大的促进作用	有一定促进，但很小	基本没有影响	没有影响	说不清	
性别	男	计数	107	173	70	32	19	401
		性别中的比例	26.7%	43.1%	17.5%	8.0%	4.7%	100.0%
	女	计数	128	255	141	34	26	584
		性别中的比例	21.9%	43.7%	24.1%	5.8%	4.5%	100.0%
合计		计数	235	428	211	66	45	985
		性别中的比例	23.9%	43.5%	21.4%	6.7%	4.6%	100.0%

表5-8 性别与信息对精神生活的影响交叉表

			信息影响精神					合计
		项目	有很大的促进作用	有一定促进，但很小	基本没有影响	没有影响	说不清	
性别	男	计数	209	151	17	17	7	401
		性别中的比例	52.1%	37.7%	4.2%	4.2%	1.7%	100.0%
		信息影响精神中的比例	42.1%	37.8%	37.0%	60.7%	31.8%	40.5%
	女	计数	287	248	29	11	15	590
		性别中的比例	48.6%	42.0%	4.9%	1.9%	2.5%	100.0%
		信息影响精神中的比例	57.9%	62.2%	63.0%	39.3%	68.2%	59.5%

续表

项目		信息影响精神					合计
		有很大的促进作用	有一定促进，但很小	基本没有影响	没有影响	说不清	
合计	计数	496	399	46	28	22	991
	性别中的比例	50.1%	40.3%	4.6%	2.8%	2.2%	100.0%

3. 信息资源对不同年龄调查对象的影响

从年龄看，30~39 岁和 20~29 岁的调查对象获取信息的渠道更多、形式更为多样、内容更为丰富，认为"获取到的信息对个人物质生活、精神生活以及个人素养的提高方面有很大促进作用"所占的比例分别位于第一位和第二位（表5-9、表5-10）。

表5-9 年龄与信息对物质生活的影响交叉表

项目			信息对物质生活的影响					合计
			有很大的促进作用	有一定促进，但很小	基本没有影响	没有影响	说不清	
年龄	10岁以下	计数	1	0	1	1	3	6
		年龄中的比例	16.7%	0.0%	16.7%	16.7%	50.0%	100.0%
	10~19岁	计数	30	68	41	21	17	177
		年龄中的比例	16.9%	38.4%	23.2%	11.9%	9.6%	100.0%
	20~29岁	计数	94	194	81	12	10	391
		年龄中的比例	24.0%	49.6%	20.7%	3.1%	2.6%	100.0%
	30~39岁	计数	56	78	25	9	9	177
		年龄中的比例	31.6%	44.1%	14.1%	5.1%	5.1%	100.0%
	40~49岁	计数	25	49	27	4	2	107
		年龄中的比例	23.4%	45.8%	25.2%	3.7%	1.9%	100.0%
	50~59岁	计数	12	15	18	5	2	52
		年龄中的比例	23.1%	28.8%	34.6%	9.6%	3.8%	100.0%

续表

项目		信息对物质生活的影响					合计
		有很大的促进作用	有一定促进，但很小	基本没有影响	没有影响	说不清	
60岁及以上	计数	17	25	18	14	2	76
	年龄中的比例	22.4%	32.9%	23.7%	18.4%	2.6%	100.0%
合计	计数	235	429	211	66	45	986
	年龄中的比例	23.8%	43.5%	21.4%	6.7%	4.6%	100.0%

表5-10　年龄与信息对精神生活的影响交叉表

项目			信息影响精神					合计
			有很大的促进作用	有一定促进，但很小	基本没有影响	没有影响	说不清	
年龄	10岁以下	计数	2	2	0	0	2	6
		年龄中的比例	33.3%	33.3%	0.0%	0.0%	33.3%	100.0%
	10~19岁	计数	77	76	13	6	7	179
		年龄中的比例	43.0%	42.5%	7.3%	3.4%	3.9%	100.0%
	20~29岁	计数	210	159	16	3	4	392
		年龄中的比例	53.6%	40.6%	4.1%	0.8%	1.0%	100.0%
	30~39岁	计数	102	65	4	4	4	179
		年龄中的比例	57.0%	36.3%	2.2%	2.2%	2.2%	100.0%
	40~49岁	计数	54	43	5	4	2	108
		年龄中的比例	50.0%	39.8%	4.6%	3.7%	1.9%	100.0%
	50~59岁	计数	21	24	5	3	1	54
		年龄中的比例	38.9%	44.4%	9.3%	5.6%	1.9%	100.0%
	60岁及以上	计数	30	31	3	7	2	73
		年龄中的比例	41.1%	42.5%	4.1%	9.6%	2.7%	100.0%
合计		计数	496	400	46	27	22	991
		年龄中的比例	50.1%	40.4%	4.6%	2.7%	2.2%	100.0%

4. 信息资源对不同收入调查对象的影响

从收入看，家庭人均月收入5000元以上的调查对象认为获取到的信息对个人物质生活有很大促进作用，比例最高；随着收入的增加，调查对象认为获取到的信息对精神需求和个人素养的提高有"很大影响"有递增的趋势（图5-45、图5-46）。

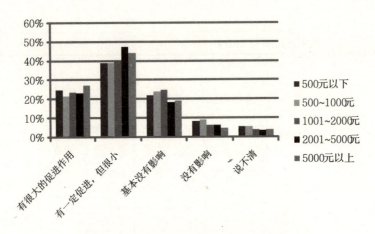

图5-45　月收入与信息对物质生活的影响

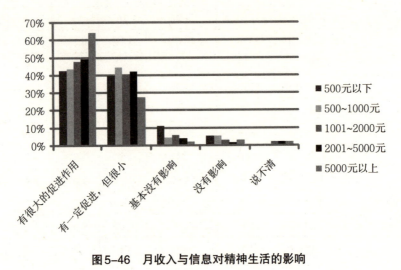

图5-46　月收入与信息对精神生活的影响

5. 信息资源对不同教育背景调查对象的影响

从教育背景看，具有研究生及以上学历的调查对象认为获取到的信息对个人物质生活、精神生活以及个人素养的提高方面有很大促进作用，此比例高于具有其他教育背景的调查对象（图5-47、图5-48）。

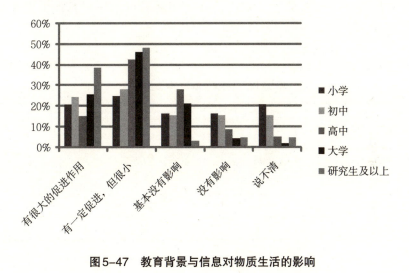

图5-47 教育背景与信息对物质生活的影响

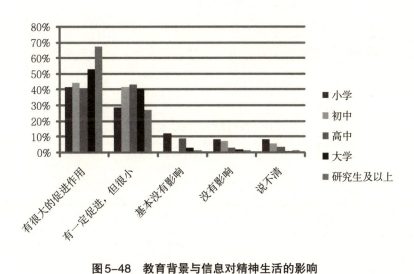

图5-48 教育背景与信息对精神生活的影响

5.3.2.9　调查对象的信息获取成本状况

1. 调查对象的信息获取成本总体状况

随着现代社会生活节奏的不断加快，调查对象已经将时间和精力视为获取信息的主要成本，这两个选项远远高于其他选项（表5-11）。如果通过某种渠道获取信息过于费时费力，那么信息使用者有可能转向其他渠道或者干脆放弃。

表5-11　信息获取成本总体状况

调查选项	频次/个	占样本总数的比例/%	排位
时间	828	82.2	1
精力	606	60.2	2
金钱	227	22.5	3
心理	165	16.4	4
其他	50	5.0	5

2. 不同性别调查对象的信息获取成本

从性别看，相对于男性调查者而言，女性调查对象认为在海量信息中获取所需信息，所花费的时间成本最多，其次是精力、金钱，这些主要的信息获取成本的存在均为调查对象获取信息带来较大障碍（表5-12）。

表5-12　性别与信息获取成本交叉表

项目			信息获取成本					总计
			金钱	时间	精力	心理	其他成本	
性别	男	计数	90	324	233	59	24	396
		性别内的比例	22.7%	81.8%	58.8%	14.9%	6.1%	
	女	计数	138	508	375	106	28	587
		性别内的比例	23.5%	86.5%	63.9%	18.1%	4.8%	
总计		计数	228	832	608	165	52	983

3. 不同婚姻状况调查对象的信息获取成本

从婚姻状况看，单身调查对象认为信息获取过程中所花费的时间、精力、金钱和心理成本较多，并将所列选项视为获取信息成本的比例都高于已婚调查对象（表5-13）。

表5-13 婚姻状况与信息获取成本交叉表

项目			信息获取成本					总计
			金钱	时间	精力	心理	其他成本	
婚姻状况	单身	计数	145	505	371	116	36	590
		婚姻状况内的比例	24.6%	85.6%	62.9%	19.7%	6.1%	
	已婚	计数	79	310	223	48	15	371
		婚姻状况内的比例	21.3%	83.6%	60.1%	12.9%	4.0%	
总计		计数	224	815	594	164	51	961

4. 不同教育背景调查对象的信息获取成本

从教育背景看，随着调查对象受教育程度的提高，将时间、精力、金钱视为越来越重要的信息获取障碍，而受教育程度越高的人，花费的各项信息获取成本也越高，相应地，所面临的其他方面的信息获取障碍越小。受教育程度低的人认为时间成本是信息获取的最大障碍，教育程度对心理成本影响不明显（图5-49）。

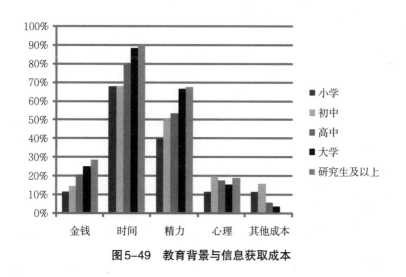

图5-49 教育背景与信息获取成本

5. 不同收入状况调查对象的信息获取成本

从收入情况看，随着调查对象收入的增加，其有能力为获取信息支付更多的费用，将金钱视为获取信息的障碍的比例随之降低；相反，低收入群体普遍面临各种信息获取障碍（图5-50）。

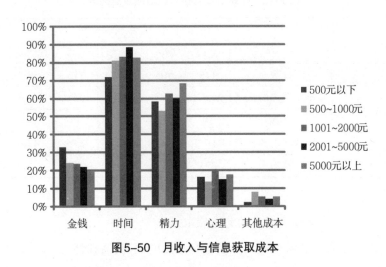

图5-50 月收入与信息获取成本

5.3.2.10 调查对象的信息设备接入状况

随着人们物质生活水平的提高，电脑作为基本的信息网络设备已经走入普通百姓家中，成为现代社会人们学习、生活、娱乐的重要工具，87.0%的调查对象拥有个人电脑，68.1%的调查对象既拥有个人电脑而且能接入互联网（表5-14）。这组数据与CNNIC近期公布的《中国互联网络发展状况统计报告》中的数据大体接近，说明了本课题调查研究数据的真实性与可靠性。

表5-14 信息获取硬件设施

项目	频率	百分比（%）	有效百分比（%）	累计百分比（%）
有电脑和互联网	671	65.1	68.1	68.1
有电脑，没接入互联网	187	18.1	19.0	87.0
没有电脑和互联网	128	12.4	13.0	100.0
合计	986	95.6	100.0	

5.3.3 调查对象对图书馆的利用和认知

5.3.3.1 调查对象对图书馆的利用情况

调查结果显示（图5-51），35.9%的调查对象住处离图书馆车程30分钟以内，31.5%的调查对象住处离图书馆步行15分钟左右，25.0%的调查对象住处离图书馆车程30~60分钟，7.0%的调查对象住处离图书馆车程1个小时以上。不难看出，住处离图书馆的距离是调查对象是否利用图书馆的重要影响因素，随着调查对象住处离图书馆距离的增加，其利用图书馆的比例随之降低。国外多项研究同样发现，住处离图书馆的距离会影响一个人利用图书馆的行为：居住在图书馆附近的公众更有可能成为图书馆的用户。美国2008年的调研显示，住址离图书馆一英里以内的公众成为公共图书馆用户的概率是其他人的2.3倍[1]。而且住在图书馆附近的公众有更多机会知晓图书馆的服务信息，其利用图书馆的时间成本较小，这是他们比其他公众更有可能利用图书馆的原因[2]。

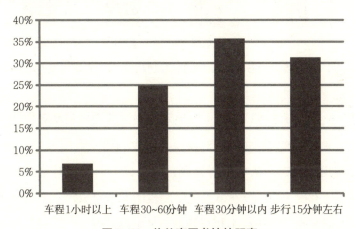

图5-51　住处离图书馆的距离

[1] SEI-CHING J. SIN，KUN-SUN KIM. Use and non-use of public libraries in the information age：A logistic regression analysis of household characteristics and library services variables. Library and Information Research，2008，30(3)：207-215.

[2] 于良芝,许晓霞,张广钦. 公共图书馆基本原理[M]. 北京师范大学出版社,2012:125.

调查结果显示（图5-52），只有25.0%的调查对象收到过图书馆的宣传材料，而71.0%的调查对象没有收到过图书馆的宣传材料；35.3%的调查对象收到宣传材料后会影响对图书馆的利用，有可能会增加利用图书馆的频率，63.7%的调查对象表示收到宣传材料对图书馆的利用没有影响。这组数据说明国内公共图书馆在宣传推广方面做得不够，还需要通过这种手段挖掘更多的图书馆潜在用户。

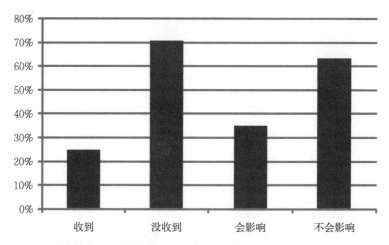

图5-52　是否收到图书馆的宣传材料以及收到后是否影响对图书馆的利用

调查结果显示（图5-53），调查对象对图书馆的利用频率多数相对固定，一般以"周"为单位。68.3%的调查对象每周至少利用一次图书馆，19.0%的调查对象每天都利用图书馆。从年龄划分看，60岁以上的调查对象对图书馆设施的利用频率最高，其次为20~29岁，其他年龄段的调查对象由于学习和工作繁忙等原因，对图书馆设施的利用频率相对较低。从婚姻状况看，单身的调查对象对图书馆设施的利用频率高于已婚的调查对象。从教育背景看，具有大学学历的调查对象对图书馆设施的利用频率最高，具有研究生及以上学历的调查对象对图书馆设施的利用频率最低，这多是因为公共图书馆提供的大多为科普读物，用于研究的专业书籍相对较少。从就业情况看，失业和退休的调查对象对图书馆设施的利用频率相对较高，全职就业和自己创业的调查对象对图书馆设施的利用频率相对较低，这是因为失业者和退休者往往有更多的闲暇时间，可以充分地利用图书馆服务。从收入水平看，家庭人均月收入1001~2000元的调查对象对图书馆设施的利用频率相对较高，家庭人均月收入5000元以上的调查对象对图书馆设施的利用频率相对较低。这说明目前图书馆的服务对象主要为较低收入人群和普通收入人群。

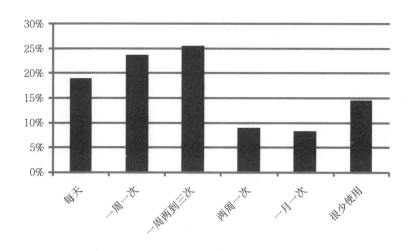

图5-53 对图书馆设施的利用频率

调查结果显示（图5-54），调查对象每次到图书馆后往往都会停留较长时间来利用图书馆的资源与服务，54.0%的调查对象会停留超过2个小时，23.1%的调查对象会停留1个小时到2个小时之间，而在图书馆停留不足半个小时的调查对象只有5.4%。从性别看，61.0%的女性调查对象会每次到图书馆停留超过两个小时，高于男性的55.0%。从婚姻状况看，单身调查对象每次到图书馆停留时间超过两个小时的比例是已婚调查对象的2倍，即73.5%对35.8%。从年龄看，20~29岁的调查对象每次到图书馆停留时间超过两个小时的比例最高，达到76.5%，这些调查对象利用图书馆自习区域较多，而且往往入馆较早；而50~59岁的调查对象每次到图书馆停留时间最短，只有29.6%。从教育背景看，具有研究生及以上学历的调查对象每次到图书馆停留的时间超过两个小时的最多，达到64.0%；而具有小学学历的调查对象往往不能在图书馆长时间停留，只有44.0%的人可以停留两个小时以上。从就业情况看，学生和失业人员每次到图书馆停留时间大多都超过两个小时，比例较高，分别达到74.2%和74.1%；而全职太太或丈夫在图书馆停留时间则较短，往往不会超过两个小时。从收入看，家庭人均月收入500元以下的调查对象每次到图书馆停留时间最长，其中停留超过两个小时的比例达到70.3%；而其他组别差别不明显。

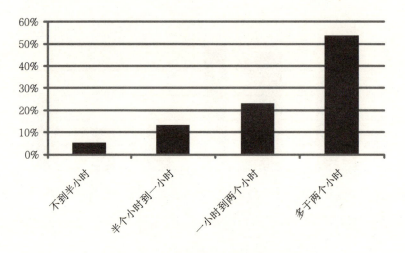

图5-54　每次到图书馆停留的时间

调查结果显示（图5-55），调查对象对图书馆周边环境总体比较满意，68.2%的调查对象认为图书馆的周边环境好，只有6.1%的调查对象认为不好。从性别看，性别对于调查对象对图书馆周边环境评价的影响不明显。从年龄看，10岁以下的调查对象给图书馆周边环境的评价最高。从婚姻状况看，单身的调查对象对图书馆周边环境的评价好于已婚的调查对象。从教育背景看，具有小学学历的调查对象对图书馆周边环境的满意程度最高，其次是具有初中学历的调查对象。从就业状况看，打零工（兼职）的调查对象对图书馆周边环境感的评价最好，全职太太或丈夫对图书馆周边环境的评价最低，这主要是因为全职太太和丈夫利用图书馆往往是为了带孩子来，所以对图书馆的安全、卫生、文明等环境要求较高。从收入情况看，收入500元以下的低收入人群对图书馆周边环境的评价最高，收入2001~5000元的调查对象对图书馆周边环境的评价最低。

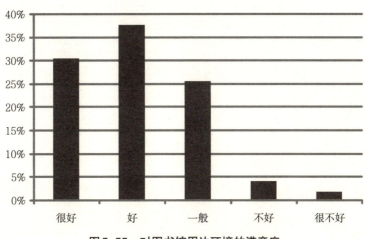

图5-55 对图书馆周边环境的满意度

从调查对象对图书馆服务项目的使用情况看（表5-15），调查对象对图书馆的使用仍以传统服务为主，在阅览室（自习室）学习、借书、读报刊位列前三位，在图书馆使用电脑和网络也成为调查对象的重要选择之一。从性别看，男性和女性在利用图书馆服务内容方面存在明显差异，男性调查对象只对读者活动、读报刊、查地图这几项服务的利用率高于女性调查对象；其余各项服务的利用率，女性调查对象均高于男性调查对象，尤其是信息咨询、复印、查参考书等方面差距明显。从年龄看，39岁以下的调查对象经常使用的图书馆服务是在阅览室（自习室）学习和借书，40~59岁的调查对象经常使用的图书馆服务是读报刊和借书，60岁以上的调查对象经常使用的图书馆服务是在阅览室（自习室）学习和读报刊。从教育背景看，随着调查对象学历的提高，查用数字资源（如数据库）、设备设施或空间的利用、借DVD或VCD的比例随之增高。从就业状况看，全职就业、全职太太或丈夫、退休、打零工（兼职）、失业、自己创业的调查对象经常使用的图书馆服务为借书、在阅览室（自习室）学习、读报刊，只是利用率的排序有所不同；学生对现代信息网络技术更为熟悉和熟练操作，所以经常使用的图书馆服务为借书、在阅览室（自习室）学习、使用电脑和网络。

表5-15　调查对象经常使用的图书馆服务项目

调查选项	频次/个	占总样本数的比例/%	排位
在阅览室学习	626	62.2	1
借书	606	60.2	2
读报刊	368	36.5	3
使用电脑、网络	240	23.9	4
查参考书	183	18.2	5
信息咨询	84	8.3	6
设备设施或空间的利用	76	7.6	7
查用数字资源（如数据库）	70	7.0	8
听讲座或参加培训课程	63	6.3	9
复印	55	5.5	10
参加其他读者活动	31	3.1	11
查地图	26	2.6	12
借DVD或VCD	22	2.2	13

　　调查结果显示（表5-16），超过半数的调查对象到图书馆是为了查阅学习资料，而日常生活的信息、健康和医疗的信息也是他们较为需要的。从性别看，男性调查对象在通过图书馆获取本地情况的信息、公民权利的信息、具有权威性的信息的比例明显高于女性；女性调查对象在通过图书馆获取学习资料、其他信息、日常生活信息的比例高于男性；性别调查划分显示，性别对通过图书馆获得健康和医疗的信息、与工作相关的信息无相关性。从年龄划分看，10~39岁的调查对象到图书馆主要寻找关于学习资料方面的信息，40岁以上的调查对象到图书馆主要寻找关于健康和医疗方面的信息；随着人们在不同年龄阶段社会角色分工和学习工作任务的不同，调查对象到图书馆获取学习资料方面的信息的比例随着年龄的增长而降低；人们到40岁以后，关于自身健康和保健的意识增强，调查对象到图书馆获取健康和医疗方面信息的比例随着年龄的增长而有所提高。从婚姻状况看，单身调查对象主要通过图书馆获取学习资料和其他信息的比例高于已婚调查对象，除此之外其他选项的选择比例均是已婚调查对象高于单身调查对

象，说明单身调查对象把更多的精力用于学习。从教育背景看，随着学历的提高，通过图书馆获取与工作相关的信息的比例也随之提高，获取其他信息的比例随之降低，获取权威信息的比例有随之升高的趋势。从收入情况看，家庭人均月收入500元以下、500~1000元、2001~5000元的调查对象通过图书馆主要获取学习资料和日常生活信息，1001~2000元、5000元以上的调查对象通过图书馆主要获取学习资料及健康和医疗的信息；随着收入的提高，调查对象更加注重借助公共设施提升个人工作，通过图书馆获取与工作相关的信息的比例随之升高。

表5-16　调查对象到图书馆寻找的信息

调查选项	频次/个	占总样本数的比例/%	排位
学习资料	584	58.0	1
日常生活的信息	303	30.1	2
健康和医疗的信息	288	28.6	3
与工作相关的信息	232	23.0	4
具有权威性的信息	203	20.2	5
其他	165	16.4	6
公民权利的信息	108	10.7	7
本地情况的信息	81	8.1	8

5.3.3.2　调查对象对图书馆的认知情况

该部分调查针对图书馆的认知方面，共有7道问题（表5-17）。

表5-17　调查对象对图书馆的认知

调查项目	很赞同	赞同	不确定	不赞同	很不赞同
去图书馆经常能找到自己所需要的信息	30.0%	40.8%	25.7%	2.2%	1.3%
去图书馆是为了使用馆内的特色数据库	21.3%	29.2%	31.8%	14.1%	3.6%
去图书馆能够得到图书馆员的帮助	27.5%	40.7%	21.1%	7.6%	3.1%
去图书馆能够舒缓生活中的压力和情绪	36.0%	45.6%	12.9%	4.4%	1.1%
去图书馆能够增加与别人的交流	20.9%	30.6%	26.2%	16.8%	5.5%

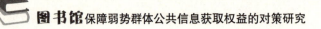

续表

调查项目	很赞同	赞同	不确定	不赞同	很不赞同
去图书馆主要是为了带小孩去，自己顺便去	15.1%	16.7%	16.7%	26.7%	24.8%
去图书馆是把它当作一所学校	36.6%	40.3%	14.2%	7.4%	1.5%

关于去图书馆是否能经常找到自己所需要的信息，调查结果显示，70.8%的调查对象能够经常找到，3.5%的调查对象无法经常找到，25.7%的调查对象表示不确定。从性别看，女性调查对象去图书馆能够找到自己所需要信息的比例略高于男性调查对象。从年龄看，10岁以下的调查对象去图书馆能够找到自己所需要信息的比例高于其他年龄段的调查对象；20~29岁的调查对象获取信息渠道丰富、信息更新较快，所以认为去图书馆能够找到自己所需要信息的比例最低。从婚姻状况看，已婚调查对象去图书馆能够找到自己所需要信息的比例高于单身调查对象。从教育背景看，具有小学学历的调查对象去图书馆能够找到自己所需要信息的比例最高，具有大学学历的调查对象去图书馆能够找到自己所需要信息的比例最低。从就业状况看，全职太太或丈夫调查对象去图书馆能够找到自己所需要信息的比例最高，失业的调查对象去图书馆能够找到自己所需要信息的比例最低，由此看出，图书馆应加强针对失业人群的特殊服务。从收入情况看，家庭人均月收入2001~5000元的调查对象去图书馆能够找到自己所需要信息的比例最高，家庭人均月收入5000元以上的调查对象去图书馆能够找到自己所需要信息的比例最低。

关于去图书馆是否使用图书馆的特色数据库，50.5%的调查对象表示使用图书馆的特色数据库，17.7%的调查对象表示不使用图书馆的特色数据库，31.8%的调查对象选择不确定。从性别看，性别对调查对象是否使用特色数据库影响不明显。从年龄看，10岁以下的调查对象使用图书馆特色数据库的比例最高；10~19岁的调查对象使用图书馆特色数据库的比例最低。从婚姻状况看，已婚调查对象使用图书馆特色数据库的比例高于未婚调查对象。从教育背景看，具有研究生及以上学历的调查对象使用图书馆特色数据库的比例最高，因为他们具有一定的信息鉴别能力和信息检索技能；具有小学学历的调查对象使用图书馆特色数据库的比例最低。从就业状况看，全职太太或丈夫使用图书馆特色数据库的比例最高，打零工（兼职）者使用图书馆特色数据库的比例最低。从收入情况看，家庭人均月收入500~1000元的调查对象使用图书馆特色数据库的比例最高，家庭人均月收入500元以下的调查对象使用图书馆特色数据库的比例最低。

关于去图书馆能否得到图书馆员的帮助，68.2%的调查对象表示能够得到馆员帮助，10.7%的调查对象认为不能得到帮助，21.1%的调查对象选择不确定。从性别看，女性调查对象认为更多地得到了馆员帮助，此比例高于男性调查对象。从年龄看，10岁以下的调查对象得到馆员帮助的比例最高，20~29岁的调查对象认为得到馆员帮助的比例最低。从婚姻状况看，已婚调查对象得到馆员帮助的比例高于未婚调查对象。从教育背景看，具有小学学历的调查对象得到馆员帮助的比例最高，具有研究生及以上学历的调查对象得到馆员帮助的比例最低，因为高学历群体大多能完成自助图书馆服务。从就业状况看，退休的调查对象得到馆员帮助的比例最高，学生认为得到馆员帮助的比例最低。从收入情况看，家庭人均月收入500~1000元的调查对象认为得到馆员帮助的比例最高，他们需要馆员的引导与关注，家庭人均月收入5000元以上的调查对象认为得到馆员帮助的比例最低。

关于去图书馆能否舒缓生活中的压力和情绪，81.6%的调查对象认为能够舒缓生活中的压力和情绪，5.5%的调查对象表示不能舒缓生活中的压力和情绪，12.9%的调查对象选择不确定。从性别看，性别对去图书馆能否舒缓生活中的压力和情绪影响不明显。从年龄看，60岁以上的调查对象普遍表示去图书馆能够舒缓生活中压力和情绪的比例最高，20~29岁的调查对象的调查结果比例最低。从婚姻状况看，已婚调查对象认为去图书馆能够舒缓生活中的压力和情绪的比例高于未婚调查对象。从教育背景看，具有小学学历的调查对象认为去图书馆能够舒缓生活中的压力和情绪的比例最高，具有研究生及以上学历的调查对象认为去图书馆能够舒缓生活中的压力和情绪的比例最低。从就业状况看，退休的调查对象认为去图书馆能够舒缓生活中的压力和情绪的比例最高，失业的调查对象认为去图书馆能够舒缓生活中的压力和情绪的比例最低。从收入情况看，家庭人均月收入1001~2000元的调查对象认为去图书馆能够舒缓生活中的压力和情绪的比例最高，家庭人均月收入500元以下的调查对象认为去图书馆能够舒缓生活中的压力和情绪的比例最低。由上述结果可见，图书馆还需要对失业者、低收入人群等弱势群体给予更多的关怀。

关于去图书馆能否增加与别人的交流，51.5%的调查对象认为能够增加与别人的交流，22.3%的调查对象认为不能增加与别人的交流，26.2%的调查对象选择不确定。从性别看，性别对调查对象认为去图书馆能够增加与别人的交流影响不明显。从年龄看，10岁以下的调查对象认为去图书馆能够增加与别人交流的比例最高，其次是60岁以上的调查对象；20~29岁的调查对象认为去图书馆能够增加与别人交流的比例最低。从婚姻状况看，婚姻状况对调查对象认为去图书馆能够增加与别人的交流影响不明显。从教育背景看，具有小学学历的调查对象认为去图书馆能够增加与别人交流的比例最高，具有研究生及以上学历的调查对象认为去图书馆能够增加与别人交流的比例最低。从就业状况看，退休的调查对象认为去图书馆能够增加与别人交流的比例最高，失业的调查对象认为去图书馆能够增加与别人交流的比例最低。从收入情况看，家庭人均月收入500~1000元的调查对象认为去图书馆能够增加与别人交流的比例最高，家庭人均月收入2001~5000元的调查对象认为去图书馆能够增加与别人交流的比例最低。

关于去图书馆是否主要为了带小孩去、自己顺便去，31.8%的调查对象表示去图书馆主要是带孩子、自己是顺便去；51.5%的调查对象表示去图书馆主要是自己去；16.7%的调查对象选择不确定。从性别看，女性调查对象去图书馆主要是为了带小孩去，此比例高于男性调查对象。从婚姻状况看，已婚调查对象大多去图书馆是为了带小孩去。从教育背景看，具有低学历的调查对象去图书馆主要为了带小孩去，具有研究生及以上学历的调查对象该调查结果显示的比例最低。从就业状况看，全职太太或丈夫调查对象去图书馆主要为了带小孩去、自己顺便去。从收入情况看，家庭人均月收入500~1000元的调查对象去图书馆主要为了带小孩去、自己顺便去的比例最高。

关于是否把图书馆当作一所学校，76.9%的调查对象把图书馆当作一所学校，8.9%的调查对象没有把图书馆当作一所学校，14.2%的调查对象选择不确定。从性别看，性别对调查对象是否把图书馆当作一所学校这一选项影响不明显。从年龄看，60岁以上的调查对象把图书馆当作一所学校的比例最高，10~29岁的调查对象把图书馆当作一所学校的比例最低。从婚姻状况看，已婚调查对象把图书馆当作一所学校的比例高于未婚调查对象。从教育背景看，具有小学学历的调查对象把图书馆当作一所学校的比例最高，具有研究生及以上学历的调查对象把图书馆当作一所学校的比例最低。从就业状况看，退休的调查对象把图书馆当作一所学校的比例最高，打零工（兼职）的调查对象把图书馆当作一所学校的比例最低。从收入情况看，家庭人均月收入2001~5000元的调查对象把图书馆当作一所学校的比例最高，家庭人均月收入500元以下的调查对象把图书馆当作一所学校的比例最低，低收入者走入图书馆的不多，还没有充分意识到图书馆的教育功能与社会价值。

调查结果显示（图5-56），导致调查对象不使用图书馆的主要原因是时间因素。从性别看，女性调查对象更多会因为经济原因和时间不便而不使用图书馆，男性调查对象更多会因为生理方面的原因不使用图书馆。从年龄看，10~49岁的调查对象不使用图书馆更多是因为时间限制，50~59岁的调查对象不使用图书馆更多是因为距离限制，60岁以上的调查对象不使用图书馆更多是因为生理原因；调查对象由于生理原因不使用图书馆的比例随着年龄的增加而提高。从婚姻状况看，单身调查对象更多会因为时间和经济的限制不使用图书馆，已婚调查对象更多会因为距离和生理原因不使用图书馆。从收入情况看，调查对象因为距离原因不利用图书馆的比例随着收入的增加有提高的趋势，但家庭人均月收入超过5000元的高收入群体由于支付交通费的能力较强（如有私家车、打车等），利用图书馆受距离因素影响有所减小。

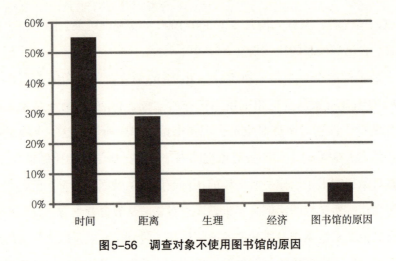

图5-56　调查对象不使用图书馆的原因

5.3.4　调查对象对图书馆的评价和改进建议

5.3.4.1　调查对象在图书馆遇到困难的解决方式

调查结果显示（图5-57），由于图书馆工作人员在专业知识和技能、对图书馆熟悉程度等方面具有优势，成为调查对象遇到困难时首先求助的对象。从性别看，女性调查对象在使用图书馆遇到困难时一般会选择求助馆员、询问其他读者、向熟人求助或直接放弃，这些选项的比例高于男性调查对象，男性调查对象则更多地会选择上网求助或者采用其他方式。从年龄看，调查对象在使用图书馆遇到困难时选择上网求助的比例会随着年龄的提高而降低，也就是说年龄越小的人越愿意求助网络解决问题。从婚姻状况看，单身调查对象在使用图书馆时遇到困难一般更多地会选择询问其他读者、向熟人求助、上网求助、直接放弃，这些比例均高于已婚调查对象；已婚调查对象则更多地会选择求助馆员。从就业状况看，全职太太或丈夫在使用图书馆遇到困难时首先会求助馆员，其次是求助熟人，如果还没有解决则直接放弃；学生求助馆员的比例最低，更多地是求助其他读者和上网求助；自己创业、全职就业、退休的调查对象在使用图书馆遇到困难时选择放弃的比例相对较低。从收入情况看，家庭人均月收入500元以下的调查对象在使用图书馆遇到困难时选择上网求助和放弃的比例最高，即如果上网求助无法解决困难则会选择放弃；家庭人均月收入5000元以上的调查对象在使用图书馆遇到困难时一般会选择询问其他读者和求助熟人。

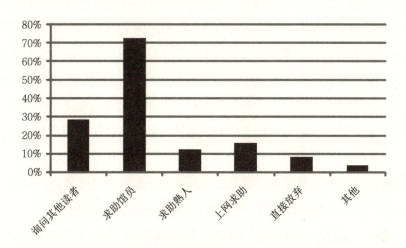

图5-57 调查对象如何解决使用图书馆时遇到的困难

5.3.4.2 调查对象对图书馆的评价

该部分是调查对图书馆的满意程度，共有8道问题，内容涵盖硬软件设施、环境、服务、资源等（表5-18）。

表5-18 调查对象对图书馆的满意程度

调查项目	非常满意	满意	一般	不满意	很不满意
电脑的硬件设施	22.5%	39.3%	30.5%	5.2%	2.5%
电脑软件	20.3%	35.6%	35.2%	6.8%	2.1%
网速	20.8%	30.4%	35.5%	9.8%	3.5%
环境（噪声、采光、空间等）	27.3%	42.5%	22.0%	5.5%	2.7%
工作人员的服务	32.1%	44.6%	18.6%	3.3%	1.4%
每次利用电脑的时间限制	21.4%	33.8%	35.2%	7.6%	1.9%
纸质资源	25.6%	42.3%	26.4%	4.6%	1.1%
数字资源	24.3%	37.9%	31.6%	5.0%	1.2%

关于电脑的硬件设施方面，61.8%的调查对象表示满意，7.7%的调查对象不

满意，30.5%的调查对象认为一般。从性别看，女性调查对象对图书馆电脑硬件设施的满意度高于男性调查对象。从年龄看，10岁以下的调查对象对图书馆电脑硬件设施的满意度最高，20~29岁的调查对象对图书馆电脑硬件设施的满意度最低。从婚姻状况看，已婚调查对象对图书馆电脑硬件设施的满意度高于单身的调查对象。从教育背景看，具有小学学历的调查对象对图书馆电脑硬件设施的满意度最高，具有研究生及以上学历的调查对象对图书馆电脑硬件设施的满意度最低。从就业状况看，全职太太或丈夫对图书馆电脑硬件设施的满意度最高，全职就业的调查对象对图书馆电脑硬件设施的满意度最低。从收入情况看，家庭人均月收入500元以下的调查对象对图书馆电脑硬件设施的满意度最高，家庭人均月收入5000元以上的调查对象对图书馆电脑硬件设施的满意度最低。

关于电脑软件方面，55.9%的调查对象表示满意，8.9%的调查对象不满意，35.2%的调查对象认为一般。从性别看，女性调查对象对图书馆电脑软件的满意度高于男性调查对象。从年龄看，10岁以下的调查对象对图书馆电脑软件的满意度最高，20~29岁的调查对象对图书馆电脑软件的满意度最低。从婚姻状况看，已婚调查对象对图书馆电脑软件的满意度高于单身的调查对象。从教育背景看，具有小学学历的调查对象对图书馆电脑软件的满意度最高，具有研究生及以上学历的调查对象对图书馆电脑软件的满意度最低。从就业状况看，全职太太或丈夫对图书馆电脑软件的满意度最高，失业的调查对象对图书馆电脑软件的满意度最低。从收入情况看，家庭人均月收入500元以下的调查对象对图书馆电脑软件的满意度最高，家庭人均月收入2001~5000元的调查对象对图书馆电脑软件的满意度最低。

关于网速方面，51.2%的调查对象表示满意，13.3%的调查对象不满意，35.5%的调查对象认为一般。从性别看，女性调查对象对图书馆网速的满意度明显高于男性调查对象。从年龄看，10岁以下的调查对象对图书馆网速的满意度最高，20~29岁的调查对象对图书馆网速的满意度最低。从婚姻状况看，已婚调查对象对图书馆网速的满意度高于单身的调查对象。从教育背景看，具有小学学历的调查对象对图书馆网速的满意度最高，具有研究生及以上学历的调查对象对图书馆网速的满意度最低。从就业状况看，打零工（兼职）的调查对象对图书馆网速的满意度最高，失业的调查对象对图书馆网速的满意度最低。从收入情况看，家庭人均月收入500~1000元的调查对象对图书馆网速的满意度最高，家庭人均月收入5000元以上的调查对象对图书馆网速方面的满意度最低。

关于环境方面，69.8%的调查对象表示满意，8.2%的调查对象不满意，22.0%的调查对象认为一般。从性别看，性别对调查对象对图书馆环境评价的影响不明显。从年龄看，10岁以下的调查对象对图书馆环境的满意度最高，50~59岁的调查对象对图书馆环境的满意度最低。从婚姻状况看，婚姻对调查对象关于图书馆环境的评价影响不明显。从教育背景看，具有小学学历的调查对象对图书馆环境的满意度最高，具有研究生及以上学历的调查对象对图书馆环境的满意度最低。从就业状况看，打零工（兼职）的调查对象对图书馆环境的满意度最高，全职就业的调查对象对图书馆环境的满意度最低。从收入情况看，家庭人均月收入500~1000元的调查对象对图书馆环境的满意度最高，家庭人均月收入500元以下的调查对象对图书馆环境的满意度最低。

关于工作人员的服务方面，76.7%的调查对象表示满意，4.7%的调查对象不满意，18.6%的调查对象认为一般。从性别看，性别对调查对象对工作人员服务评价的影响不明显。从年龄看，10岁以下的调查对象对图书馆工作人员服务的满意度最高，20~29岁的调查对象对图书馆工作人员服务的满意度最低。从婚姻状况看，已婚调查对象对图书馆工作人员服务的满意度高于单身的调查对象。从教育背景看，具有小学学历的调查对象对图书馆工作人员服务的满意度最高，具有研究生及以上学历的调查对象对图书馆工作人员服务的满意度最低。从就业状况看，退休的调查对象对图书馆工作人员的服务的满意度最高，学生调查对象对图书馆工作人员服务的满意度最低。从收入情况看，家庭人均月收入500~1000元的调查对象对图书馆工作人员服务的满意度最高，家庭人均月收入500元以下的调查对象对图书馆工作人员服务的满意度最低。

关于对每次利用电脑的时间限制方面，55.2%的调查对象表示满意，9.5%的调查对象不满意，35.2%的调查对象认为一般。从性别看，性别对调查对象关于每次利用电脑的时间限制评价影响不明显。从年龄看，10岁以下的调查对象对图书馆限制电脑利用时间的满意度最高，20~29岁的调查对象对图书馆限制电脑利用时间的满意度最低。从婚姻状况看，已婚调查对象对图书馆限制电脑利用时间的满意度较高。从教育背景看，具有小学学历的调查对象对图书馆限制电脑利用时间的满意度最高，具有研究生及以上学历的调查对象对图书馆限制电脑利用时间的满意度最低。从就业状况看，全职太太或丈夫对图书馆限制电脑利用时间的满意度最高，打零工（兼职）的调查对象对图书馆限制电脑利用时间的满意度最低。从收入情况看，家庭人均月收入500~1000元的调查对象对图书馆限制电脑利用时间的满意度最高，家庭人均月收入500元以下的调查对象对图书馆限制电脑利用时间的满意度最低。

关于图书馆提供的纸质资源方面，67.9%的调查对象表示满意，5.7%的调查对象不满意，26.4%的调查对象认为一般。从性别看，女性调查对象对图书馆纸质资源的满意度高于男性调查对象。从年龄看，10岁以下的调查对象对图书馆纸质资源的满意度最高，20~29岁的调查对象对图书馆纸质资源的满意度最低。从婚姻状况看，婚姻对调查对象对图书馆纸质资源的评价影响不明显。从教育背景看，具有小学学历的调查对象对图书馆纸质资源的满意度最高，具有研究生及以上学历的调查对象对图书馆纸质资源的满意度最低。从就业状况看，失业的调查对象对图书馆纸质资源的满意度最高，退休的调查对象对图书馆纸质资源的满意度最低。从收入情况看，家庭人均月收入500~1000元的调查对象对图书馆纸质资源的满意度最高，家庭人均月收入5000元以上的调查对象对图书馆纸质资源的满意度最低。

关于图书馆提供的数字资源方面，62.2%的调查对象表示满意，6.2%的调查对象不满意，31.6%的调查对象认为一般。从性别看，女性调查对象对图书馆数字资源的满意度高于男性调查对象。从年龄看，10岁以下的调查对象对图书馆数字资源的满意度最高，60岁以上的调查对象对图书馆数字资源的满意度最低。从婚姻状况看，单身的调查对象对图书馆数字资源的满意度高于已婚调查对象。从教育背景看，具有小学学历的调查对象对图书馆数字资源的满意度最高，具有研究生及以上学历的调查对象对图书馆数字资源的满意度最低。从就业状况看，全职太太或丈夫对图书馆数字资源的满意度最高，退休的调查对象对图书馆数字资源的满意度最低。从收入情况看，家庭人均月收入500~1000元的调查对象对图书馆数字资源的满意度最高，家庭人均月收入5000元以上的调查对象对图书馆数字资源的满意度最低。

5.3.4.3 调查对象认为图书馆存在的不足以及改进措施

调查结果显示（表5-19），"资源老、更新慢"成为调查对象认为图书馆存在的首要不足，其次是"图书馆数量少、离家远"。从性别看，女性调查对象认为"图书馆数量少，离家太远"是图书馆存在的主要不足，而男性调查对象认为"资源老，更新慢""馆员少，服务意识差"是图书馆存在的主要不足，认为"馆舍面积小，设施不便利"的男女性别调查对象的比例相同。从年龄看，20~49岁的调查对象均认为"资源老，更新慢"是图书馆存在的首要问题，10岁以下、10~19岁、50~59岁、60岁以上的调查对象认为"图书馆数量少，离家太远"是图书馆存在的首要问题。从教育背景看，具有小学、大学、研究生及以上学历的调查对象认为图书馆存在的不足主要是"资源老，更新慢"，具有初中、高中学历的调查对象认为图书馆存在的不足主要是"图书馆数量少，离家太远"。从收入情况看，家庭月收入500元以下的调查对象认为图书馆存在的不足主要是"馆员少，服务意识差"；家庭月收入500~1000元的调查对象认为图书馆存在的不足主要是"资源老，更新慢"；家庭月收入1001~2000元以下的调查对象认为图书馆存在的不足主要是"馆舍面积小，设施不便利"；家庭月收入2001~5000元的调查对象认为图书馆存在的不足主要是"图书馆数量少，离家太远"。

表5-19　调查对象认为图书馆存在的不足

调查选项	频次/个	占总样本数的比例/%	排位
资源老，更新慢	473	47.0	1
图书馆数量少，离家太远	389	38.6	2
馆舍面积小，设施不便利	270	26.8	3
馆员少，服务意识差	94	9.3	4

调查结果显示（表5-20），大多数调查对象认为政府在改进图书馆方面应该

负起更多的责任，增加资金和相关资源的投入。从性别看，男性调查对象认为图书馆的改进措施首要是要加强"政府重视，增加投入"，而女性调查对象则认为图书馆需要"社会和个人积极参与""图书馆自己改进""媒体加大宣传"。从年龄看，调查对象认为通过"政府重视，增加投入"改进图书馆不足的比例有随着年龄的增加而提高的趋势。从教育背景看，随着调查对象学历的提高，认为图书馆改进应通过"政府重视并增加投入""社会和个人积极参与"的比例随之提高。从收入情况看，家庭月收入2001~5000元的调查对象认为图书馆应得到"政府重视，增加投入"；家庭月收入5000元以上的调查对象认为图书馆应呼吁"社会和个人积极参与"以及"媒体加大宣传"；家庭月收入500元以下的调查对象认为应"图书馆自己改进"。

表5-20　调查对象认为图书馆改进的方面

调查选项	频次/个	占总样本数的比例/%	排位
政府重视，增加投入	741	73.6	1
社会和个人积极参与	475	47.2	2
图书馆自己改进	375	37.2	3
媒体加大宣传	342	34.0	4

5.4　调查结论

综合分析上述研究数据和现象，从微观层面可以梳理和总结出以下几方面的规律和问题。此部分的重点在于分析上述调查数据的表现和内在原因，为从宏观角度改进图书馆服务、提出图书馆保障弱势群体公共信息获取权益对策提供数据支撑。

5.4.1　弱势群体获取渠道呈现狭窄、单一的特点

性别、年龄、教育背景、职业、收入等因素会不同程度地影响人们信息获取的渠道、地点、偏好和投入程度。由于弱势群体在性别、年龄、教育背景、就

业、收入等方面均处于劣势，相应地，其信息获取行为受到极大的限制，尤其是公共信息获取，受到多种因素的影响和制约。本次调查中，老年人因为生理心理、文化程度、信息素养、信息技能等的能力缺陷，不能很好地通过互联网等新媒体充分获取信息和知识，本次调查显示，目前只有13.6%的老年人能够通过互联网获取信息和知识。多数未成年人和老年人往往由于没有工作单位、与社会接触不多，信息获取渠道狭窄、单一，不能通过政府部门有效地获取所需信息，而更多地选择在图书馆获取信息。低收入群体（家庭人均月收入低于1000元）因为生活压力较大，需要将大量的时间和精力用于维持生计，阅读率（包括图书、报纸和杂志）普遍不高，很少有时间看电视或上网，加上对信息的金钱成本支付能力较弱，不愿意为获取信息支付较高的费用，以致普遍获取信息困难。在本次调查中，家庭人均月收入500元以下的低收入群体中，有1/3的人认为金钱是获取信息的成本；而家庭人均月收入5000元以上的群体中，只有20.2%的人认为金钱是获取信息的成本。

5.4.2 弱势群体信息获取权益无法得到有效保障，信息满足感不高

调查发现，大多数人都认为信息获取对他们的精神生活有很大的促进作用，对物质生活的提升也有一定帮助。低收入人群对时事政治、经济财经、健康保健等类的公共信息关注度较低，对求职就业类信息关注度较高，获取到的信息很少用于"了解最新的时事动态""改善生活，增加收入"，很难将信息转化为收入。本次调查中，家庭人均月收入500元以下的低收入群体中只有8.3%获取信息是为了改善生活，作为对比，家庭人均月收入5000元以上的高收入人群中有21.1%的人通过信息改善生活。打零工（兼职）和失业人群获取信息的目的更多的是为了改善生活，他们更关注求职就业类信息，而且看电视的时间较少，阅读（主要指阅读图书、报纸和杂志）率较低。低收入人群认为很难通过获取到的信息提高生活品质、提升个人物质生活、精神生活以及个人素养。目前，随着人们信息意识的不断增强，人们已逐渐认识到信息和知识的缺乏将会对个人经济收入、社会地位、人际关系、身体健康等带来负面影响，将信息和知识水平视为影响生活的重

要因素之一，因此用于获取信息和知识的时间逐渐增多。但是，由于弱势群体在经济收入、受教育程度、信息技能等方面仍处于劣势，在信息获取时仍存在较大障碍。例如，10岁以下和60岁以上的调查对象均将"技术更新太快，难以掌握"视为获取信息的最大障碍，虽然近半数10岁以下和60岁以上的调查对象每周会花费3小时以上的时间用于获取信息，但是他们的信息获取结果并不令人满意，60岁以上的老年人信息获取的满足感最低。失业群体获取信息不仅存在经济障碍（如金钱），而且还存在技术障碍（如信息海量、无法准确获取需要信息）。

5.4.3 弱势群体对图书馆认知度较低，不能完全满足信息获取需求

目前，随着图书馆各项业务的不断拓展，图书馆服务也不仅仅局限在传统服务领域，一些特色服务逐渐受到社会读者的青睐，成为满足公众信息需求的重要渠道。但是由于弱势群体受到生理、经济、技能、观念等的影响，对图书馆的认知程度较低，使用图书馆服务时仍停留和局限在传统服务领域（如图书借还、阅览自习），无法通过图书馆有效地获取到所需信息。本次调查中，老年人和10岁以下的未成年人大多不会使用图书馆的光盘、设备设施或空间、数字资源和信息咨询等服务项目；未成年人几乎无法通过图书馆获得具有权威性、公民权利、与工作相关、关于本地情况的信息，也较少利用图书馆的特色数据库。家庭人均月收入500元以下的低收入群体大多不会使用图书馆的特色数据库，不能有效地通过图书馆舒缓生活中的压力和情绪，对图书馆社会教育职能的认知度低，也无法充分利用图书馆进行社会学习，在使用图书馆时会遇到更多的困难。失业人员不仅会遇到经济上的困难，同时还有可能承担着巨大的心理压力，表现出不愿与他人交往、自卑、敏感等社交行为。本次调查中，失业人员大多无法通过图书馆找到所需信息，不关注权利保障和生活方面的信息，也不愿参加读者活动、讲座等图书馆服务项目，不能通过图书馆增加与别人的交流、舒缓生活中的压力和情绪。

5.4.4　图书馆应改进服务模式，更好地保障弱势群体的信息获取权益

图书馆作为保障公众信息权利的制度安排，是公众（特别是弱势群体）获取公共信息资源的重要甚至唯一可承受的渠道，图书馆的服务质量会对弱势群体的信息获取效率及信息权益的实现程度产生较大影响。因此，图书馆在满足大众、服务大众的同时应多关注残疾人、未成年人、老年人、失业人员等弱势群体的信息需求，根据他们对图书馆的评价提升服务质量、改进服务模式、提供更具有针对性的图书馆服务。本次调查中，家庭人均月收入 500 元以下的低收入群体使用图书馆时比较在意环境（噪声、采光、空间等）感受和工作人员的服务态度，而且这两方面的满意度最低，认为图书馆存在的不足主要是"馆员少，服务意识差""图书馆需自己改进"。10 岁以下的未成年人对图书馆环境、软硬件设施、服务的满意度最高，老年人对这些图书馆服务的满意度最低，这说明图书馆服务尚有较大的改进空间。调查显示，图书馆是低收入群体使用电脑、获得互联网信息的重要途径，因此受到图书馆限制利用电脑时间的影响较大。失业人员普遍对图书馆电脑软件、网速等的满意度较低，这均代表了部分社会群体的普遍需求。

6 图书馆保障弱势群体公共信息获取权益的实施对策

6.1 弱势群体公共信息获取权益制度供给策略

构建弱势群体公共信息获取权益保障机制不仅是充分保障公民尤其是弱势群体的文化权利与知识自由、实现权利均衡的有效制度安排，而且能够通过内外部环境共同作用，促使图书馆的公共信息服务加以改进与完善。

6.1.1 宏观设计❶

因为公共信息具有较强的公共物品属性，政府理应是公共物品和公共服务的提供者，因此政府应在弱势群体公共信息获取权益保障机制构建过程中起主导作用，最终由政府"买单"。各级政府作为公共信息的建设主体与管理主体，应承担起加大资金和各种公共资源的投入、加强公共文化设施建设力度、保障弱势群体享有普遍均等的文化权益、努力提高弱势群体的信息素养等方面的责任和义务。在各级财政预算中应明确公共信息服务专项经费，用于为公众（自然包含弱势群体）提供公共信息服务，并保证专款专用，不得以任何名义占用或挪用。因此从理论上讲，弱势群体公共信息获取权益保障机制构建过程中，最为理想的模

---

❶ 洪伟达.图书馆保障信息弱势群体信息行为的机制研究[J].情报资料工作,2014(1):36-40.

式是政府利用公共财政资源购买信息机构特别是公益性信息和文化机构（如图书馆、文化馆、博物馆、艺术馆等）的服务，由这些机构免费、无障碍地向公众提供覆盖全民的公共信息服务，从而使公民能够自由获取其参与社会生活和基本精神生活所需的基本信息❶。具体来讲，政府可通过以下三种方式完成弱势群体公共信息获取权益保障机制的构建：其一，通过建立公共信息设施或公共信息接入点的方式；其二，通过提供政府自有公共信息资源的方式；其三，通过向市场购买信息服务的方式，普通公众对公共信息的获取一般不需要使用公共信息设施和接入点，这些公共设施仅仅是使那些无力依靠自有资源或者市场资源获取最基本信息的人有一个可以自由获取信息的场所。

此外，需要指出的是，构建弱势群体的公共信息获取权益保障机制不等于政府"大包大揽"，还需要图书馆、社会机构（如非政府组织等）、企业等多方广泛参与和相互协作。图书馆是保障公民文化权利和受教育权的实施主体之一，因此加大对图书馆的财政投入力度，并从国家层面进行顶层设计，如法律制度的规范、行政部门的协调与配合、全社会的关注与支持等，这些都是保障弱势群体的公共信息获取权益的先决条件。例如，根据调查发现，73.6%的调查对象认为"政府重视，增加投入"是改进图书馆的最重要措施。同时，还应以文化权利和知识自由理念为指导，采用适合不同类型弱势群体的公共信息服务模式，构建以制度保障为基础（完善相关法律、法规的制度、加强政策引导、注重制度顶层设计），行政保障为主体（由政府推动，由图书馆等公共信息服务机构实施），社会保障（第三部门、企业和社会各界广泛参与）为辅助的弱势群体公共信息获取权益保障机制，并且该机制应是由多个主体（政府、社会、第三部门、企业等），多种机制（法律、行政、监督、评价等）相互协调构成的（图6-1）。

---

❶ 范并思. 图书馆资源公平利用[M]. 北京:国家图书馆出版社,2011:194.

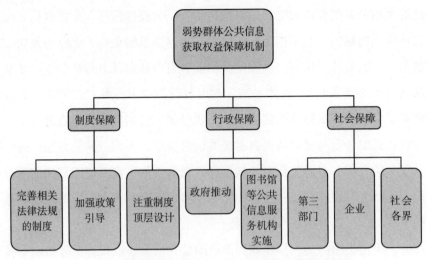

图6-1　图书馆弱势群体公共信息获取权益保障机制图

6.1.2　制度保障机制

正如诺斯所言：制度是社会的游戏规则，规范着人们的行为，调节着社会基本关系，其生命在于公平和正义。通过相关法律和制度保障公众尤其是弱势群体的信息权益是使公众平等、自由地进行信息活动的前提，更是保障弱势群体获得公平发展机会的理性手段。因此，构建弱势群体公共信息获取权益保障机制离不开相关法律、法规的配套实施。虽然目前我国现行的法律法规（如《中华人民共和国未成年人信息保护法》《中华人民共和国老年人权益保障法》《中华人民共和国残疾人保障法》《中华人民共和国就业促进法》《中华人民共和国社会保险法》《中华人民共和国政府信息公开条例》《中华人民共和国著作权法》等）中大多数都零散地涉及和体现了保障弱势群体公共信息获取权益这一重要内容，但是系统性、整体性、协调性、完善性以及实施效果等方面并不尽如人意。首先，目前现行法律法规体系存在的缺陷为：一是对弱势群体公共信息获取权益保障的具体措施规定过于简单、抽象，可操作性不强；二是缺少对弱势群体公共信息获取权益保护的程序性规定；三是对侵犯弱势群体公共信息获取权益的法律责任追究制度不明确。其次，从立法角度来看，缺少专门法（如《中华人民共和国个人信息保护法》《中华人民共和国信息安全法》《中华人民共和国公共图书馆法》等）的明确界定与保护。再次，从执行层面看，当弱势群体公共信息获取权益缺失和受损时，缺乏相关法律援助措施。

针对上述制度缺陷，首先，应加强弱势群体公共信息获取专门法的立法进程与完善。以《中华人民共和国公共图书馆法》为例，应加快相关立法进程，明确图书馆在保障公众公共信息获取权益中的地位和作用，以专门条款的形式，对图书馆弱势群体服务内容及对弱势群体实施知识援助的责任、范畴、方式等加以明确表述。再以《中华人民共和国政府信息公开条例》为例，目前只是一部行政法规，存在法律效力不高、制约性较弱、公开范围模糊等诸多问题，还需进一步修订、完善。可在适当的情况下制定符合我国国情的《中华人民共和国信息公开法》，明确政府信息公开的范畴和界线，拓宽政府信息公开方式，简化公众获取政府信息的流程，大力发展电子政务，加强对信息公开的监督和保障，明确公众信息权利遭受侵害时可采取的救济渠道等，从而用法律手段保障弱势群体获取政府信息的权利。其次，应关注未成年人等特殊群体的公共信息获取权益。随着未成年人使用互联网的比例逐年上升，互联网已成为未成年人接受教育、休闲娱乐、讨论交流的新空间，但同时未成年人面临更严峻的网络安全风险。互联网监察机构（Internet Watch Foundation）2010年的调查发现，目前全球有16700张涉及未成年人性虐待内容的图片在互联网上流传，正侵害多达数以十万计的未成年人❶。面临网络信息的无国界性，如何通过法律手段保护未成年人的信息获取权益、以法律的形式认定社会各方的职责，从而规范未成年人的网络行为已迫在眉睫。对此，国外已有专门保护未成年人的信息法案出台，但我国尚未出台专门法以保护公民的信息权益与个人信息隐私，并且针对未成年人的网络信息保护法案仍为空白。这方面不仅需要政府的积极作为和全社会的广泛参与，还需要我国未成年人信息保护法与国际惯例接轨、与其他国家的信息法律共同发挥作用，才能更好地保护未成年人的信息权益❷。同时，我们也应该看到，由于弱势群体的多样性和流动性，对弱势群体的信息获取权益进行保护无法仅依靠单一的某部法律

---

❶ 联合国报告（1）：网络世界对全球未成年人带来的危与机[EB/OL]. [2013-12-13]. http://www.cycs.org/ Article. asp?Category=1&Column=265&ID=17679.

❷ 王英,洪伟达,王政. 国外未成年人网络信息行为研究及启示[J]. 图书馆建设,2013(9)90-94.

制度来完成，还需要各部门法的综合协调，甚至需要根据实际情况制定弱势群体公共信息获取权益的制度保障体系。

6.1.3 跨越式协作机制

目前，我国在公共信息资源配置中存在严重的区域发展不平衡和城乡二元结构等问题，对于广大中西部欠发达地区和农村地区的公众而言，其公共信息获取权益普遍无法得到公平对待和有效保障，而且数字鸿沟的出现进一步加大了区域经济发展不平衡和城乡贫富差距。针对农村公共信息资源发展相对滞后、可利用的公共信息资源相对较少、农民信息素养较低、农民公共信息获取权益缺乏有效保障等现状，亟须加快推进城乡统筹建设，建立长效、稳定的公共信息资源跨越式发展协作机制，优化城乡公共信息基础设施建设的布局和结构，建立科学、合理、惠及全民的公共信息资源分配机制。

第一，在设施设备平台搭建方面，建设多层次、多类型的公共文化设施，既要充分发挥大中型城市公共文化设施（如图书馆、博物馆、美术馆、纪念馆、文化中心等）的引领作用，同时又要重视县、乡（镇）和社区基层文化设施（如文化馆、文化站、图书室等）的基础作用，使各级各类公共文化设施相互补充，充分发挥文化引领与发展作用。例如，2008年公布并实施的《公共图书馆建设用地指标》中将图书馆划分为：大型馆：指服务人口150万、建筑面积20000平方米以上的公共图书馆，其主要功能为文献信息资料借阅等日常公益性服务以及文献收藏、研究、业务指导和培训、文化推广等，服务半径应小于或等于9千米；中型馆：指服务人口20万~150万、建筑面积4500~20 000平方米公共图书馆，其主要功能为文献信息资料借阅、大众文化传播等日常公益性服务，服务半径为6.5千米；小型馆：指服务人口5万~20万、建筑面积1200~4500平方米公共图书馆，其主要功能为文献信息资料借阅、大众文化传播等日常公益性服务，服务半径为2千米❶。按照此标准，各级公共图书馆服务职能明确、定位清晰，在对公

---

❶公共图书馆建设用地指标(建标[2008]74号) [EB/OL]. [2014-09-13]. http://wenku. baidu. com/link?url= yUuz0_6XeOBH1V00KUFipo4xuXGO6aH336bnKOzKcFFo8_F_hRDZA5t_LvNpgrr66h9-NBL-tKkegDQBH07KU ygyr6yJ2zkQ-cZf0kacj9O.

共信息资源建设和配置时，能够兼顾公共信息资源的区域不平衡和城乡差距问题，相互补充并协调构建起全覆盖的公共文化服务体系。

第二，在对公共信息资源建设和配置时，必须优先向中西部欠发达地区和农村地区倾斜，从而消除公共信息资源的区域不平衡和城乡差距。从国家层面来看，文化部等部门为消除文化鸿沟，扭转县乡村基层民众普遍存在的信息匮乏、文化生活贫乏的困窘局面，在公共文化服务体系建设领域做出了诸多努力，如设立文化共享工程、公共电子阅览室、公共文化示范区、农家书屋工程、农村电影放映工程等文化惠民项目，利用覆盖省、市、县、乡、村的五级公共数字文化服务网络体系和VPN数字资源共享服务平台，全面实现了省、市、县各级图书馆快捷顺畅、稳定安全地共享国家数字图书馆的数字文献资源，整体提升了公共数字文化信息服务能力和服务水平，保障农村弱势群体的公共信息获取渠道畅通与资源总量丰富。2007年6月，在中央政治局召开的"研究加强公共文化服务体系建设"的会议上，强调"认真组织实施广播电视村村通、全国文化信息资源共享、乡镇综合文化站和基层文化阵地建设、农村电影放映、农家书屋建设等公共文化服务工程"❶。2007年11月，国家新闻出版总署制定了《农家书屋工程"十一五"时期建设规划》，提出"到2010年在全国20万个行政村建成20万个农家书屋"❷。2012年2月发布的《"十二五"时期文化改革发展规划纲要》中明确提出，农家书屋"2015年力争实现行政村的全覆盖"❸。

第三，对不同类型图书馆（公共图书馆、高校图书馆、专业图书馆等）的设施、设备、资源等方面进行优势互补的整合，可采取总分馆制和区域性服务网络等形式，实现公共信息资源的共建共享，发挥资源的最大效益。例如，文化部全国公共文化发展中心每年都会向全国各公共图书馆征集地方特色资源建设项目，

---

❶ 胡锦涛主持会议研究加强公共文化服务体系建设[EB/OL]. [2014-09-13]. http://www.gov.cn/zmyw200706c/content_651054.htm.

❷ 总署规划：十一五末建成23万余农家书屋[EB/OL]. [2014-09-13]. http://www.chinaxwcb.com/2007-11/28/content_95809.htm.

❸ 姚秀敏，樊会霞.我国公共文化服务体系中农家书屋可持续发展的思考[J].图书馆学研究,2012(22)：92-95,54.

黑龙江省图书馆近年申报获批的《百年萧红》《世界音乐之都——哈尔滨》《黑龙江世纪英雄谱》《金源文化》《江桥抗战》《渤海靺鞨绣》和《龙江剧》等地方特色数字资源建设项目，汇聚了黑龙江省本土精品视频资源、史实资料等方面内容，不仅全省基层图书馆可以免费共享共用多达120TB的数字资源，全国的基层群众也可以通过国家数字文化网平台检索利用，极大地丰富和提升了公共数字资源服务内涵，充分展现了资源整合对于保障弱势群体信息获取权益的重要意义。再如，目前在中国高等教育文献保障系统（China Academic Library & Information System,CALIS）的引领下，各高校图书馆普遍建设特色专题数据库，涵盖医学、交通、农业等与基层群众生活紧密相关的公共信息，如果CALIS可以将这些特色数据库免费向公共图书馆等社会公益性信息平台开放，将极大地扩充公共数字文化信息资源的内容，开拓公共数字文化资源的服务领域。

此外，各级公共图书馆在完成公共文化服务目标的同时，也积极肩负起帮助、救助弱势群体的社会责任，对于地震、洪水等重灾地区弱势群体倾注人文关怀。例如，2013年夏天，黑龙江、松花江流域遭遇超百年一遇的特大洪水，黑龙江省图书馆特组织文化志愿者深入灾区一线，积极投身救灾工作，先后在受灾的12个文化共享工程县支中心、47个基层服务点和灾民安置点开展各种文化惠民服务，为16个重灾区的乡镇基层服务点补充共享工程服务设备。同时，萝北县图书馆、铁力县图书馆、名山镇文化站等基层服务点更是深入灾区，将大量图书、报纸、期刊等资源送到灾民安置点，为灾民获取灾情、救灾、天气等公共信息、丰富精神生活提供了有力支撑。

6.1.4　社会参与机制

弱势群体公共信息获取权益保障机制除了需要政府主导以外，还需要引入多元服务机制，即通过财政、税收等政策的倾斜鼓励各种社会力量（包括非政府组织、慈善机构、志愿者团体、志愿者个人等）积极参与公共信息服务，实现公共信息服务的资金投入、设施建设、产品生产、组织配送等方面主体的多元化。《国家"十一五"时期文化发展规划纲要》提出："鼓励社会力量捐助和兴办公益性文化事业，引导和鼓励社会力量捐助和兴办图书馆、博物馆、文化馆等，在用地、税收等方面给予政策优惠。社会力量通过依法成立的非营利公益性组织和国家机关向公益文化事业的捐赠，纳入公益性捐赠范围。"❶

目前，国外公共信息服务通行的社会参与机制主要包括"图书馆基金会""图书馆之友""图书馆志愿者""图书馆社会捐赠""民办图书馆实践"等形式❷。例如，美国公共图书馆通过积极争取企业合作、社会募捐、贷款、发行债券、争取各种基金会（如"图书馆之友"）的专项项目支持、捐赠等多种方式进行融资❸。因此，针对弱势群体的特殊性，图书馆在为其提供公共信息服务时主要依赖下列社会支持机制。

第一，设立图书馆基金会，图书馆可借此筹措发展基金接受社会资助。刘兹恒教授曾提到，"图书馆基金会作为一种长效的图书馆运行资金保障机制，是能够在一定程度上解决农村图书馆在政府一次性投入后的可持续发展问题的。"❹公共信息资源的开发、利用、整合和再开发利用需要大量的资金支持，政府若能推动设立全国性的图书馆基金会，则能够联合社会力量、整合社会资源来推动公共图书馆事业的发展，从而能确保弱势群体公共信息获取的可持续发展。然而，图书馆基金会作为社会力量参与弱势群体公共信息获取保障行为要符合相关的国家政策要求。例如，2006年《关于进一步支持文化事业发展若干经济政策的通知》规定：社会力量通过国家批准成立的非营利性的公益组织或国家机关对宣传文化事业的公益性捐赠，经税务机关审核后，纳税人缴纳企业所得税时，在年度应纳税所得额10%以内的部分，可在计算应纳税所得额时予以扣除；纳税人缴纳个人所得税时，捐赠额未超过纳税人申报的应纳税所得额30%的部分，可从其应纳税所得额中扣除❺。因此，图书馆要与各类公益性组织保持紧密的沟通和联

---

❶ 国家"十一五"时期文化发展规划纲要（全文）[EB/OL]. [2014-09-13]. http://news. xinhuanet. com/politics/2006-09/13/content_5087533. htm.

❷ 张铁. 从制度视角谈公共图书馆社会支持[J]. 图书馆杂志,2012(8):10-12,32.

❸ 胡立耘. 美国公共图书馆社区信息服务的特点[J]. 图书馆建设,2009(5):74-77.

❹ 刘兹恒,朱苟. 我国农村图书馆持续发展的可行措施——图书馆基金会[J]. 图书馆论坛,2009(12):37-40.

❺ 关于进一步支持文化事业发展若干经济政策的通知[EB/OL]. [2014-09-13]. http://www. gov. cn/xxgk/pub/govpublic/mrlm/200803/t20080328_32514. html.

系，及时掌握其动态，争取其最大限度的支持，拓展社会资助的渠道，使图书馆基金会不仅成为公益慈善项目的实施者，更是图书馆精神、图书馆文化和图书馆核心价值的倡导者和传播者。

第二，关注慈善组织对弱势群体提供的服务支持。慈善组织对弱势群体提供的服务支持主要包括：培训服务、康复服务、医疗服务、生产服务、医学知识宣传服务、国家法律政策宣传服务等。在弱势群体公共信息获取服务方面，图书馆可通过与慈善组织开展合作的方式，寻求慈善组织及其他社会力量的支持，如与慈善组织合作开展流动图书馆项目，与慈善组织合作开展盲人阅览服务，与慈善组织合作设立康复文献阅览室，与社会力量合作建设特色馆藏等。例如，纽约公共图书馆的资金中有2/3来源于政府财政拨款，1/3来源于社会捐赠，其中政府拨款主要用于支撑85个分馆的运营，社会捐助资金是其下4个研究中心和部分馆藏保存、更新的主要支柱❶。

第三，建立志愿服务机制，鼓励社会志愿者参与提供公共信息服务。目前我国已有22个省市制定了地方性的志愿服务法规。比较有代表性的有：1999年8月出台的《广东省青年志愿服务条例》，这也是我国第一部关于青年志愿服务的地方性法规；2003年6月审议通过的《黑龙江省志愿服务条例》首次在法律、法规上将志愿服务的参与主体从青少年扩大到中老年；2009年4月公布的《上海市志愿服务条例》明确提出志愿服务活动的组织者可以对志愿者在从事志愿服务活动中由本人所支出的交通、午餐等费用给予适当的补贴。可见，建立成熟的图书馆社会支持机制、广泛调动社会资源，除了政策文件支撑外，图书馆还可以建立行之有效的志愿者管理招募机制、培训机制、激励机制、评估机制和反馈机制，使志愿者管理工作更加科学化、制度化、常态化和规范化❷。

6.1.5　其他机制

图书馆保障弱势群体公共信息获取权益需要图书馆自身的努力和社会多种机

---

❶ 从公共图书馆的运行看美国社会的捐赠文化——西行杂记之一[EB/OL]. [2014-09-13]. http://blog.sina. com. cn/s/blog_3fe058210100xyat. html.

❷ 张铁. 从制度视角谈公共图书馆社会支持[J]. 图书馆杂志,2012(8):10-12,32.

制的相互协调、配合，所以除了上述提到的4种主要机制外，还需要宣传机制、评价机制、监督机制等进行补充与完善。

（1）宣传机制。一方面，图书馆应加强面向公众和读者的宣传力度。目前，我国公共图书馆的宣传意识薄弱，不注重面向公众和读者的宣传活动。对于图书馆宣传品方面的调查显示，只有26.1%的调查对象收到过图书馆的宣传材料，73.9%没有收到过；35.3%的调查读者表示图书馆宣传品会对其利用图书馆产生影响（如增加图书馆的利用频率），63.7%表示图书馆宣传品不会对其利用图书馆产生影响。国外图书馆较为注重图书馆的宣传推广，有很多经验值得我们学习和借鉴。例如，国外图书馆经常通过向公众（尤其是附近社区居民）发放小册子（brochure）、书签（bookmark）、馆情通报（newsletter）等宣传品，或者通过图书馆网站等媒体形式进行广泛的宣传，让公众知道和了解图书馆的资源情况，方便利用。另一方面，应加大媒体对图书馆的宣传力度。目前，我国媒体对于图书馆的宣传报道基本上是"4·23世界读书日""恶补"式的集中报道，平时很难在媒体上见到对图书馆宣传。调查结果显示，33.96%的调查读者认为"媒体加大宣传"是图书馆应亟须改进的地方。而在国外，图书馆积极进行品牌推广活动（如组织开展阅读推广、沙龙等读者活动），树立图书馆品牌，从而提升社会和公众对图书馆的了解和认识，同时非常注重对宣传效果的评估。

（2）评价机制。图书馆为弱势群体提供的公共信息服务需要建立一套全面、标准、易行的评价体系，内容应包括：规章制度，设施建设，资源整合，服务的理念、方式、内容等方面。评价方式可以采用多样化的形式，如评价单、问卷调查、读者座谈会等，注重对图书馆进行弱势群体服务的社会效益评价。评价机制应从公平（机会平等）和效率（投入—产出）角度出发，渗透到图书馆对弱势群体公共信息服务的各个环节，这样有助于提高图书馆保障弱势群体公共信息获取权益的效率，并有利于完善保障机制的实施效果。

（3）监督机制。建立一套完善的运行考核标准对图书馆弱势群体公共信息服务进行监督，是保证弱势群体公共信息获取权益的有效手段。这不仅有利于图书馆服务的改善，还有助于引起政府和社会对图书馆行业的关注。此外，还要注重从行政、司法、媒体以及公众多个角度加强图书馆公共信息公开监督机制建设，确保监督机制的有效实施与推行。

6.2　弱势群体公共信息获取权益的组织实施策略

随着互联网时代的到来与信息技术的广泛应用，公共信息服务方式发生巨大转变，逐渐丰富并呈现出多样化、个性化等特征。虽然不同社会群体因生理心理、经济收入、教育水平、社会地位等限制存在不同的公共信息需求，但是图书馆作为一种不可或缺的公共物品和公共文化服务体系的重要组成内容，应向所有群体提供平等、无差别的服务。尤其是对于那些因为某些特定原因获取公共信息困难的弱势群体，图书馆更应向其提供具有群体针对性与特殊性的主动服务，强调具体行为措施的差异性与可操作性，提高图书馆服务的实施效率和效果❶。

6.2.1　以图书馆为基础推进公共文化服务体系建设

公共文化服务体系的建设和完善逐渐成为近年来党和国家政策倾斜的方向。党的十八届三中全会提出："坚持把社会效益放在首位、社会效益和经济效益相统一，以激发全民族文化创造活力为中心环节，进一步深化文化体制改革。"《"十二五"时期文化改革发展规划纲要》提出："到2015年，覆盖全社会的公共文化服务体系基本建立，城乡居民能够较为便捷地享受公共文化服务，基本文化权益得到更好保障。"从宏观层面来看，国家需要建立起覆盖全社会、面向所有人群、普遍均等的公共文化服务体系，使公众的文化信息需求得到基本满足，提升人民的幸福指数。（公共）图书馆作为公共文化服务体系的重要组成部分，其固有的公共物品性质与公共发展目标要求其责无旁贷地承担起保障公众文化获取权益的责任，承载起提供普遍均等、惠及全民的公共文化服务的神圣使命。因此，在现有公共文化服务体系基础设施已近搭建完成的基础上，以图书馆为基础推进公共文化服务体系建设有利于有效保障公众公共文化获取权益，发挥图书馆

---

❶洪伟达,王政.以图书馆为基础推进公共文化服务体系建设[J].图书馆建设,2014(3):12-16.

的社会作用，促进经济社会的文化、科学发展。同样，国外的公共文化服务体系建设多以图书馆服务体系为依托，在图书馆服务体系的管理模式方面，纽约、伦敦、东京三大城市均在不同层面实施了较为彻底的总分馆制，实现了资源的统一管理，公共文化服务体系建设结合本地区人口分布情况和经济、社会、文化发展的需要进行科学布局，在图书馆分馆功能设置和服务效果上，以满足服务区内读者的个性化需求为准则。参考国外先进经验，我国应大力推进多种模式的总分馆体系建设，可根据实际情况采取"自上而下的全委托模式""自上而下的半委托模式""自下而上的全委托模式""自下而上的半委托模式""完全分馆模式"。此外，还可充分发挥高校及其他系统图书馆的功能，将其纳入公共文化服务体系的范畴，作为公共文化服务体系的有益补充，从而实现公共文化事业的可持续发展。

然而，需要注意的是，公共文化服务均等化不是服务平均化，而是体现公民的机会均等和基本权利均等，从而使弱势群体的公共信息获取权益得到有效保障，使其同样能够享受到基本的公共文化服务。这就要求政府、社会以及图书馆对弱势群体加以适当的政策倾斜，对其开展"信息扶贫"，使弱势群体享受到"文化低保"，最终体现社会的公平和正义；加强信息基础设施的投入和建设力度，提升信息技术水平，重视网络信息资源建设，从而减少地理、环境、气候等自然因素以及经济社会发展水平等社会因素对公共信息获取的制约。对于农村和偏远地区的弱势群体，应构建起以县级图书馆为总馆、乡镇图书馆为分馆、村图书室或农家书屋为基层站点的"总馆+分馆+站点"三级公共文化服务体系，从而实现公共文化服务的普遍均等、惠及全民。此外，图书馆公共信息的服务方式不应仅限于各类信息资源的合理保存和无偿提供，还应拓展至公共文化休闲、阅读推广活动等内容；同时，应注重与教育、科研等系统的合作共建，形成合力，共同促进公共文化的建设。因此，我国图书馆应借鉴国内外有效的公共文化服务方式，根据我国现有基层公共文化服务状况，设计符合公众需求、结构合理、实用高效的公共文化服务方式，从而进一步保障各族群众基本文化权益。在这样的理论支撑与实践条件下，还必须依托乡镇（街道）文化站、村（社区）文化室完善图书馆服务网点，形成覆盖城乡、惠及全民的公共图书馆设施网络，推进流动设施建设，建立起灵活机动的流动服务网络，推动图书馆服务进一步向基层延伸。

公共文化服务体系具有整体性、分工协作性等基本特征，由文化、体育、艺术等多个组成部分协调运作。目前我国按照政府主导、公共财政投入为主、社会参与、群众共建共享的要求，本着公益性、基本性、均等性、便利性原则，已基本建立起覆盖城乡的公共文化服务体系。然而，进一步的公共文化服务体系完善工作不能仅仅依赖于图书馆系统自身的发展，还应建立起一套行之有效的实现机制。第一，公共文化服务体系建设需要多方的共同努力，需要从国家层面进行顶层设计，如法律制度的建立和规范、行政部门的协调与配合、全社会的关注与支持等。第二，公共文化服务体系的实现机制设计涉及多个主体（政府、社会、第三部门、企业等），多种机制（法律、行政、监督、评价等）的相互协调、共同构成。因此，妥善处理好各主体、各机制之间的相互关系对于完善和创新公共文化服务体系具有重要意义。第三，构建公共文化资源配置模式与公共文化获取权益保障机制不仅能够充分保障公众的基本文化权利的实现，而且能够通过内外部环境的共同作用，促使公共文化服务得以改进与完善。因此，公共文化服务体系的框架、实现机制应包括法律机制、行政管理机制、评价机制等方面。第四，公共文化服务体系建设需要政府、社会、图书馆、第三部门等多方参与，构建资源配置模式与利益协调机制是解决之道。因此，应合理规划政府财政资源的配置方式，充分实现政府积极投入、图书馆有效利用、第三方机构合作参与的综合资源配置模式。

案例：

黑龙江省公共文化服务体系建设面临的困难：一是基层文化网点建设受地理环境因素限制。推进公共文化服务深入基层、惠及黑龙江全民是公共文化服务体系建设的目标，但是黑龙江省地广人稀，各地乡、镇、村分布广泛、散落，基层文化网点建设面临覆盖范围过于宽泛、交通不便利等难题，而且每个文化网点能够服务到的人数有限，基层文化队伍素质不高，公共文化服务无法高效、深入地开展。尤其在欠发达、边疆和偏远地区，人民群众精神文化生活匮乏，普遍存在公共文化服务获取困难等问题。二是经费保障不到位。公共文化服务是政府为保障公民的文化权益、提升公民的文化素质而提供的公益性服务，理应由政府"买单"。因此，按照国家财政的划分，公共文化服务机构尤其是公共图书馆被定级为一级公益性事业单位，完全依靠当地财政拨款。然而，由于黑龙江省各地经济发展不均衡，部分地区只重视短期的经济效益增长而忽视对于公益文化事业的持续建设，总是将对于公共文化服务的经费投入置于经济建设或其他短期收益项目的建设投入之后，许多公共文化服务单位常年处于财政"零级"增长状态，远远无法满足公众日益增长的精神文化需求。从长远的角度来看，公共文化服务获得的是长期社会效益，因经费严重匮乏导致的公共文化服务缺失，不仅使人民群众普遍面临信息匮乏、文化生活贫乏的困窘局面，甚至会造成代际传递，影响未来几代人的素质教育与社会发展。三是文化资源缺乏有机整合。黑龙江省地处边远地区，文化资源严重匮乏，加之各级文化机构缺乏有效协调与沟通，各类文化资源无法实现有效整合与共享，无法充分满足人民群众日益增长的文化需求，更是无从保障基层群众的基本文化权益。而且，面对海量的数字资源，缺乏数字资源主题聚合的理念，技术水平和基层服务能力较低，各单位、部门硬件资源的重复投入及人力资源重复劳动问题严重，全省数字文化资源的统一推送和发布更是无从谈起。因此，如何将自建、整合、购买的海量数字文化资源服务于基层最广大的人民群众，充分拓展公共数字文化资源服务领域，是需要深入思考与探索的问题。

黑龙江省公共文化服务体系建设的解决之道：2007年，开始探索"总分馆制远程延伸服务"模式，即在全省范围内最大限度地将基层公共图书馆尤其是县级公共图书馆纳入分馆行列，各分馆能够共享省馆提供的图书和电子文献资源。针对全省基层图书馆落后的现状，2008年黑龙江省图书馆启动了"全省流动图书馆工程"，六年来，共建立59个流动分馆、16个流动站，向流动分馆配送新书346 303册，全省流动分馆共流通图书265万册次，免费共享数字资源总量达230TB。分馆流动站的建设在一定程度上丰富了基层图书馆的文献资源，改变了县级公共图书馆资源匮乏、服务落后、生存窘困的危机局面，也引起了地方政府对公共文化事业的重视，促进了地方政府对公共文化体系建设的投入，特别是对图书馆事业的投入，所建分馆的购书经费近一年来都得到了不同程度的提高。流动图书馆作为图书馆延伸服务领域、拓宽服务范围的一项举措，在很大程度上改善了欠发达地区、偏远人民群众严重缺乏图书馆服务的状况。当前黑龙江省流动图书馆服务体系正朝着健康、健全的方向稳步有序地发展。

6.2.2 为弱势群体提供具有针对性、差别性、高效性和可操作性的公共信息服务[1]

图书馆应向所有弱势群体提供平等、无差别的服务，以满足所有公众的文化信息需求。对于由不同原因造成的弱势群体，图书馆应提供具有群体针对性与特殊性的主动服务，强调具体行为措施的差异性与可操作性，提高弱势群体服务的实施效率和效果。

6.2.2.1 老年人

老年人由于生理机能、文化程度、信息技能、经济条件等的限制，其信息获取渠道狭窄、途径单一，信息技术和渠道成为其获取信息的主要障碍。调查发现，目前老年人主要通过图书、报刊、广播、电视等传统途径获取信息，很少老年人有能力通过互联网等新媒体获取信息；图书馆和家庭是其最重要的信息获取地点；大部分老年人最希望获取到健康保健方面的信息。因此，图书馆应根据老年人的生理心理、信息获取方式、信息需求等特点，有针对性地提供服务。第一，在设施和设备方面，可专门设立老年阅览室或老年阅读区，提供大字书、放大镜、老花镜、有声读物、视听设备等方便老年人阅读的辅助设备。第二，在课程和培训方面，可根据老年人对医疗保健方面信息需求强的特点，开设医疗保健，营养健康，常见慢性疾病的预防和治疗（如颈椎病、肩周炎、高血压、高血脂、心脏病、糖尿病、脑血栓、帕金森病、阿尔茨海默病等）等内容的课程和讲座，使老年人了解这些疾病的病名、症状、特点、身体危害程度，积极进行前期预防和后期治疗，减少消极情绪；也可提供医疗机构的相关信息，如社区附近医院分布信息、重大疾病的权威治疗医院信息、公立与私营医院的相关信息（如名

---

[1] 苗地,洪伟达,王政.图书馆保障弱势群体信息权益的对策研究——以用户信息需求和信息行为为视角[J].图书馆建设,2014(2):54-57.

称、地址、联系方式、收费情况、是否支持医保、诊疗项目、医疗队伍、医疗器械和技术、擅长治疗疾病等)。此外,图书馆应针对老年人空闲时间多、精神空虚等特点,提供文化娱乐,读书赏析,计算机和互联网知识(如基本电脑操作、上网、办公软件使用、即时通信软件的使用等)以及关于图书馆资源使用的课程和培训,为老年人提供文化娱乐休闲的场所和空间,提供丰富的晚年精神文化娱乐生活。随着我国"空巢"老人的增多,很多老年人生活孤独、精神寂寞。因此,要让老年人能够真正通过图书馆增加与外界的交流,舒缓生活中的压力和情绪,把图书馆当作充实晚年生活的学校,实现老有所为、老有所乐。例如,黑龙江省图书馆向老年人群体倾注人文关怀,举办内容丰富的老年人阅读活动,开设老年读者电脑培训班以及针对老年人的健康养生系列书展和讲座,不仅丰富了老年人群体的文化生活,同时也充分体现了图书馆的人文精神。第三,在延伸服务方面,图书馆可与社区、老年大学、老年公寓、养老院等机构合作,建立专门的老年人图书馆或图书室,把图书馆办到老年人身边,供其就近借阅,满足其信息需求。例如,温州市图书馆设立了老年图书馆,不仅为老年人提供了教育休闲的好去处,同时也为老龄化社会资源管理提供了新思路。此外,针对我国老龄化问题凸显这一事实,图书馆可开展为老年人提供养老机构信息的服务,包括养老院和敬老院的分布、类型、接收对象和条件、费用等方面的社会信息。

6.2.2.2 残疾人

残疾人由于肢体残疾或精神缺陷等原因,大部分受教育程度和收入水平较低,在学习、工作、生活等方面面临诸多困境,公共信息获取困难,无法充分利用图书馆的设施和服务。残疾人的信息需求主要集中在就业信息和社会保障信息等方面,图书馆可根据残疾人的生理心理、信息获取方式、信息需求等特点,有针对性地提供服务。第一,完善图书馆残疾人专用设备设施建设。加大无障碍设施的建设力度,如设立无障碍通道、残疾人专用卫生间、盲人试听设备等;开辟残疾人专用阅览空间,如盲人阅览室;提供便于残疾人使用的设备,如助听设备、图文电话、带字幕的视频播放设备等。例如,长沙市图书馆设有盲人阅览室,为盲人提供各类盲文图书及各种有声读物,并提供盲人专用电脑、阅览桌椅，在盲人专用电脑上安装了盲人专用计算机发声软件，使盲人可以像正常人一样通过"有声鼠标"听音乐、"看"新闻❶。第二，开展就业指导和就业信息提供服务，满足残疾人的信息需求，帮助残疾人重新走入社会。为残疾人提供的就业信息包括就业保障法规政策信息和残疾人就业援助服务信息两大类，前者主要是指与残疾人就业相关的各种法律、行政法规和地方性法规、规章、政策措施等；后者主要是指残疾人职业技能培训信息、职业技能竞赛信息、就业服务机构信息、就业渠道信息等❷。另外，向残疾人提供社会保障信息。由于残疾人身体机能受限，缺乏甚至丧失了劳动能力，相比正常人而言，基本生活更依赖社会保障，所以对社会保障信息的需求最为迫切，一般包括社会保险、康复治疗、最低生活保障及其他优惠政策等方面信息。例如，黑龙江省图书馆免费为盲人、聋哑人等残疾人群体开展电脑培训、手语培训、俄语培训、葫芦丝学习班等，提高残疾人的信息技能和素养，同时开展演讲诵读、猜灯谜、读书交流、口述电影等读者活动，丰富残疾人的业余文化生活。第三，采取流动图书馆、电话咨询、送书上门、为盲人提供面对面朗读服务、网络辅导等方式，开展面向残疾人的图书馆延伸服务，扩大图书馆服务范围，延伸图书馆服务触角。例如，天津市河东区图书馆开展为残疾人送书上门服务，方便残疾人阅读，受到广大残疾人读者的欢迎和好评❸。

6.2.2.3　城市低收入人群和农民工

城市低收入者和农民工基本上都具有就业较难、工作不稳定、收入不高等特点，对职业技能培训、社会保障、政府法律政策等与生活密切相关的信息需求量很大，希望通过获得这些信息改善自己的就业收入与生存环境。为改善城市低收入者和农民工的公共信息获取环境和阅读条件，应提供以下几方面内容：①职业技能培训信息，包括职业技能培训机构的名称、地址、培训内容及

---

❶ 钟春华.长沙市公共图书馆在为特殊群体和弱势群体服务中的探索与实践[J].图书馆,2010(4):130-131.

❷ 文娟,赵媛,王远均.弱势群体信息获取保障范围和内容研究[J].情报理论与实践,2013(4):39-42.

❸ 河东区:区图书馆为残疾人送书上门[EB/OL].[2014-05-15].http://www.tj.xinhuanet.com/misc/2006-07/21/content_7580696.htm.

收费情况等方面的信息，职业技能竞赛的时间、项目、地点、报名方式、奖励等方面的信息；就业服务机构名称、地址等信息和就业服务信息系统、就业招聘会等方面的信息。②政府法律政策信息，包括行政法规相关规定和地方性法规、规章、政策措施等方面的信息。③社会保障信息，包括养老保险、失业保险、医疗保险、工伤保险、生育保险、法律援助等方面的信息；职业病病名相关信息，如病名、鉴定机构和方法、治疗费用负担等信息；法律援助机构名称、联系方式、申请条件、援助项目等方面的信息。同时，图书馆应降低"准入门槛"，减少城市低收入者和农民工使用图书馆的成本（如免收图书押金），激发其利用图书馆的热情。例如，图书馆可在工地设立新生代务工者的文化家园——农民工阅览室和基层服务点，为农民工们精心采购内容涉及政治、经济、法律、文学、实用技术及娱乐等领域的图书、期刊报纸和光盘，定期为他们提供各种信息咨询服务（如职业技能培训或讲座，法律、政策、就业、医疗等实用信息的咨询服务）。此外，图书馆还可为城市流动人口、农民工等群体提供图书馆流动车服务。例如，澳大利亚的流动图书馆主要为城镇中那些被交通要道（main roads）或自然障碍隔离的人群提供服务，为无固定图书馆的经济不发达地区以及那些由于隔离、住院治疗、年老等原因被限制使用图书馆的人提供特殊服务；黑龙江省图书馆向建设地铁工程的农民工捐赠图书，为其放映公益电影；哈尔滨市图书馆建立了汽车流动图书馆，为城市偏远地区、驻军和监狱中的服刑人员定期提供信息服务❶。

6.2.2.4 未成年人

调查发现，未成年人的信息需求和信息行为呈现两个特点：一是获取的信息以学习型信息（如学习资料和课外读物）为主，对休闲娱乐类信息（包括聊天、打游戏、上社交网站等）有很高的关注度；二是电视、图书和互联网是其获取信息的主要途径，通过熟人获取信息也有一定的比例，主要在家里和图书馆获取信息。但是，由于未成年尚未形成自己的人生观、世界观和价值观，对纷繁复杂、

---

❶ 王素芳.我国城市弱势群体信息获取问题初探[J].图书情报工作,2004(1):34-36.

良莠不齐的外界信息（尤其是网络信息）的认知和辨别能力还较弱，因此图书馆对其提供公共信息获取保障时应充分考虑其信息需求，同时应具有一定的导向性。图书馆应将重点放在未成年人的信息素质教育和信息能力培养和提升上，特别是未成年人网络信息利用能力和信息道德，从而保障他们能够获得充足、健康、安全的信息资源。图书馆可为未成年人设置专门的信息获取绿色通道，具体包括：提供绿色网络内容与文化产品信息，如各种绿色网站尤其是绿色少儿网站（包括网站频道内容、网站栏目内容及以网络为载体的其他绿色产品的相关信息）；提供绿色上网场所，如经国家相关机构认证和批准设立的专供少儿上网的场所、少儿图书馆、公共图书馆中的未成年人电子阅览室等；安装绿色上网软件，屏蔽黄色、暴力信息等，将健康、有益于其成长的信息资源直接呈现给他们。例如，黑龙江省图书馆专门开辟未成年人电子阅览空间，在阅览室的电脑上安装了网络信息过滤软件和监控系统，提供"绿荫"青少网等少儿网站的桌面链接，保护未成年人健康成长。此外，图书馆还应注重辅导未成年人检索与利用图书馆电子资源，提高其信息识别思维与能力；加强未成年人安全知识（如交通安全、地震避险、火灾逃生、面对犯罪行为的防护自救等方面信息）提供力度，增强未成年人安全意识和面对突发事件时的自我保护措施。

6.2.3 以数字资源服务方式弥合图书馆建设和使用差距

6.2.3.1 构建公共数字文化服务体系❶

现阶段我国图书馆服务是以馆内纸本资源为主的图书馆阵地服务，但由于到馆读者受地域范围、时间、交通、生理等因素的影响，享受到的公共文化服务范围与数量有限。随着文化部全国文化信息资源共享工程、数字图书馆推广工程、公共电子阅览室改造工程的推进与实施，公共文化服务方式逐步转变为数字资源服务，不仅服务量有效增加，服务限制逐渐缩小，而且服务的时效性增强，服务

---

❶ 洪伟达,王政. 以图书馆为基础推进公共文化服务体系建设[J]. 图书馆建设,2014(3):12-16.

半径有效扩大，受益群体日益增多。随着我国新型城镇化进程的加快，应加大各级行政区尤其是中小城镇和农村地区的公共数字文化服务体系的建设力度，全面提升公共文化服务的能力和水平，创新文化发展体制机制，增强文化发展活力与动力，把握信息技术时代的文化发展主导权。2011年发布的《关于进一步加强公共数字文化建设的指导意见》明确提出了加强公共数字文化建设的具体举措。据此，公共数字文化服务体系应以全国文化信息资源共享工程、数字图书馆推广工程、公共电子阅览室改造工程的建设为平台，依托图书馆丰富的数字资源，运用云计算、物联网、大数据等高新技术，构建全方位、一体化的公共数字文化服务体系。具体到组织实施方式，应构建完善的公共数字文化服务体系，一方面要充分发挥数字图书馆的资源优势，建设多点认证VPN专网，充分发挥数字图书馆的资源优势，拓宽公众资源获取渠道；另一方面，要全面加强公共数字文化的制度体系、网络体系、资源体系、管理体系和服务体系建设，创新公共数字文化服务机制，继续推进少数民族地区地方特色数字资源建设。此外，还应设计并运用多种公共文化资源服务方式，提升公共数字文化供给能力，延伸图书馆服务触角，使公共文化服务惠及城乡居民。

案例：

黑龙江省图书馆作为文化共享工程省级分中心，以建设全省公共数字文化服务体系为事业发展目标，自2003年起科学规划全省基层服务网络建设。一方面，不断创新技术应用，促使全省共享工程建设统一技术标准，统一技术规范，统一建设"全省图书馆自动化集群管理系统""全省远程监控技术管理系统""全省图书馆视频会议系统""全省公共图书馆VPN专网"；另一方面，全省范围内建立网络视频直播模式、IPTV（internet protocol television，交互式网络电视）点播模式、P2P模式共存互补的服务体系，基本构建了"传输快捷、覆盖广泛"的公共数字文化传播体系。截至2014年上半年，全省共建成标准规范的共享工程县级支中心129个，乡镇服务点900个，社区文化中心、街道服务点390个，省级自建的社区、街道、部队、寺庙等基层服务点138个，与"农村党员现代远程教育"共建村服务点9054个，实现了农村服务网点100%的全覆盖，基本构建了覆盖省、市、县、乡、村五级的公共数字文化服务网络体系。

同时，黑龙江省图书馆注重农垦地区的文化发展，于2007年启动"北大荒边疆数字文化长廊"建设工程，目前已建成共享工程总局级中心1个、分局级支中心9个、农场级服务站103个、管理区级服务点610个，实现了农垦地区下辖9个管理局、113个农牧场的四级服务网点全覆盖。2010年元月，省图书馆与省农垦广播电视局资讯频道（黑龙江农业频道）签订了节目交流协议，定期为农垦电视台提供文化共享节目资源，使全省171.2万垦区居民都能在农业频道上随时观看数字文化资源，拓展了数字传播技术途径和数字资源服务新领域，基本构建了全省农垦地区"北大荒边疆数字文化长廊"。

6.2.3.2 加大数字资源开发与建设力度

范并思教授认为，"公共图书馆代表的是一种社会用以调节知识或信息分配，以实现社会知识或信息保障的制度。公共图书馆制度能够保障社会信息利用机会的平等，保障公民求知的自由与求知的权利，从而从知识、信息的角度维护了社会的公正。"[1]可以说，公共图书馆通过免费提供基本信息服务帮助弱势群体，使其能够获得有助于自身发展的信息资源，从而促进社会的安定、和谐与健康发展。数字资源作为信息资源的一种新型的表现形式，在信息社会中发挥了越来越重要的作用。图书馆在公共图书馆数字资源建设与服务的实践中，应根据保障信息公平以及消除数字鸿沟的指导思想，以为公众提供平等服务、为弱势群体服务为目标，建设能够惠及大多数民众尤其是文化程度不高、信息素养不高、经济条件不好的弱势群体的数字资源体系，消除弱势群体获取公共信息的环境障碍、经济障碍和社会障碍[2]。目前，图书馆数字资源建设主要涵盖商业数据库、自建数据库、网上免费链接三种类型。商业数据库种类繁多，应主要购买学术类文献数据库以及部分对学术研究有用的社会、经济、法律等领域的事实数据库；自建地方特色数据库要求本着满足社会发展需要的原则，从本地区社会、政治、经济、文化、科技等领域的发展趋势综合考虑，建设具有本地特色、与本地区发

---

[1] 范并思. 维护公共图书馆的基础体制与核心能力——纪念曼彻斯特公共图书馆创建150周年[J]. 图书馆杂志,2002(11):3-8.

[2] 范并思. 基层公共图书馆数字资源建设:理念、原则与方案[J]. 图书馆论坛,2005(6):190-195.

展相适应的数字资源，以资源的独特性吸引人们利用图书馆；网上免费链接资源的搜索与提供非常重要，尤其要注意免费链接资源的真实性、可靠性、安全性、长期性。此外，由于公共图书馆普遍经费有限，购买商业数据库的能力较为薄弱，但是可以寻求国家政策上的支持，如依托全国文化信息资源共享工程建设相关政策，结合本省的实际情况，加大力度建设表现形式多样、视音频内容丰富、地方特征鲜明的各类特色文化信息资源数据库❶。

案例：

黑龙江省图书馆作为全省图书馆界的"龙头"，进一步完善图书馆功能，突出公益服务特性，承载起全省数字文献资源采集加工、镜像存储、传输服务等职能，通过自主建设、集中采购等方式，构建了内容丰富、类型多样、特色鲜明的全省数字资源库群。一方面，为满足全省数字资源服务需求，进一步加大数字资源采购力度，签约购买了可供全省县级图书馆共享的大量数字文献资源，通过VPN专网覆盖，实现了方正APABI、书生之家等电子书库群的全省共享；另一方面，自主创建了集文本、图片、音频、视频于一体的"龙江艺术精粹""寒地黑土农业技术""北大荒""赫哲族非物质文化遗产"等专题数据库，建成了21个具有浓郁地方特色的专题数字资源库群，并依托数字图书馆推广工程，以资源镜像和虚拟网等方式共享国家数字图书馆丰富数字资源，大大扩充了全省数字资源总量，全面提升了全省公共数字文化服务能力。目前，全省基层图书馆可以免费共享省馆购进和自建的数字资源总量达230TB，极大地丰富和提升了数字资源服务的内涵。

6.2.3.3　开发数字资源管理与使用平台

数字资源建设是保障弱势群体公共信息获取权益的基础，建设开发统一的数字资源管理与使用平台是真正实现资源共享、使基层群众尤其是弱势群体享受到普遍均等的数字资源服务的关键。为了消除地理、经济、社会等方面因素导致的负面影响、加大弱势群体对数字资源的共享与利用，图书馆一方面要整

---

❶ 袁红军.省级公共图书馆特色资源建设与服务调查研究[J].新世纪图书馆,2013(10):48-51.

合各类数字资源，构建统一、高效的在线检索平台；另一方面，要进行数字资源的深层次标引与加工，实现数字资源使用平台的深度链接、指引功能。如此一来，公众可以实现图书馆数字资源的远程访问，既保障了公众无障碍地享用图书馆资源的浏览和检索服务，减少了使用图书馆资源的阻碍，降低获取成本；又能够及时、充分、深度利地用图书馆资源，提升图书馆特色资源服务的效益。

案例：

黑龙江省数字资源共享服务系统是黑龙江省图书馆面向全省基层乡镇、城市社区公共电子阅览室推送海量数字资源，最大限度地实现数字资源的全省共享，保障最广大基层群众的基本文化权益的一项创新服务举措。通过资源整合平台和"e读卡"远程服务系统，可实现省直党政机关、省委省政府主要领导与全省900个乡镇文化站、600多个社区电子阅览室的单点认证和使用统计，使其免费共享全国文化信息资源共享工程的全部资源，以及国家数字图书馆、黑龙江省图书馆订购和自建的全部数字文献资源。目前，黑龙江省数字资源共享服务系统采用SSO单点认证技术，建成资源、技术、服务、管理四位一体的新体系，实现了数字化技术的整合创新，为推广数字信息资源的全省共享提供了优质高效的服务系统。

2012年5月，黑龙江省图书馆建设开通了"龙江学习中心"服务平台与黑龙江省移动图书馆服务平台。"龙江学习中心"整合了电子图书230万种，学术论文5496万篇，学术视频10万集，专题、课程6613门，数字资源库26个，国内期刊来源覆盖率达99%以上，文献收全率为99.9%，支持在线阅读和全文下载、定制个性化的学习计划，提供实时的在线咨询服务，是一个能够为全省读者提供互联网在线阅读和全文下载的数字图书馆服务平台。黑龙江省移动图书馆服务平台于2012年1月开始使用，读者随时随地都可以通过手机、iPad等手持阅读设备享受省馆的馆藏查询、学术资源等数字资源服务，该平台的建设与应用使全省公众可以在任何时间、任何地点共享省馆的海量数字资源，实现自主学习、兴趣学习、终身学习。

6.3 弱势群体公共信息获取权益的服务保障策略

6.3.1 积极发挥图书馆公共空间的社会功能❶

图书馆的社会职能包括保存人类文化遗产、开展社会教育、传递科学情报、开发智力资源、提供文化娱乐。据此，图书馆作为一种普适性的公共物品，为公众提供文化休闲场所、促进公众的终身学习、满足公众精神文化生活需求是其使命。为充分满足弱势群体的信息需求以及社交、情感交流等心理需求，图书馆应通过多种途径开发自身潜能，充分扮演好百姓的"大讲堂""会客厅"等公共空间功能，从而提升弱势群体的社会竞争力和参与度。

6.3.1.1 拓展物理公共空间

图书馆作为物理公共空间场所，主要通过提供图书馆服务与开展读者活动提升其公共空间地位和作用。在图书馆建筑实体内，应为公众提供一定的公共空间范围，即公众可以自由地进行思想交流、理性思考、参与和讨论公共事务的活动空间和场所。例如，美国公共图书馆作为"城市最重要的免费公共空间"，除了让市民能随时进馆借阅图书外，还举办各种文化讲座、文化聚会及社区的公共社交活动，以突出图书馆的物理空间价值❷。图书馆可通过举办培训班，帮助弱势群体接触计算机等信息化设备，了解图书馆的资源分布，掌握相应阅读设备的使用方法，熟悉文献检索策略，提高其信息知识的获取能力；还可以举办专题讲座，传授行业知识，讲解就业政策，预测行业发展，从而对弱势群体进行就业引导，避免其求职的盲目性。同时，图书馆要积极为弱势群体开展免费咨询服务与定向服务，有针对性地解决其社会生活中遇到的各种现实问题。以美国纽约皇后区公共图书馆为例："就业信息中心"为新移民、老年人、残疾人、刑满释放者、被解雇的失业者等弱势群体，进行就业应聘和就业培训的免费辅导工作；"成人教育中心"设立扫盲班，采用开班教授和电脑辅助方式，帮助成年人提高

---

❶ 洪伟达. 图书馆作为公共空间的社会价值及能力提升[J]. 图书馆,2011(6):20-22.
❷ 康延兴. 开放时代图书馆的职能问题思考[J]. 图书馆理论与实践,2007(1):14,20.

读写能力及电脑应用能力；"儿童工作部"为幼儿开展讲故事听音乐玩游戏等活动，为学龄儿童开始课后作业辅导、暑期阅读班等活动❶。

图书馆应在为公众提供客观、中立的馆藏信息及包容的图书馆服务的基础上，充分发挥对馆内物理空间的利用，举办各种讲座、读者交流会、公益活动、展览等，将图书馆打造成公众信息交流、观点探讨、人际交往、理性思考的信息共享平台。同时，图书馆还应扩展物理公共空间范围，使公众能够自由思考、谈论感兴趣和关心的话题（如文化、民生、社会等问题），进行思想与观点的对话与碰撞，最终达到促进社会信息快速广泛传播、启迪民智、推进民主的目的。例如，国家图书馆的"国图讲座"、上海市图书馆的"上图讲座"、苏州市图书馆的"公益讲座"、黑龙江省图书馆的"龙江讲坛"等，都是图书馆基于物理公共空间开展的社会服务，其不仅实现了图书馆的社会教育职能，而且发挥了图书馆作为公共空间的社会价值与作用，是值得借鉴的方式。

6.3.1.2 提供延伸服务

延伸服务是相对于图书馆阵地服务而言的，主要包括时间、空间以及内容三个维度的延伸。图书馆应充分利用各种设施和技术条件，从空间和内容上延伸图书馆的服务广度与深度，提高公共文化服务能力，这也是实现其物理公共空间职能的方式。图书馆通过建立覆盖全社会的公共文化服务体系，在社区、学校、部队、监狱、福利院等社会各个领域建立延伸的物理公共空间，使更多的人尤其是弱势群体能够"享受"他们珍惜的、来之不易的图书馆服务，这也是对图书馆物理公共空间的有效扩展。这种对于图书馆公共空间的价值的认识由来已久，荷兰著名的图书馆活动家舒茨（P.J.Schoots）曾提出："公共图书馆作为一种社会文化设施将永远存在；图书馆向公众提供的服务将远远超出信息的范围，如娱乐和教育；图书馆不只是一个藏书的地方，更是一个社会的、文化的中心，应设有会议室、展览厅及剧场等，供人们开展文化娱乐活动；图书馆要以各种各样的方式参与社会文化事业。社区中有一个本地的、便捷的、不受威胁的地方，即一个可以

---

❶ 孟蔚彦. 图书馆帮助读者寻找工作——介绍美国纽约皇后公共图书馆的"就业信息中心"[J]. 图书馆杂志,1998(2):61-62.

放心地进入、在一定范围内获得资源和支持的公共空间，是极为重要的。"❶因此，图书馆应抓住"文化信息资源共享工程""公共电子阅览室工程""农家书屋"建设工程等机遇，积极将服务延伸至社区、村镇、学校、企业等基层服务点，并通过"送书下乡""图书漂流"、放映公益电影等形式多样的活动增加弱势群体对图书馆的利用，提升图书馆的公共空间能力。

6.3.1.3　打造文化公共空间

公共空间不仅是实体意义上的空间范围，还是一个由对话组成的、体现公共理性精神的批判空间（这里的空间可扩展至精神领域）。文化公共空间的存在依赖于信息流动和进行理性讨论的能力。英国著名学者彼得·戈尔丁（Peter Golding）和格雷厄姆·默多克（Graham Murdock）在《数字鸿沟：通讯/传播政策及其矛盾》一文中指出，"充分的公民权依赖于五种基本的文化权利：获得同作出个人决定和政治抉择相关的信息，获得主要的知识框架以将信息整合成关于世界的清晰连贯的解释，获得对于相互竞争的解释和政策的批评意见，获得能充分而公平地反映所有社群的生活及抱负的表述，获得作为参与者和旁观者介入公共文化的机会。"❷然而，新闻媒体强调对流行趋势以及相关戏剧化事件的快节奏介绍，已经放弃了其促进公共话语交流的社会责任，社会的文化公共空间在缩减。按照尤尔根·哈贝马斯（Jürgen Habermas）赋予公共空间自由传播和交流文化、知识、信息的理念，图书馆作为人类文化产品的理性组织形式，是公共空间的理想形态。因此，图书馆应鼓励公众对民主的追求，满足公众尤其是弱势群体的文化和娱乐需求。具体到图书馆实践领域，图书馆应充分发挥其文化休闲职能，使人们利用知识进行精神文化的休闲、娱乐等活动，从而使其处于一种放松的状态，主动地获取信息和知识，以达到娱乐身心、享受知识的目的，以一个积极的态度参与社会知识文化秩序的构建。

---

❶ 范并思,周吉.公共图书馆与社会包容[J].图书馆理论与实践,2010(2):70-74.
❷ 叶蒙荻.网络公共空间在我国民主政治建设中的作用[J].中国出版,2010(16):13-15.

6.3.1.4　开辟网络公共空间

随着远程通信技术的迅速发展，人们参与公开讨论不再需要同时到达或者访问一个共同的物理空间，公共空间也从静态的物理空间过渡到一个动态的虚拟空间。目前，网络公共空间已经成为公民进行沟通、说服、协商、交流和表达的最广阔的平台，改变了人们的参与方式，促进大众话语的形成，同时在形成充分沟通和互动交流的有效机制、为社情民意表达提供"无形广场"、为公众特别是弱势群体提供利益维护和诉求的广阔平台、为处于社会中下层的公民参与社会政治生活提供平等机会、加快社会政治文明进步等方面都具有积极的意义。图书馆作为公共文化信息资源集散地正快速失去以往的优势地位，同时Web2.0技术与Lib2.0理念为图书馆网络空间发展提供了契机，将图书馆公共空间延伸至网络虚拟空间。目前，很多图书馆都利用Web2.0技术实现了与读者和公众进行网络互动、交流，如建立网络论坛、SNS网站等公共言论空间，通过RSS提供个性化服务，运用微博、微信等形式加快网上互动，利用Wiki实现知识共建与知识共享。虽然网络的虚拟性、匿名性提升了公众参与网络公共空间的积极性，但是图书馆在其中应发挥积极的舆论引导作用，增进网络公信力，促进公共舆论朝着自由、民主、和谐、有序的方向发展，这也与图书馆使命相一致，毕竟图书馆作为公共组织，其最终的使命就是促进社会的繁荣与健康发展。

6.3.2　努力提升弱势群体信息素养[1]

图书馆作为社会公共文化信息和教育机构，应责无旁贷地担负起提高公民信息素养的责任。网络技术的飞速发展以及广泛普及为公众带来了大量可获取的信息资源，但对于弱势群体，往往由于缺少利用网络和信息设备的经济基础与技术能力，无法自由地获取信息，信息需求也经常得不到满足。为了更好地保障弱势群体的公共信息获取权益，图书馆应大力发展社会教育职能，开展有关信息知识的宣传和培训，提升弱势群体的信息意识和信息素养，尤其是利用现代信息技术

---

❶ 洪伟达,王政.图书馆开展弱势群体信息素养教育研究[J].图书馆研究,2013(1):114-117.

的能力，拓宽弱势群体获取信息资源的渠道，减小弱势群体与社会强势群体的信息技能的差距。目前，我国图书馆对于信息素养教育的服务范围较窄，开展对象主要针对科研人员和在校学生，针对公众和弱势群体的服务相对较少，应针对不同群体的特征有针对性地开展信息素养教育。

6.3.2.1　针对老年人的信息素养教育

老年人获取信息存在身体、知识、观念、情境等方面障碍。身体障碍是指随着年龄的增加，老年人的身体机能下降，获取信息时存在视觉、听觉或者行动不便等障碍。知识障碍是指网络等外界环境的变化，一些新词汇、新事物、新思想使老年人应接不暇，信息的快速变化对其原有的知识结构提出挑战，使他们觉得获取与利用信息和知识更加困难。观念障碍是指老年人的心态趋于保守和顽固，对新知识和新思想容易敌对和排斥，尤其是文化程度较低的老年人，缺乏参与信息活动的信心和积极性。情境障碍是指受家庭环境与信息内容的限制，老年人可获取的信息有限，利用信息的能力较低。对此，图书馆应从老年人信息需求出发，提供更为便利的设施和设备，提供文化娱乐休闲方面的信息资源，并发挥图书馆文化和娱乐中心的职能，让老年人老有所学、老有所为、老有所乐，从而安慰其心灵，体现社会对他们的关怀。2012年修订、2013年7月1日实施的《中华人民共和国老年人权益保障法》第六十三条规定："各级人民政府和有关部门应当按照国家无障碍设施工程建设标准，优先推进与老年人日常生活密切相关的公共服务设施的改造"，第六十四条规定："国家推动老年宜居社区建设，引导、支持老年宜居住宅的开发，推动和扶持老年人家庭无障碍设施的改造，为老年人创造无障碍居住环境。"因此，图书馆应注重老年人的精神需求，通过开展培训、举办读者活动等形式吸引并引导老年人对图书馆资源与服务的利用，拓宽老年人的信息获取渠道与方式方法，从而保障其公共信息获取权益。例如，国内一些图书馆针对老年人使用计算机获取信息有障碍问题，开设"老年人电脑培训班"，传授老年人如何上网、如何利用电脑检索图书馆的资源等方面知识，有效提高了老人读者的信息素养，受到老年人群体的认可与社会的赞誉。

6.3.2.2 针对未成年人的信息素养教育❶

网络信息环境下，信息素养的一个重要方面就是网络素养，即访问、分析、评价和利用信息的能力。培养未成年人信息能力是提升其信息素养的关键，这不仅能够保护未成年人免受信息媒介带来的消极影响，缓解未成年人处于信息不公平的境况，还能提升其社会参与度❷。未成年人的信息能力与其网络经验和网络技能有关，包括网络检索、信息查询和信息鉴别等。国外针对未成年人信息素养教育的研究内容和实践经验较为丰富。达尼亚·比拉尔（Dania Bilal）等人通过调研得出，未成年人的信息能力应体现在：能够成功地利用搜索引擎、使用网络时运行网络过滤软件、制定有效的搜索策略、解释检索结果、判断结果与既定任务的相关性、具备一定的阅读能力❸。此外，培养未成年人的信息素养还应强调结构化的培育方式和分等级的教育方法，这主要依赖于未成年人的网络经验累积、父母的早期教育。因此，未成年人的信息素养教育应当根据其成长背景和网络经验进行差别化培养❹。英国伦敦大学白金汉（Buckingham）教授提出，未成年人的信息素养教育不仅应包括传授其如何保持批判性的态度辨别网络内容，还应包括网络信息行为潜在风险意识教育和利用过滤软件、搜索引擎等技术工具的能力。可见，未成年人的信息素养教育应当涵盖信息访问、风险意识、批判性理解网络信息等方面能力；同时，应根据不同年龄段未成年人的心理和行为特点有针对性地开展信息素养教育，注重引入新媒体等现代信息技术，精心设计和组织内容鲜活、形式新颖、吸引力强的培育活动，使未成年人愿意参与到这些活动中。因此，我国公共图书馆、中小学校、少年儿童图书馆

❶ 王英,洪伟达,王政.国外未成年人网络信息行为研究及启示[J].图书馆建设,2013(9):90-94.

❷ Sook-Jung L, Young-Gil C. Balancing participation and risks in children's internet use: The role of internet literacy and parental mediation[J]. Cyberpsychology, Behavior and Social Networking,2012,15(5):257-262.

❸ Bilal D. Ranking, relevance judgment, and precision of information retrieval on children's queries: Evaluation of Google, Yahoo!, Bing, Yahoo! Kids, and Ask Kids[J]. Journal of the American Society forInformation Science and Technology, 2012, 63(9):1879-1896.

❹ Flanagin A J, Metzger J M. Kid and credibility: An empirical examination of youth digital media use, and information credibility[EB/OL]. [2012-02-26]. http://www.macfound.org.

等公益社会机构要责无旁贷地承担起开展未成年人信息素养教育、保障未成年人信息权益的社会责任。

网络信息时代的未成年人接触计算机和网络较早，而且使用较为熟悉，但是未成年人由于缺少社会经验、缺乏信息筛选和判断能力，无法对信息内容的真伪性、信息质量等进行甄别。尤其是面对海量的网络信息，未成年人漫游其中，往往手足无措，处于信息社会的劣势。图书馆是未成年人获取信息和知识的乐园，开展素质教育的阵地。虽然国际图书馆界对于是否对未成年人利用信息进行过滤等问题一直存在争论，但是出于图书馆的社会使命与社会责任，图书馆应对未成年人开展信息素养教育，提高其信息获取、信息捕捉、信息识别与筛选能力。因此，图书馆应为未成年人设置专门的信息获取绿色通道，将健康、有益于其成长的信息直接呈现给他们，同时辅导未成年人检索与利用图书馆的电子资源，提高其信息识别思维与能力。例如，黑龙江省图书馆开设了绿荫青少年网，为未成年人提供大量图书馆汇集的新闻资讯、图书资料和大量的音视频资源；单独开设青少年电子阅览室，对未成年人进行电子资源使用培训，为未成年人提供健康、良好的信息环境。

6.3.2.3　针对残疾人的信息素养教育

残疾人包括视力残疾、听力残疾、言语残疾、肢体残疾、智力残疾、精神残疾、多重残疾和其他残疾等人群。因受身体条件的影响，残疾人在社会上成为一个特殊困难的弱势群体。对于这个特殊的弱势群体而言，如何获取信息和知识、提高自身素质、平等地参与社会生活，既是生存问题又是发展问题。他们经常由于无助而陷入一种焦虑的心理状态，甚至可能以非理性的方式表达自己的诉求，做出超越常规的行为，易成为社会发展中不稳定的因素。图书馆无论是基于知识自由、平等服务的使命还是出于社会包容、促进社会和谐的责任，都应满足残疾人的信息诉求，保障其公共信息获取权益。对于残疾人，图书馆可以在馆内在建筑、设施和设备等方面给予一定的关怀（如为残疾人提供便利无障碍的设施、适合盲人阅读的设备等），并将重点放在使其更便利地获取图书馆服务方面（如为残疾人开通电话服务、网络服务、上门服务等），利用各种形式多样、主题鲜明、内容丰富的培训、讲座等活动提升残疾人的社会竞争力与参与度，使其融入社会、参与社会生活。例如，由国家图书馆联合中国残联信息中心等单位共同建设的"中国残疾人数字图书馆"已通过文化部验收，这个特殊图书馆让残疾人读者享受到了无差别的文化服务；文化部全国公共文化发展中心最新推出"心声·音频馆"，残疾读者通过指纹登录等现代化方式使用大量的公共数字文化资源，这对于倡导无障碍服务理念、消除残疾读者公共信息资源获取障碍提供有力保障。

6.3.2.4　针对农民工的信息素养教育

随着城市建设的加快、城乡人口流动的加大，农村剩余劳动力如潮水般涌入城市。由于农民工的流动性大、生活不安定、社会地位低等原因，其信息获取与利用存在较大障碍。目前，农民工群体的信息需求与知识援助问题成为社会关注的热点。图书馆作为社会文化教育机构和城市的公共空间，可以为农民工在城市的工作和生活提供精神动力和智力支持，提供检索、咨询、指导、培训等信息服务，使农民工能够以较低费用（或者免费）获取知识、信息，享受现代文明成果的知识服务。因此，对于农民工群体，图书馆应将重点放在提高他们的文化素质、职业技能和信息意识，提供就业信息等方面。例如，黑龙江省图书馆定期将"漂流"的书刊送至哈尔滨市区的一些工地，为农民工送去知识与温暖，使其在闲暇时间充分享受阅读的快乐。再如，2012年年初我国火车票实行网上购票，陕西省图书馆、重庆市图书馆、新疆维吾尔自治区图书馆等积极行动，为农民工利用网络购票提供设备和相关培训。我国的一些公共图书馆甚至开始关注农民工子女的教育问题，呼吁社区图书馆充分发挥其延伸服务功能，为开展农民工信息素养教育提供支持。

6.3.2.5　针对城市低收入者的信息素养教育

城市低收入者是指在城市经济发展和社会财富不断增加的过程中，由于社会和个人等多方面的原因，不能获得必要的收入来维持正常的生活标准而持续处于生活困难状态的特殊人群❶。作为城市的边缘人群，低收入者常被社会忽略，但

---

❶ 陈银娥. 社会福利[M]. 北京:中国人民大学出版社,2009:259-260.

是其对社会的和谐发展有着重要的影响。城市低收入者有其特殊的信息需求，但由于各种因素的影响，他们的日常生活信息行为有其独特之处，如他们关注休闲信息和与日常生活相关的民生信息，获取信息的途径主要是电视，很少利用网络获取信息，认为医疗医保、住房等社会福利信息或者疾病、法律等较专业的信息获取较难。对于城市低收入人群，图书馆的信息素养教育应将重点放在降低其信息获取成本、增强其政治参与能力等方面。图书馆要了解低收入人群日常生活信息获取的行为特征，充分考虑其获取信息的能力与限制，有针对性地提供信息服务；尽量走近城市低收入者的身边，减少其利用图书馆的金钱和时间成本，从而提高城市低收入者的信息获取效率。例如，中国台湾地区偏乡图书馆为城市低收入人群提供免费网卡，拓宽其信息获取渠道；厦门市图书馆为低收入者提供免押金办借书证的"温暖阅读行动""乘着动车去漂流"主题活动等，降低信息服务门槛。

6.3.2.6 针对农村用户的信息素养教育

在我国信息化发展过程中，信息发展的不平衡不利于农业现代化、农业产业结构调整，农村用户的信息状况（包括信息需求满足、信息素养、信息基础设施和资源建设等）不容乐观。农村信息基础设施建设不完善、信息资源建设相对滞后制约了其信息获取与利用能力，农村用户文化程度偏低等原因导致了其信息意识淡薄、信息素养较差，这些都致使农村用户生活在信息社会的边缘地带，贫者愈贫。对此，图书馆应了解农村用户的信息需求，延伸信息服务，为农村用户等弱势群体提供知识援助，使所有公众都能够享受这种"文化福祉"。图书馆可借助全国文化信息资源共享工程和"农家书屋"在乡镇开展活动之机，组织信息和文化下乡服务，举办电脑技能与网络应用培训，为农民提供实用的农业种植养殖信息服务；同时，普遍开设农村图书室、农家书屋，设置流动分馆，提升信息服务水平。例如，黑龙江省图书馆充分发挥共享工程惠民服务的优势，为省内乡镇文化站赠送关于农业技术、致富信息和通俗读物等图书、报刊，安装数字资源镜像设备，使广大农村用户能够便捷、安全地使用省图书馆的数字资源，这对于引导广大群众积极参与阅读、养成阅读习惯、提高阅读水平、提升信息素质具有重要的作用。

6.3.3 加强基层文化队伍培训●

目前，我国已经初步完成了公共文化服务体系的基础设施建设阶段，实现了公共文化服务设施的全覆盖。公共文化服务体系建设第二阶段的工作重点将是资源与服务的配套供给以及基层文化队伍的培训。2011年年初，文化部启动了"全国基层文化队伍培训"项目并在全国设立4个培训基地（中央文化管理干部学院、山东大学、浙江艺术职业学院、湖南艺术职业学院），分批次开展基层文化队伍培训活动。目前，基层文化队伍培训的课程教材已编制完成，内容涵盖《公共图书馆基本原理》《公共图书馆管理实务》《公共图书馆资源建设与服务》《公共图书馆信息技术应用》《公共图书馆未成年人服务》《公共图书馆宣传推广与阅读促进》《公共图书馆读者服务案例》，但是培训的方式方法、实现模式与效果等仍是完善公共文化服务体系需要探讨的重要问题。

图书馆面向弱势群体开展公共信息服务，首先，要面向基层，加强基层文化队伍的服务意识，提高基层文化工作者的专业素质和信息素养，强化基层文化点的管理。一方面，充分发挥中央和地方各级文化单位的积极性，通过分级培训的方式，不断提高从业人员的思想水平和业务素质，培养一支既具备较高技术素质和专业知识，又具备实际技能的人才队伍；另一方面，在现有文化机构人力资源有限的基础上，结合志愿者培训模式，探讨提升基层文化队伍专业技能与素养的新方法，把社会工作者、志愿者作为人才队伍建设的有机组成部分，切实做好人才配置工作，从而充分发挥社会志愿服务的资源优势。其次，面对新形势新任务，要应用新技术方式创新培训形式与内容，积极探索形式多样的培训方式，使基层文化队伍培训更富有针对性和有效性。例如，黑龙江省图书馆运用视频会议系统搭建了"远程培训教学平台"，降低了全省基层文化队伍培训的成本，提高了队伍建设和服务效率，2011年以来，全省共组织各类培训354次，参加培训3280人次；组织远程视频培训54次，参加培训9000人次。最后，要不断建立健

● 洪伟达，王政. 以图书馆为基础推进公共文化服务体系建设[J]. 图书馆建设，2014(3)：12-16.

全基层干部队伍培训和继续教育制度，完善培训机制，整合培训资源，针对不同领域和不同岗位人员的具体情况，大力开展基层干部的业务培训。例如，无锡市制订了基层文化骨干队伍培训三年计划，从2007年到2009年完成全市公共图书馆馆长、文化馆馆长、文化站站长的轮训。

7 结 语

当人类历史的车轮进入信息社会后，信息资源在社会进步和个人发展等方面都发挥了重要作用：信息拥有量不仅很大程度上决定了财富占有量，而且也影响社会个体的社会地位。公共信息资源作为信息资源的重要组成部分，上到国计民生、中到地区发展、下到柴米油盐，与每个人的学习、工作、生活等方面息息相关、密不可分。在人类历史的长河中，贫富分化和弱势群体自古有之，并不是哪个国家或哪种意识形态所特有的，但如果处理不好很容易成为社会矛盾的导火索，如何包容弱势群体、使他们共享社会发展的成果，不仅是国家和全社会应予以关注的领域，更是需要学界与业界深入思考与研究的问题。从以往的经验中可以看出，教育作为"反贫利器"在对抗贫困的斗争中发挥了重要作用，为处于社会底层的弱势群体提供了一个"向上"的通道，有效地促进了社会各个阶层之间相互流动。基于此，保障公共信息获取权益对于弱势群体接受教育、实现民主、参与社会等诸多方面都具有举足轻重的影响，也对弱势群体改变境遇具有巨大的推动作用。

本书希望通过对弱势群体公共信息获取权益保障的研究，引起社会各界对弱势群体的关怀、对公共信息获取权益的重视，通过各方的共同努力，进一步加强图书馆服务，尤其是针对弱势群体的信息服务，使公共信息能够发挥更大的社会效益。

　　本书在梳理国内外相关研究现状的基础上，明晰了弱势群体、公共信息、信息权益等的概念、特征和范围，分析了公共信息获取权益对弱势群体的影响及影响因素和衡量标准，剖析了弱势群体公共信息获取权益缺失的成因，进而从知识自由、信息公平、社会包容、社会责任等理论出发论证了图书馆保障弱势群体公共信息获取权益的重要意义，在对比研究国外图书馆保障弱势群体公共信息获取权益的模式、调查分析黑龙江省弱势群体信息需求和信息行为以及接受图书馆公共信息服务现状的基础上，提出基于文化权利和教育权理论的图书馆弱势群体公共信息获取权益保障机制及公共信息服务改进策略与模式。

　　然而，由于各方面因素受限，目前本书的研究涉及范围较广、内容较多，但还不够深入、系统和完善，存在诸多不足之处：第一，仅初步分析了公共信息获取权益对弱势群体经济收入、社会地位、生活质量的影响，除此之外的文化权利、话语权、受教育权等同样会导致弱势群体被社会边缘化，还需要扩大研究视域，对这些方面开展深入研究。第二，本书通过问卷调查和访谈的形式主要对黑龙江省内各市（地）公共图书馆读者进行了实地调研，由于我国城乡和地区之间经济社会发展水平差异巨大，现有数据的代表性还不够，需要在后续研究中进一步扩大调研的覆盖范围，开展更加具有针对性的调研，并按地区选取具有代表性的城市和农村进行调研，从而更加全面地反映全国的弱势群体公共信息获取权益情况。第三，目前本书提出了图书馆弱势群体公共信息获取权益保障机制及公共信息服务改进策略与模式，但在实践中是否符合实际、是否具有普遍性和可操作性、实施效果如何仍需要实践的检验。这些都需要笔者以及学术界在今后的研究中加以完善和改进。

参考文献

[1]阿尔文·托夫勒.第三次浪潮[M].黄明坚译.北京:中信出版社,2006:39.

[2]Cutrona C E, Russel l D. Type of social support and specific stress: Toward a theory of optimal matching[A]. Social Support An Interactional View[C]. New York: Wiley, 1990.

[3]谢俊贵,周启瑞.我国信息弱势群体的人口特征分析——基于湖南信息分化调查及相关资料[J].怀化学院学报,2007(4):9-13.

[4]张俊玲.面向"信息弱势群体"的公共图书馆人文关怀[J].图书馆,2007(6):68-69.

[5]常文英,刘冰.网络环境中信息弱势群体信息援助模式与策略研究[J].情报杂志,2011(5):152-155,123.

[6]崇敬.论"信息弱势群体"内涵的变迁所带来的信息咨询服务的变革[J].图书与情报,2003(5):36-38.

[7]何靖怡,吴慧轩,刘仲茵,等.从《南方周末》看我国社会弱势群体公共信息服务权益观念及其发展[J].图书馆论坛,2014(8):12-16.

[8]石德万.信息技术的发展对信息弱势群体信息行为的影响[J].图书情报工作,2008(11):75-78,21.

[9]樊戈,李桂华.残疾用户信息需求调查与服务对策思考[J].图书馆,2009(1):60-32.

[10]杨雅,李桂华.基于"意义构建"理论的农民工信息需求调查研究[J].图书馆,2009(4):7-9.

[11]文娟,赵媛,王远均.弱势群体信息获取保障范围和内容研究[J].情报理论与实践,2013(4):39-42.

[12]周嘉冰,梁阿妹,陈建平.农村弱势群体公共信息获取的边缘化问题:一项实地研究[J].贵阳

学院学报(社会科学版),2013(5):30-35.

[13]曹凌.公共信息服务机制的制度分析[J].电子政务,2008(10):49-53.

[14]詹晓阳.基层政府面向信息弱势群体的公共服务研究[D].武汉:武汉大学博士学位论文,2010.

[15]郭慧霞.面向信息弱势群体的图书馆信息无障碍服务研究[D].郑州:郑州大学硕士学位论文,2010.

[16]石德万,李军,贺梅萍.论信息弱势群体知识援助的职业化[J].图书馆建设,2010(2):97-100.

[17]王晓芳.知识援助:高校图书馆社会功能的有效支撑[J].湘潭师范学院学报(社会科学版),2009(11):228-229.

[18]肖雪,王子舟.弱势群体知识援助的图书馆新制度建设[J].图书情报知识,2005(1):5-11,97.

[19]王素芳.国外公共图书馆弱势群体服务研究述评[J].中国图书馆学报,2010(3):95-107.

[20]严贝妮.扶助信息弱势群体 跨越信息鸿沟——美国亚利桑那大学"知识河流"项目的思考[J].图书馆杂志,2008(12):58-61.

[21]肖雪,王子舟.国外图书馆对弱势群体知识援助的历史与现状[J].图书情报知识,2006(3):21-29.

[22]秦齐.中美公共图书馆为弱势群体服务比较研究[D].哈尔滨:黑龙江大学硕士学位论文,2014.

[23]李惠斌.全球化与公民社会[M].桂林:广西师范大学出版社,2003.

[24]美国等八国全球信息社会冲绳宪章 [EB/OL].[2013-06-28].http://www.chinaeclaw.com-PreadArticle.asp?id=2458.

[25]蒋永福,刘鑫.论信息公平[J].图书与情报,2005(6):2-5.

[26]Kathleen de la Pena McCook. Rocks in the Whirlpool[R/OL].[2013-06-28].http://www.ala.org/ala/aboutala/missionhistory/keyactionareas/equityaction/rockswhirlpoo.lcfm#tca.

[27]Martin W. Library service to the disadvantaged[M]. Chicago: Linnet Books & Clive Bingley,1975.

[28]Sherrill L L. Library Service to the Unserved[M]. New York:Bowker,1970.

[29]Brown F E. Library Service to the Disadvantaged[M]. Metuchen,N J:The Scarecrow Press,Inc.,1971.

[30]Weibel K. The evolution of library outreach 1960-1975 and its effect on reader services:Some

considerations[D]. The University of Illinois, 1983.

[31] Department for Culture, Media and Sport. Libraries for all: Social inclusion in public libraries [R]. London: DCMS, 1999.

[32] Department for Culture, Media and Sport. Comprehensive and efficient: Standards for modern public libraries: A consultation paper[R]. London: DCMS, 2000.

[33] Department for Culture, Media and Sport. Comprehensive, efficient and modern public libraries: Standards and assessment[R]. London: DCMS, 2001.

[34] Birdi B, Wilson K, Cocker J. The public library, exclusion and empathy: A literature review[J]. Library Review, 2008(8):576-592.

[35] Fourie I. Public libraries addressing social inclusion: How we may think···[EB/OL]. [2011-10-26]. http://repository. up. ac. za/bitstream/handle/2263/3542/fourie_theoretical (2007). pdf?sequence=1.

[36] Kallar V, Mícheál Ó hAodha. Initiatives for the social inclusion of "non-traditional" library users [EB/OL]. [2011-10-26]. http://www. ifla. org/files/assets/lsn/newsletters/61. pdf.

[37] 蒋永福. 社会包容:现代公共图书馆的使命[J]. 中国图书馆学报,2009(6): 4-9,55.

[38] Lipsman C K. The Disadvantaged and Library Effectiveness[M]. Chicago: American Library Association, 1972.

[39] White L. The Public Library in the 1980[M]. Lexington: Lexington Books, 1983.

[40] Muddiman D. Open to All? The Public Library and Social Exclusion[M]. London: Resource, 2000.

[41] Proctor R, Bartle C. Low achievers lifelong learners. An investigation into the impact of the public library on educational disadvantage[R/OL]. LIC Research Report117. Resources: the Council for Musuems Archives and Libraries, 2002. [2013-06-24]. http://www. she. fac. uk/content/1/c6/07/01/24/CPLIS%20-%20Low%20Achievers. pdf.

[42] Kerslake E, Kinnell M. The social impact of public libraries: a literature review[R]. BLRIC Report85, the Community Services Group of the Library Association, 1997.

[43] 蒋永福. 论公共信息资源管理——概念、配置效率及政府规制[J]. 图书情报知识,2006(3): 11-15.

[44] 陈威. 公共文化服务体系研究[M]. 深圳:深圳报业集团出版社,2006: 23-25.

[45] 王素芳. 弱势群体文化权利保障的国家战略视野——基于《国家"十一五"时期文化发展规

划纲要》的解读[J]. 图书与情报,2007(5):20-22.

[46]中共中央关于构建社会主义和谐社会若干重大问题的决定[EB/OL]. [2014-05-20]. http://cpc. people. com. cn/GB/64093/64094/4932424. html.

[47]朱凤义. 社会弱势群体权利及其法律保护[D]. 长春:吉林大学硕士学位论文,2004.

[48]张敏杰. 中国弱势群体研究[M]. 长春:长春出版社,2003:10.

[49]万闻华. NGO社会支持的公共政策分析——以弱势群体为论域[J]. 中国行政管理,2004(3):28-31.

[50]李林. 法治社会与弱势群体的人权保障[J]. 前线,2001(5):23-24.

[51]王思斌. 社会工作导论[M]. 北京:北京大学出版社,1998:17.

[52]王思斌. 社会转型中的弱势群体[J]. 社会学月刊,2002(6):19-22.

[53]杨团. 弱势群体及其保护性社会政策[J]. 前线,2001(5):21-22.

[54]赵宇霞,王成亮. 试析入世对中国弱势群体的影响[J]. 社会学月刊,2002(6):59-63.

[55]李昭醇. 公共图书馆为弱势群体服务的思考[J]. 图书馆论坛,2002(5):56-60.

[56]刘世文. 关怀弱势群体——图书馆服务工作的新课题[J]. 河南图书馆学刊,2001(3):37-39.

[57]吴宁. 社会弱势群体权利保护的法理[M]. 北京:科学出版社,2008:24-25.

[58]Sigler J. A Minority Rights: a Comparative Analysis[M]. New York: Green Wood Press,1983:5.

[59]蒋永福. 图书馆学通论[M]. 哈尔滨:黑龙江大学出版社,2009:143-144.

[60]中华人民共和国残疾人保障法 [EB/OL]. [2014-05-20]. http://www. gov. cn/banshi/2005-08/04/content_20235. htm.

[61]中国发布第二次全国残疾人抽样调查主要数据公报[EB/OL]. [2014-05-28]. http://wenku. baidu. com/view/9e2b627a168884868762d633. html.

[62]中国残疾人联合会网《2010年末全国残疾人总数及各类、不同残疾等级人数》[EB/OL]. [2014-01-28]. http://wenku. baidu. com/link?url=8_MmeeYSKWsU53ojv91b6sq20O__GT0j5cm BJqlARW7HknvqOstIq29GNNWLMnM6HB9nvFAvUCUV3H2cHnXanBksxQvXndSsd57SWIz mcL7.

[63]中国老年人口占总人口13.7% 社会养老难题待破[EB/OL]. [2014-07-11]. http://news. cntv. cn/20120304/104858. shtml.

[64]预计"十二五"期末全国老年人口将达2. 21亿[EB/OL]. [2014-07-11]. http://roll. sohu. com/20121024/n355561927. shtml.

[65]全国老龄工作委员会网站《2010年度中国老龄事业发展统计公报》[EB/OL]. [2014-01-28].

http://www.cncaprc.gov.cn/jianghua/12147.jhtml.

[66]新华网.儿童权利公约[EB/OL].[2014-05-20].http://news.xinhuanet.com/ziliao/2005-09/21/content_3522096_1.htm.

[67]王文婷.我国城市弱势群体权利保护问题研究[D].西安:西安科技大学硕士学位论文,2012.

[68]西南财经大学-中国家庭金融调查与研究中心.中国城镇失业报告[EB/OL].[2014-05-50].http://wenku.baidu.com/view/665c23e40975f46527d3e1d7.html.

[69]统计局:2012年全国农民工总量达26261万人[EB/OL].[2014-01-28].http://finance.people.com.cn/n/2013/0527/c1004-21624982.html.

[70]董保华等.社会法原论[M].北京:中国政法大学出版社,2001:207.

[71]《马克思恩格斯选集》第一卷[M].北京:人民出版社,1972:243.

[72]孙成.和谐社会建设背景下社区弱势群体救助模式探讨[D].成都:成都理工大学硕士学位论文,2013.

[73]上海最低工资1820元全国最高 贵州1030元垫底[EB/OL].[2014-05-26].http://www.chinacourt.org/article/detail/2014/05/id/1303015.shtml.

[74]2014年城市低保标准[EB/OL].[2014-07-11].http://shebao.yjbys.com/zhengce/87311.html.

[75]北大清华农村生源仅一成 寒门学子都去了哪[EB/OL].[2014-07-11].http://edu.163.com/11/0805/12/7AMO42C200294JD0.html.

[76]NCLIS.The Principle of the Public Information[EB/OL].[2014-05-21].http://www.nclis.gov/info/pripubin.html.

[77]夏义堃.公共信息资源管理的多元化视角[J].图书情报知识,2005(2):20-24.

[78]EC.Public sector information:a key resource for Europe:green paper on public sector information in the information society[EB/OL].[2014-05-21].http://europa.eu.int.ISPO/docs/policy/does/COM(98)585/gp-intro.html.

[79]肖永英.英国《信息自由法》的主要内容及其影响初探[J].情报杂志,2003(9):93-97.

[80]姚西科.我国县级行政组织公开公共信息的义务[J].河北法学,1999(5):176-177.

[81]王欣.社会公共信息资源网络化建设的若干思考[J].情报资料工作,2002(增刊):198-199.

[82]张欣毅.触摸那只无形的巨手——基于公共信息资源及其认识机制的认识论(下)[J].图书馆理论与实践,2003(2):6-9.

[83]谢俊贵.公共信息学[M].长沙:湖南师范大学出版社,2004:91-95.

[84]莫力科,王沛民.公共信息转变为国家战略资产的途径[J].科学学研究,2004(3):262-266.

[85]谢清俊.公共资讯系统概说[EB/OL].[2014-05-21].http://www.51niea.edu.tw/~edp/paper/1995/19950620_3.htm.

[86]黄健荣等.公共管理新论[M].北京:社会科学文献出版社,2005:433.

[87]李鹏.公共信息获取模式研究[D].湘潭:湘潭大学硕士学位论文,2013.

[88]蒋永福.国际社会关于公共信息开放获取的认识与行动[J].国外社会科学,2007(2):68-72.

[89]杨秀丹,白献阳.公共信息资源管理研究[J].图书馆论坛,2005(6):211-213,37.

[90]曼昆.经济学原理[M].梁小民译.北京:生活·读书·新知三联书店,北京大学出版社,1999:208.

[91]杨玉麟,赵冰.公共信息资源与政府信息资源的概念及特征研究[J].图书馆建设,2007(6):36-39.

[92]范并思.公共图书馆精神的时代辩护[J].中国图书馆学报,2004(2):5-11.

[93]中华人民共和国政府信息公开条例[EB/OL].[2014-05-18].http://www.most.gov.cn/yw/200704/t20070424_43317.htm.

[94]刘进军.我国公共图书馆对社会公众信息获取权的保障机制研究[J].情报理论与实践,2011(10):35-38.

[95]戴艳清,龙朝阳.公共图书馆参与公共信息资源管理的理性思考[J].图书馆论坛,2009(2):58-60,139.

[96]彼得·布劳.社会生活中的交换与权力[M].孙菲,张黎勤译.北京:华夏出版社,1988:25-29.

[97]郑丽航.信息权益保护初探[J].图书馆,2005(6):10-14.

[98]美国统一计算机信息交易法[EB/OL].[2014-05-18].http://www.ebwh.cn/2004-6/2004625142110.htm.

[99]Morales E. The Information Right and the Information Policies in LatinAmerica.[EB/OL].[2014-05-18]. http//www.ifla.org/IV/fila65/papers/056-137e.htm.

[100]余平,黄瑞华.论信息活动及其对信息法调整对象范围的影响[J].情报杂志,2004(8):2-4.

[101]董云虎.世界人权约法总览[M].成都:四川人民出版社,1991.

[102]李晓辉.信息权利研究[M].北京:知识产权出版社,2006:65.

[103]郑丽航.信息权利冲突的法理分析[J].图书情报工作,2005(12):61-63,60.

[104]周毅.伦理与法律权利的互动及其意义[J].图书情报工作,2009(7):27-30.

[105]王小兰.数字图书馆读者信息权利及立法保护[J].晋图学刊,2008(2):30-32,70.

[106]黄瑞华,朱莉欣,汪方军.论网络环境下的信息获取权[J].情报学报,2001(6):269-275.

[107]蒋永福,庄善杰.信息获取自由与公共图书馆[J].图书馆论坛,2005(12):83-87.

[108]李昊青.现代权利价值语境中的信息公平与信息权利[J].图书情报工作,2009(19):46-49,125.

[109]江源富.面向信息弱势群体的政府公共服务研究[M].北京:科学出版社,2012:141.

[110]刘德良,杨飞.网络时代弱势群体的法律保护[M].北京:法律出版社,2013:229.

[111]蒋永福.信息自由及其研究限度[M].北京:社会科学出版社,2007:91.

[112]周思君.基于信息生命周期的政府信息资源公共获取影响因素研究[M].湘潭:湘潭大学硕士学位论文,2012.

[113]中国互联网络信息中心.第33次中国互联网络发展状况统计报告[EB/OL].[2014-05-28].http://www.cnnic.net.cn/hlwfzyj/hlwxzbg/hlwtjbg/201403/t20140305_46240.htm.

[114]《中国政府透明度年度报告(2010)》发布多家政府信息公开单项考核交白卷[EB/OL].[2014-06-06].http://www.legaldaily.com.cn/bm/content/2011-02/25/content_2484735.htm?node=20730.

[115]马海群.论信息素质教育[J].中国图书馆学报,1997(2):84-87,95.

[116]American Library Association: Presidential Committee on Information Literacy [EB/OL]. [2013-06-16]. http://www.ala.org/acrl/nili/ilitlst.html.

[117]The Prague Declaration "Towards an Information Literate Society" [EB/OL]. [2013-05-16]. http://portal.unesco.org/ci/en/file_download.php/0fee090d5195b370999e02f7b2f5d52bPrague Declaration.pdf.

[118]洪伟达,王政.图书馆弱势群体信息素养教育研究[J].图书馆研究,2013(1):114-117.

[119]新公共管理理论 [EB/OL]. [2014-09-15]. http://baike.baidu.com/view/3141565.htm?fr=aladdin.

[120]江苏省互联网发展状况报告 [EB/OL]. [2014-05-28]. http://bbs.jurong.cn/thread-1086191-1-1.html.

[121]姚维保.我国信息资源公共获取障碍问题研究[D].武汉:武汉大学硕士学位论文,2005.

[122]Behrens S J. A conceptual analysis and historical overview of information literacy. College and Research libraries,1994(4):309-322.

[123]信息素养. [EB/OL]. [2014-09-28]. http://baike.baidu.com/view/51446.htm?fr=aladdin.

[124]王超.公共文化服务体系建设环境下经济欠发达地区县(区)图书馆可持续发展研究[D].西安:西北大学硕士学位论文,2012.

［125］井西晓. 公平视角下我国信息弱势群体信息能力研究[J]. 科技管理研究,2013(13): 209-213.

［126］王子舟. 知识贫困及其对弱势群体的影响[J]. 图书馆,2006(4): 10-16.

［127］肖文建,王广宇,彭宁波. 和谐社会构建中档案馆关注弱势群体研究——基于信息能力与信息需求的思考[J]. 档案学研究,2009(1): 21-24.

［128］胡鞍钢. 知识与发展:21世纪新追赶战略[M]. 北京:北京大学出版社,2001:1-2.

［129］卫生部. 慢性呼吸系统等疾病农村发病率高于城市[EB/OL]. [2014-05-28]. http://www. china. com. cn/news/2012-07/09/content_25854877. htm.

［130］陈吉学. 新时期我国社会弱势群体问题研究[D]. 南京:南京大学博士学位论文,2013.

［131］Priest W C. The Character of Information: Characteristics and Properties of Information Related to Issues Concerning Intellectual Property [R]. Washington, DC: Office of Technology Assessment,1985.

［132］德霍斯. 知识财产法哲学[M]. 周林译. 北京:商务印书馆,2008: 182.

［133］罗尔斯. 正义论[M]. 何怀宏等译. 北京:中国社会科学出版社,2001: 132.

［134］袁勤俭. 数字鸿沟的危害性及其跨越策略[J]. 中国图书馆学报,2007(4): 27-31.

［135］Jackson C N. Divided we fall: The federal government confronts the digital divide. Unpublished doctoral dissertation, the Claremont Graduate University, California, USA ,2003.

［136］ALA. Library Bill of Rights [EB/OL]. [2014-05-28]. http://www. ala. org/ala/oif/basics/international freedom. htm.

［137］程焕文,张靖. 图书馆权利与道德[M]. 南宁:广西师范大学出版社,2007: 311-312, 327.

［138］ALA. Intellectual Freedom Committee [EB/OL]. [2014-02-24]. http://www. ala. org/ala/oif/if-groups/ifcommittee/intellectual. cfm.

［139］ALA. Office for Intellectual Freedom [EB/OL]. [2014-02-24]. http://www. ala. org/template. cfm?section=oif.

［140］ALA . Freedom to Read Foundation [EB/OL]. [2014-02-24]. http://www. ala. org/ala/ourassociation/othergroups/ftrf/freedomreadfoundation. cfm.

［141］王明玲. 知识自由在国际图书馆界的新近发展与其省思[J]. 大学图书馆,2000(2): 147-166.

［142］ALA. Intellectual Freedom Round Table [EB/OL]. [2014-02-24]. http://www. ala. org/ala/ifrt/ifrt. cfm.

[143]国际图联/联合国教科文组织《公共图书馆宣言》[EB/OL]. [2013-11-26]. http://wenku. baidu. com/link?url=fWSgJ4Ve99FLNdc5dokSRrIdYQLGaVKbkX-xSCChXvvslzQz2JenNgk3IEbfISdI9lL1K5vsvzsdBKYo1q5ubFN5UNs0FFZ5kxKg1_41u5y.

[144]胡秋玲. 自由获取知识与信息——《格拉斯哥宣言》《国际图联因特网声明》和《图书馆与可持续发展声明》发表[J]. 图书馆建设, 2003(2): 101-102.

[145]IFLA. 2006-2009年战略计划[EB/OL]. [2014-07-12]. http://www. chnlib. com/News/yejie/2586. html.

[146]蒋永福. 关于知识自由与图书馆[J]. 图书馆杂志, 2003(8): 9-12.

[147]于良芝. 探索公共图书馆的使命:英美历程借鉴[J]. 图书馆, 2006(5): 1-7, 31.

[148]IFLA. 图书馆及其可持续发展的声明[EB/OL]. [2013-11-26]. http://www. ifla. org/publications/statement-on-libraries- and-sustainable-development.

[149]信息社会世界高峰会议《原则宣言》[EB/OL]. [2014-06-16]. http://www. un. org/chinese/events/wsis/decl. pdf.

[150]周吉. 定位于弱势群体的公共图书馆延伸服务[J]. 图书馆建设, 2008(10): 99-101, 105.

[151]范并思. 图书馆资源公平利用[M]. 北京:国家图书馆出版社, 2011: 2.

[152]2006年世界发展报告:公平与发展[EB/OL].[2014-07-02]. http://www. china. com. cn/economic/txt/2005-09/21/content_5975712. htm.

[153]Ayers K, Liu Y Q. Enhancing digital information access in public libraries[J]. Proceedings of the American Society for Information Science and Technology, 2006, 43(1): 1-25.

[154]ALIA Public Libraries Advisory Committee. Statement on public library services[EB/OL]. [2012-05-15]. http://www. alia. org. au/policies/public. library. services. html.

[155]王政, 洪伟达. 知识自由在图书馆核心价值体系中的地位与作用[J]. 图书情报工作, 2010(11): 35-39.

[156]李国新. 日本图书馆法律体系研究[M]. 北京:北京图书馆出版社, 2000: 285.

[157]彼得·德鲁克. 功能社会[M]. 曾琳译. 北京:机械工业出版社, 2007: 98.

[158]ISO 26000: 2010 Guidance on social responsibility[EB/OL]. [2013-12-12]. http://www. standard. org. cn/standard2007/standardiso/Detail. aspx?id=36230.

[159]朱林. 理解图书馆社会责任:应掌握"元定义"理论[J]. 图书馆, 2013(3): 8-11.

[160]Berninghausen D. Social Responsibility vs. The Library' Bill of Rights[J]. Library Journal, 1972(11): 3675-3681.

[161]de Groot J. Social responsibility and school libraries：A case for children's literature as a power-ful teaching tool[J]. School Libraries in Canada，2006（2）：52-61.

[162]余少祥. 弱者的权利——社会弱势群体保护的法理研究[M]. 北京：社会科文献学出版社，2008：345.

[163]罗伯特·E·古丁. 保护弱势：社会责任的再分析[M]. 李茂森译. 北京：中国人民大学出版社，2008：176.

[164]国际图联/联合国教科文组织. 公共图书馆服务发展指南[M]. 上海：上海科学技术文献出版社，2002：9.

[165]洪伟达. 包容弱势群体：图书馆应当承担的社会责任[J]. 图书馆建设，2012（6）：1-4.

[166]SRRT Task Forces [EB/OL]. [2013-11-30]. http://www. libr. org/srrt/taskforces. html.

[167]Social Responsibilities Discussion Group Recommendations [EB/OL]. [2013-11-30]. http://www. ifla. org. sg/VII/dg/srdg/.

[168]科恩. 论民主[M]. 聂崇信，朱秀贤译. 北京：商务印书馆，2005：159.

[169]蒋永福，季京. 信息公平与公共图书馆制度[J]. 国家图书馆学刊，2006（2）：50-54.

[170]Alstad C，Curry A. Public Space, Public Discourse, and Public Libraries[EB/OL]. [2013-4-30]. http://libres. curtin. edu. au/libres13n1/pub_space. htm.

[171]ALA. Core Values of Librarianship[EB/OL]. http://www. ala. org/ala/aboutala/offices/oif/state-mentspols/corevaluesstatement/corevalues. cfm.

[172]吴桐. 国外公共图书馆的社会包容理念与实践及其对我国的启示[J]. 情报资料工作，2010（3）：24-27.

[173]范并思，周吉. 公共图书馆与社会包容[J]. 图书馆理论与实践，2010（2）：70-74.

[174]Women，Information and Libraries Special Interest Group. About the Women，Information and Libraries special Interest Group[EB/OL]. [2013-06-28]. http://www. ifla. org/about-the-women-information-and-libraries-special-interest-group.

[175]LSN. About the Library Services to People with Special Needs Section[EB/OL]. [2013-06-28]. http://www. ifla. org/about-lsn.

[176]Usherwood. B，Linley. R. New measures for the new library：A social audit of public libraries[J]. IFLA Journal，1999（2）：90-96.

[177]Lister D. Six councils warned their libraries are substandard[J]. The Independent，1999（2）：8.

[178]苏瑞竹. 图书馆与人文关怀[M]. 南宁：广西人民出版社，2006：4-16.

[179]蒋建林.我国图书馆人文精神研究综述[J].图书馆,2004(1):30-34.

[180]洪伟达.图书馆作为公共空间的社会价值及能力提升[J].图书馆,2011(6):20-22.

[181]United Nations. Universal Declaration of Human Rights[EB/OL]. [2014-07-02] http://www. un. org/Overview/rights. html.

[182]IFLA/FAIFE. The Glasgow Declaration on Libraries, Information Services and Intellectual Free-dom[EB/OL].[2014-07-02] http:// www. ifla. org/faife/policy/iflastat/gldeclar-e. html.

[183]国际图书馆员协会和图书馆联合会.因特网宣言[EB/OL]. [2013-06-28]. http://www. ifla. org/III/misc/im-cn. pdf.

[184]ALA. How to Locate the Information You Need[EB/OL]. [2013-06-28] . http://www. ala. org/ala/oif/basics/intellectual. htm.

[185]IFLA. IFLA Committee on Free Access to Information and Freedom of Expression[EB/OL]. [2013-06-28]. http:PPwww1ifla1orgPfaifePindex1htm.

[186]王素芳. IFLA弱势人群服务图书馆专业组制定的服务政策及对我国的启示(上)[J].图书馆,2006(6):17-21,84.

[187]张靖. ALA《图书馆权利法案》的自由精神[J].图书与情报,2005(2):12-15,36.

[188]王素芳.国外公共图书馆弱势群体服务的发展研究(一)[J].图书馆,2010(1):10-19.

[189]黄悦深.中美流动图书馆服务比较研究[J].图书馆学研究,2007(12):5-7.

[190]孟蔚彦.图书馆帮助读者寻找工作——介绍美国纽约皇后公共图书馆的"就业信息中心"[J].图书馆杂志,1998(2):61-62.

[191]姜红燕.中美公共图书馆弱势群体服务比较研究[D].湘潭:湘潭大学硕士学位论文,2011.

[192]Kelly T. A history of public libraries in Great Britain1845-1975. The Library Association, 1977.

[193]郝建南.国外图书馆弱势群体服务制度略探[J].图书馆,2011(4):89-92.

[194]Black A, Muddmian. D. Understanding Community Librarianship: The Public Library in Post-Modern Britain. Avebury Ashgate Publishing Ltd, 1997.

[195]Statement on public library service [EB/OL]. [2014-06-28]. http:// www. Alia. org. au / poli-cies / public. Library. services. html .

[196]Canadian Guidelines on Library and Information Services for Peoplewith Disabilities [EB/OL]. [2014-06-28]. http:// www. cla. ca / AM / Template. cfm? Section = Position_Statements & Tem-plate = / CM / ContentDisplay. cfm & ContentID = 4065.

[197]Canadian Guidelines on Library and Information Services for Older Adults. [EB/OL]. [2014-06-

28]. http://www. Cla. ca/ AM/ Template. cfm? Section = Position _Statements & Template = / CM/ ContentDisplay. cfm & ContentID =3029.

[198]于良芝,许晓霞,张广钦.公共图书馆基本原理[M].北京:北京师范大学出版社,2012: 124-126.

[199]LISU. Digest of statistics, 2006[2014-05-13]. Loughborough, UK, LISU, 2006[2014-05-13]. http://www. lboro. ac. uk/departments/dils/lisu/downloads/Digest06. pdf.

[200]SEI-CHING J. SIN, KUN-SUN KIM. Use and non-use of public libraries in the information age : a logistic regression analysis of household characteristics and library services variables[J]. Library and Information Research, 2008, 30(3): 207-215.

[201]王英,洪伟达,王政.国外未成年人网络信息行为研究及启示[J].图书馆建设,2013(9): 90-94.

[202]联合国报告(1):网络世界对全球未成年人带来的危与机[EB/OL]. [2013-12-13]. http://www. cycs. org/Article. asp?Category=1&Column=265&ID=17679.

[203]公共图书馆建设用地指标(建标[2008]74号)[EB/OL]. [2014-09-13]. http://wenku. baidu. com/link?url=yUuz0_6XeOBH1V00KUFipo4xuXGO6aH336bnKOzKcFFo8_F_hRDZA5t_LvNp -grr66h9-NBL-tKkegDQBH07KUygyr6yJ2zkQ-cZf0kacj9O.

[204]胡锦涛主持会议研究加强公共文化服务体系建设[EB/OL]. [2014-09-13]. http://www. gov. cn/zmyw200706c/content_651054. htm.

[205]姚秀敏,樊会霞.我国公共文化服务体系中农家书屋可持续发展的思考[J].图书馆学研究, 2012(22): 92-85, 54.

[206]总署规划:十一五末建成23万余农家书屋[EB/OL]. [2014-09-13]. http://www. chinaxwcb. com/2007-11/28/content_95809. htm.

[207]国家"十一五"时期文化发展规划纲要(全文)[EB/OL]. [2014-09-13]. http://news. xinhuanet. com/politics/2006-09/13/content_5087533. htm.

[208]胡立耘.美国公共图书馆社区信息服务的特点[J].图书馆建设,2009(5): 74-77.

[209]刘兹恒,朱荀.我国农村图书馆持续发展的可行措施——图书馆基金会[J].图书馆论坛, 2009(12): 37-40.

[210]关于进一步支持文化事业发展若干经济政策的通知[EB/OL]. [2014-09-13]. http://www. gov. cn/xxgk/pub/govpublic/mrlm/200803/t20080328_32514. html.

[211]从公共图书馆的运行看美国社会的捐赠文化——西行杂记之一[EB/OL]. [2014-09-13].

http://blog. sina. com. cn/s/blog_3fe058210100xyat. html.

[212]张铁. 从制度视角谈公共图书馆社会支持[J]. 图书馆杂志,2012(8): 10-12, 32.

[213]钟春华. 长沙市公共图书馆在为特殊群体和弱势群体服务中的探索与实践[J]. 图书馆,
2010(4): 130-131.

[214]河东区:区图书馆为残疾人送书上门[EB/OL]. [2014-05-15]. http://www. tj. xinhuanet. com/
misc/2006-07/21/content_7580696. htm.

[215]王素芳. 我国城市弱势群体信息获取问题初探[J]. 图书情报工作,2004(1): 34-36.

[216]范并思. 维护公共图书馆的基础体制与核心能力——纪念曼彻斯特公共图书馆创建150周
年[J]. 图书馆杂志,2002(11): 3-8.

[217]范并思. 基层公共图书馆数字资源建设:理念、原则与方案[J]. 图书馆论坛,2005(6): 190-
195.

[218]袁红军. 省级公共图书馆特色资源建设与服务调查研究[J]. 新世纪图书馆,2013(10): 48-51.

[219]康延兴. 开放时代图书馆的职能问题思考[J]. 图书馆理论与实践,2007(1): 14, 20.

[220]孟蔚彦. 图书馆帮助读者寻找工作——介绍美国纽约皇后公共图书馆的"就业信息中心"
[J]. 图书馆杂志,1998(2): 61-62.

[221]范并思,周吉. 公共图书馆与社会包容[J]. 图书馆理论与实践,2010(2):70-74.

[222]叶蒙荻. 网络公共空间在我国民主政治建设中的作用[J]. 中国出版,2010(16): 13-15.

[223]Sook-Jung L, Young-Gil C. Balancing Participation and Risks in Children's Internet Use: The
Role of Internet Literacy and ParentalMediation[J]. Cyberpsychology, Behavior and Social Net-
working,2012,15(5): 257-262.

[224]Bilal D. Ranking, relevance judgment, and precision of information retrieval on children's que-
ries: Evaluation of Google, Yahoo!, Bing, Yahoo! Kids, and Ask Kids[J]. Journal of the Ameri-
can Society forInformation Science and Technology, 2012, 63(9): 1879-1896.

[225]Flanagin A J, Metzger J M. Kid and Credibility: An Empirical Examination of Youth Digital Me-
dia Use, and Information Credibility[EB/OL]. [2012-02-26]. http://www. macfound. org.

[226]陈银娥. 社会福利[M]. 北京:中国人民大学出版社,2009: 259-260.

附表　图书馆服务情况调查表

调查介绍：

这份问卷是2012年国家社科基金项目的一部分。我们希望通过您的填写，准确客观地考察我省图书馆的服务情况及其影响因素。我们向您保证，此问卷的所有信息将严格保密，如果您对此项调查有什么疑问，请直接联系洪伟达，邮箱是michael159@sina.com。谢谢您的帮助！

第一部分：读者信息统计

1.您的性别是?

　男　　　　　女

2.您的年龄是?

　10岁或更小　　　10~19岁　　　20~29岁　　　30~39岁

　40~49岁　　　50~59岁　　　60岁或以上

3.您的婚姻状况是?

　单身　　　已婚

4.您的教育背景是?

　小学　　　　初中　　　　高中　　　　大学　　　　研究生及以上

5.您目前的职业是什么?

_____ （种类）

没有

6.您目前的就业状况是什么？

全职就业　　　　退休　　　　失业　　　　自己创业

零工（兼职）　　　　学生　　　　全职太太或全职丈夫

7.您的家庭人均月收入能达到多少？

500元以下　　　　500~1000元　　　　1001~2000元

2001~5000元　　　　5000元以上

第二部分：信息行为

8.您通过什么方式获取信息？（可多选）

电视　　　　报纸和杂志　　　　图书　　　　广播　　　　网络

（同学、同事、邻居、家人等）熟人　　　其他

9.您获取信息的地点主要是哪？（可多选）

政府部门　　　　社区、居委会　　　　单位

家里　　　　图书馆　　　　公共场所　　　　其他

10.您通常关注哪些方面的信息？（可多选）

时事政治类　　　　经济财经类　　　　文化娱乐类　　　　体育竞技类

教育科技类　　　　生活实用类　　　　健康保健类　　　　求职就业类

其他

11.您每周花多少时间用于获取信息？

3小时以上　　　2~3小时　　　1~2小时

不足1小时　　　30分钟以下　　　没时间

12.您获取信息的主要目的是？（可多选）

为学习和工作寻找资料　　　　　　了解最新的时事动态

增加新知识、新见闻，积累谈资　　　　　　解决工作或生活问题

消遣娱乐，舒缓压力　　　　改善生活，增加收入

其他

13.您需要的信息一般能否得到满足？

都能得到　　　　一般都能得到　　　　　很难得到　　　　　不能得到

14.您认为什么是获取信息的最大障碍？（可多选）

花费金钱、时间、精力等成本太高

技术更新太快，难以掌握

缺乏相关的培训和知识

获取信息的设备和设施不便

获取信息的渠道和手段有限

信息海量，可靠性降低

其他

15.您获取到的信息对生活质量和收入水平是否有影响？

有很大的促进作用　　　　　　　有一定促进，但很小

基本没有影响　　　　　没有影响　　　　　说不清

16.您获取到的信息对精神需求和个人素养提高是否有影响？

有很大的促进作用　　　　　　　有一定促进，但很小

基本没有影响　　　　　没有影响　　　　　说不清

17.您获取信息的成本主要包括什么？（可多选）

金钱　　　　　时间　　　　　精力

心理（如在使用图书馆服务时会影响心情）　　　　　其他

18.您的住处是否有电脑和互联网？

都有　　　　　有电脑，但没接入互联网　　　　　都没有

第三部分：图书馆利用

19.图书馆离您的住处有多远？

车程1小时以上　　　　　车程30~60分钟　　　　　车程30分钟以内

步行15分钟左右

20.您曾收到过图书馆的宣传材料吗？

收到过　　　　没收到过

如果收到过，这些宣传材料是否影响了您对图书馆设施的利用？

是   否

21.您对图书馆设施的利用频率是？

每天   一周一次   一周两到三次   两周一次

一月一次   很少使用

22.您每次到图书馆大约会停留多长时间？

不到半小时   半个小时到一小时

一小时到两个小时   多于两个小时

23.您在使用图书馆时，感觉周边环境如何？

很好   好   一般   不好   很不好

24.在以下图书馆服务项目中，您经常使用哪些？（可多选）

借书   借DVD或VCD   在阅览室学习

听讲座或参加培训课程   读报刊   查地图

查参考书   参加其他读者活动

信息咨询   使用电脑、网络   复印

查用数字资源（如数据库）

设备设施或空间的利用

其他 （请写明）＿＿＿＿＿＿＿＿＿＿＿＿＿＿＿＿

25.您去图书馆是为了寻找哪方面的信息？（可多选）

具有权威性的信息   公民权利的信息

健康和医疗的信息   学习资料   与工作相关的信息

本地情况的信息   日常生活的信息   其他

	很赞同	赞同	不确定	不赞同	很不赞同
26.我去图书馆经常能找到自己所需要的信息					
27.我去图书馆是为了使用馆内的特色数据库					

	很赞同	赞同	不确定	不赞同	很不赞同
28.我去图书馆能够得到图书馆员的帮助					
29.我去图书馆能够舒缓生活中的压力和情绪					
30.我去图书馆能够增加与别人的交流					
31.我去图书馆主要是为了带小孩去，自己顺便去					
32.我去图书馆是把它当作一所学校					

33.您不使用图书馆的原因是？（可多选）

　　时间（太忙、没有时间）

　　距离（太远、交通不便、不知道图书馆在哪）

　　生理（年纪大、眼睛不好、行动不便）

　　经济（去图书馆花费太多）

　　图书馆的原因（馆员服务、设施、资源等不能满足需要）

　　其他（请写明）＿＿＿＿＿＿＿＿＿＿＿＿＿＿＿＿

34.您在使用图书馆时遇到困难怎样解决？（可多选）

　　询问身边其他读者　　　　　向图书馆员求助

　　向（家人、朋友、同事、同学等）熟人求助

　　上网求助（如百度知道等）　　　　　直接放弃　　　　　　其他

	非常满意	满意	一般	不满意	很不满意
35.您对图书馆电脑的硬件设施满意吗？					
36.您对图书馆电脑软件满意吗？					
37.您对图书馆的网速感觉满意吗？					

	非常满意	满意	一般	不满意	很不满意
38.您对图书馆的环境（噪声、采光、空间等）满意吗？					
39.您对图书馆工作人员的服务满意吗？					
40.您对图书馆每次利用电脑的时间限制满意吗？					
41.您对图书馆的纸质资源满意吗？					
42.您对图书馆的数字资源满意吗？					

43.您认为图书馆在哪些方面存在不足？（可多选）

　　图书馆数量少，离家太远　　　　　　资源老，更新慢

　　馆员少，服务意识差　　　　　　馆舍面积小，设施不便利

　　其他（请写明）＿＿＿＿＿＿＿＿＿＿＿＿＿＿

44.您认为提升图书馆服务需要在哪些方面进行改进？（可多选）

　　政府重视，增加投入　　　　　　社会和个人积极参与

　　媒体加大宣传　　　　　　图书馆自己改进

　　其他（请写明）＿＿＿＿＿＿＿＿＿＿＿＿＿＿

请提交填写好的问卷，谢谢您！